イエスの譬え話 2
いのちをかけて語りかけたメッセージは？

山口里子

新教出版社

目　次

はじめに …………………………………………………………………… 10

   1.「イエスの譬え話」?　　　　　　　　　　　　　　　　　　　10

   2.「弱者の武器」としての譬え話　　　　　　　　　　　　　　11

   3. イエスの聴衆の耳で聞くために　　　　　　　　　　　　　　13

   4. 言葉づかいに関して　　　　　　　　　　　　　　　　　　　15

第1章　ファリサイ人と徴税人 …………………………………… 19

   （ルカ 18:10-14a）

  Ⅰ. テキスト　　　　　　　　　　　　　　　　　　　　　　　　19

  Ⅱ. これまでの解釈　　　　　　　　　　　　　　　　　　　　　19

  Ⅲ. オリジナル版に近い形で「聞く」ための考察　　　　　　　　20

  Ⅳ. テキスト分析　　　　　　　　　　　　　　　　　　　　　　21

    1.「神殿にのぼった、祈るために」　　　　　　　　　　　　　21

    2. ファリサイ人　　　　　　　　　　　　　　　　　　　　　25

    3. 徴税人　　　　　　　　　　　　　　　　　　　　　　　　28

    4. ファリサイ人の祈り　　　　　　　　　　　　　　　　　　30

    5. 徴税人の祈り　　　　　　　　　　　　　　　　　　　　　35

    6.「義とされて、彼の家にくだった」　　　　　　　　　　　　38

  Ⅴ. 思いめぐらし　　　　　　　　　　　　　　　　　　　　　　41

    1. 2つの税金システム　　　　　　　　　　　　　　　　　　41

    2. いのちも土地も神からのもの　　　　　　　　　　　　　　48

第2章　種まき ……………………………………………………… 52

   （マルコ 4:3b-8）

  Ⅰ. テキスト　　　　　　　　　　　　　　　　　　　　　　　　52

  Ⅱ. これまでの解釈　　　　　　　　　　　　　　　　　　　　　52

  Ⅲ. オリジナル版に近い形で「聞く」ための考察　　　　　　　　53

Ⅳ．テキスト分析　　　　　　　　　　　　　　　　　　　56

　1．種まき　　　　　　　　　　　　　　　　　　　　56

　2．落ちた・落ちた・落ちた……　　　　　　　　　57

　3．豊かな実り　　　　　　　　　　　　　　　　　　59

Ⅴ．思いめぐらし　　　　　　　　　　　　　　　　　　61

　1．豊作も凶作も神の力？　　　　　　　　　　　　　61

　2．カラスと野の花　　　　　　　　　　　　　　　　66

第3章　からし種 ……………………………………… 75

（マルコ 4:30-32）

Ⅰ．テキスト　　　　　　　　　　　　　　　　　　　　75

Ⅱ．これまでの解釈　　　　　　　　　　　　　　　　　75

Ⅲ．オリジナル版に近い形で「聞く」ための考察　　　76

Ⅳ．テキスト分析　　　　　　　　　　　　　　　　　　79

　1．からし種　　　　　　　　　　　　　　　　　　　79

　2．地に蒔かれると？　　　　　　　　　　　　　　　81

　3．それからどうなる？　　　　　　　　　　　　　　83

　4．その枝々に鳥たちが「宿る」　　　　　　　　　　84

Ⅴ．思いめぐらし　　　　　　　　　　　　　　　　　　86

　1．ヒマラヤ杉の巨木か、からし種の灌木か？　　　86

　2．創造の秩序を守る？　　　　　　　　　　　　　　88

　3．からし種のからさと癒しの力　　　　　　　　　　90

第4章　断られた食事会 …………………………… 92

（ルカ 14:16b-23）

Ⅰ．テキスト　　　　　　　　　　　　　　　　　　　　92

Ⅱ．これまでの解釈　　　　　　　　　　　　　　　　　93

Ⅲ．オリジナル版に近い形で「聞く」ための考察　　　93

Ⅳ．テキスト分析　　　　　　　　　　　　　　　　　　96

　1．食事会への断わり　　　　　　　　　　　　　　　96

　2．断わりの言いわけ　　　　　　　　　　　　　　　98

3．拒絶された主人の行動　　　　　　　　　　　　101
Ⅴ．思いめぐらし　　　　　　　　　　　　　　　　103
　　　1．バル・マヤンの話　　　　　　　　　　　　　103
　　　2．知恵なる神の食事会への招き　　　　　　　　109
　　　3．イエスのコメディ？　　　　　　　　　　　　114

第5章　パン種 ·· 119
　　　（ルカ 13:20-21）

Ⅰ．テキスト　　　　　　　　　　　　　　　　　　119
Ⅱ．これまでの解釈　　　　　　　　　　　　　　　119
Ⅲ．オリジナル版に近い形で「聞く」ための考察　　120
Ⅳ．テキスト分析　　　　　　　　　　　　　　　　123
　　　1．パン作り　　　　　　　　　　　　　　　　　123
　　　2．「3サトン」の粉が象徴したこと　　　　　　125
　　　3．パン種の腐敗したイメージ　　　　　　　　　127
　　　4．「女性」が「パン種」を「隠す」　　　　　　129
Ⅴ．思いめぐらし　　　　　　　　　　　　　　　　130
　　　1．神の国の不可解さ？　　　　　　　　　　　　130
　　　2．パン種の否定的イメージへの疑問　　　　　　132
　　　3．イエスのチャレンジ、私たちのチャレンジ　　134

第6章　10人の乙女たち ································· 136
　　　（マタイ 25:1-12）

Ⅰ．テキスト　　　　　　　　　　　　　　　　　　136
Ⅱ．これまでの解釈　　　　　　　　　　　　　　　137
Ⅲ．オリジナル版に近い形で「聞く」ための考察　　139
Ⅳ．テキスト分析　　　　　　　　　　　　　　　　141
　　　1．状況設定　　　　　　　　　　　　　　　　　141
　　　2．「愚かな」乙女たちと「賢い」乙女たち　　　143
　　　3．「あなたがたを私は知らない」　　　　　　　146
Ⅴ．思いめぐらし　　　　　　　　　　　　　　　　149

1. 賢い女性になりなさい？ 149

　　　2. 「賢さ」と「知恵」 153

　　　3. 共に生きることに向かう知恵を 156

第7章　裁判官と寡婦の譬え話 159

（ルカ 18:2-5）

Ⅰ. テキスト 159

Ⅱ. これまでの解釈 159

Ⅲ. オリジナル版に近い形で「聞く」ための考察 161

Ⅳ. テキスト分析 161

　　　1. 裁判官のイメージと現実 161

　　　2. 「神を恐れず人を敬わない」 165

　　　3. 寡婦のイメージと現実 167

　　　4. 寡婦は黙って忘れられるべき者？ 171

　　　5. 「私を立証してください」 174

　　　6. 「彼女を立証しよう」 178

Ⅴ. 思いめぐらし 182

　　　1. 犠牲者ではなくサバイバーへ 182

　　　2. 「神の国」の思い描き方 185

第8章　サマリア人 191

（ルカ 10:30b-35）

Ⅰ. テキスト 191

Ⅱ. これまでの解釈 192

Ⅲ. オリジナル版に近い形で「聞く」ための考察 193

Ⅳ. テキスト分析 194

　　　1. 強盗に襲われた人 194

　　　2. 祭司とレビ人の行動 197

　　　3. 「ユダヤ人」と「サマリア人」の背景 202

　　　4. サマリア人の行動：道端での手当て 206

　　　5. サマリア人の行動：宿屋での手当て 209

V. 思いめぐらし　212

   1.「隣人」のテーマ　212

   2.「誰が隣人になりましたか？」　217

   3. サマリア人を見ならいましょう？　219

   4.「どのように、あなたは読みますか？」　221

参考に：ユダヤ人とサマリア人の歴史的背景　225

主な参考文献　229

さんびか「かみさまがせかいを」　236

あとがき　237

   1. より良い人生に向けての学び　237

   2. 人が作ったものを絶対化しないで　238

   3. オーガニック神学の実践を　241

   4. 感謝と願い　243

イエスの譬え話 2
いのちをかけて語りかけたメッセージは？

はじめに

1. 「イエスの譬え話」？

　この本は、第１巻と同様に、聖書にある「イエスの譬え話」を福音書著者たちが書く前の、イエスが元々ガリラヤの民衆に語った譬え話のメッセージを、探究するものです。[1]

　これまで私たちは、福音書に書かれた譬え話を「イエスの譬え話」として理解してきました。この結果私たちは、イエスより１～２世代後に福音書著者たちが自分たちの時代の政治状況や共同体状況への配慮を持って編集した譬え話を、「イエスの譬え話」と呼び、「イエスの教え」と言って、実のところは、イエス自身の譬え話、イエス自身のメッセージを、学ぶことをしてこなかったのです！　これに気づいた時は本当にショックでした。

　けれども、このような事態にはもちろん理由があります。イエス自身が語った譬え話は書かれていない、テキストが無い、ということです。そして、福音書に書かれた譬え話を基にして、そこからイエスが語ったオリジナル版を再構築するのは、容易なことではありません。

　しかしこのことは、イエス自身が語った譬え話のメッセージを探る努力をしないで良い、ということになるでしょうか？

　現代の聖書学は、考古学・歴史学・社会学・文化人類学・言語学などさまざまな学問を援用することで多様な情報を得つつ、高度なテキスト分析を進めています。そして、かなりの蓋然性（確かさの可能性）を持って、イエスが語った譬え話を想定できるようになってきています。[2]

1　参照：山口里子『イエスの譬え話１』の「はじめに」。

2　上記のような学際的な研究と共に、資料批判（Source Criticism）、様式批判（Form Criticism）、編集批判（Redaction Criticism）、本文批判（Textual Criticism）など特に聖書学の分野で展開されて来た方法を活用した研究が、世界中の聖書学者たちによって長年続けられ成果が蓄積されて来ました。

はじめに　11

その上、イエス自身が語った譬え話のメッセージと、福音書著者たちによって編集された譬え話のメッセージの間には、かなり大きなギャップがあると、多くの学者たちが既に20年以上前から指摘して来ています。

ですから、学問成果を絶対化しないように注意しつつも、イエス自身の譬え話のメッセージ、それも、いのちをかけて語られたメッセージを理解しようと努力することは、クリスチャンにとって欠くことの出来ない大切なことでしょう。何故ならクリスチャンとは、福音書著者のような聖書を書いた人々を「キリスト」（指導者）として見るのではなく、ガリラヤに生きたイエスを「キリスト」と理解して、信仰形成をする者たちのはずだからです。[3]

2.「弱者の武器」としての譬え話

イエスの伝道活動の中心にあったテーマは、「バシレイア」（神の統治・領域）であったと言われます。それをガリラヤの民衆に語るにあたって、イエスは譬え話で語ることが多かったようです。なぜでしょうか？

日本語で「譬え話」と訳されている元のギリシャ語は「パラボレー」（parabolē ← paraballō 傍に投げる）で、英語では「パラブル」（parable）と呼ばれるものです。これはいわゆる例話とは違います。例話は、或る事柄の一例を使って、聞き手に答えを明快に示すようにします。

「パラボレー」（譬え話）は、日常生活で馴染みの事柄を取りあげる短い話でありながら、聞き手をハッとさせてショックな問いを残します。こうして聞き手は、日常生活にありふれた事柄を根本的な所から問い直すよう

ただそれでも、イエスが語った譬え話とされる話の中でどれが本当に「歴史のイエス」（1世紀にガリラヤに生きたユダヤ人という歴史上の人物としてのイエス）に遡るのか、つまりイエス自身が語ったと言えるのかということについて、学者間で意見が一致しているわけではありませんし、間違いが無いという保証はありません。学問に絶対化はあり得ません。ですから、このような不確かさを認識しつつ、イエスの譬え話を集中的に学んで来た聖書学者たちの間で「イエスの譬え話」として高い合意を得ているものを取り上げるようにします。

3　「キリスト」の意味について：山口里子『イエスの譬え話1』12 注3。

に迫られるのです。つまり、答えを与えられるのではなく、自分たちで考えるように仕向けられるのです。

　福音書に書かれた「イエスの譬え話」の多くは、「神の国は……たとえられる」というような導入の言葉が付けられていたり、文脈からそのようにして語られたと理解されています。けれども、イエスが譬え話を語った時、そのような言葉が付いていたかどうかは分かりません。

　また、「たとえる」（ホモイオー：homoiō）と言う言葉は、受動態で、「〜のようである（be like）」とも、それとは対照的に「〜と比べられる（be compared）」とも訳せる言葉です。ギリシャ語 - 英語対照訳聖書では "compared"（比べられる）が使われています。

　ところが日本語では「神の国は〜のようにたとえられる」と訳されて、「神の国は〜のようなもの」として理解されてきました。このためか、どの譬え話も自動的に「主人＝神」を前提として解釈が行なわれてきています。私たちは、まずこのような前提を取り除いて譬え話に向かう必要があります。

　イエスが譬え話を語った時、「神の国は〜と比べられる」という導入の言葉を使っていたとしても、聴衆は「神の国はこうですよ」と答えを与えられたのではありません。むしろ、「さあ、この話を神の国と比べてみよう。どんな風に違うだろうか？　あるいは、どんな繋がりがあるだろうか？」というような問いかけを心に残されて、譬え話は終わるのです。

　さて、ストレートに「答え」を示さず問いを残して終わるという特徴を持つ譬え話は、「弱者の武器」と呼ぶことができる語り方の一つでした。結論を示さず聞き手に様々な解釈の可能性の余地を残す譬え話は、権力層との正面衝突を避けることが出来ます。これは、巨大なローマ帝国植民地支配下で生活していたユダヤ人たちの抵抗運動には、とても有効な戦術でした。

　それと共に、ショックな問いかけを残す譬え話は、聞き手の「意識向

上」を促すことが出来ます。イエスは、譬え話を語ることで、自分で考えるのではなく言われたことに従うようにされていた貧しく抑圧された人々に、解放に向かう意識向上、身の回りの事柄への深い「気づき」を、促したのではないかと考えられます。

3. イエスの聴衆の耳で聞くために

　1世紀のガリラヤで生きたイエスが語りかけた聴衆は、大半がガリラヤの民衆で、そのほとんどが農民でした。そこでイエスは、そのような人々の生活に身近な事柄、馴染みの状況を取り上げて語りました。

　ところが現代の日本社会で生活する私たちにとって、それらは馴染みのものではありません。ほとんど知らない世界です。ですから、1世紀当時の民衆の耳で聞くことに近づけるように、譬え話の背景社会と文化を学びつつ、メッセージを探りたいと思います。

　それは、現代の活字文化の習慣でテキストを「読む」というよりも、当時の語り部の文化の中で民衆の耳で「聞く」努力です。そうして、譬え話を聞き終わった後で数々の問いを残された民衆が、色々と思いめぐらして、問いかけられたメッセージを心で「聴く」ことになったであろうように、私たちも今日の生活の中で色々と思いめぐらして、メッセージを深く「聴きとる」ようにしていきたいと願います。

　個々の譬え話を学ぶにあたっては、まず、福音書に書かれているテキストを出来るだけ原文のギリシャ語に近い訳文で紹介します。ギリシャ語からの直訳は、日本語としては読みにくい（分かりにくい）ものになります。けれども読みやすく言葉を補うと、原文に含まれる多様な意味合いが失われて、解釈の幅が狭められてしまいます。ですから、ギクシャクした直訳のままにして、説明は後のテキスト分析の所で行ないます。[4]

4　ギリシャ語では、主語の人称と単数・複数の違いで動詞の語尾が変化します。そこで、文脈から主語が分かると考えられる時には、特に強調する場合以外は主語が省略されるのが通常です。ですから訳文では必要に応じてカッコ内に主語を書きま

テキストの内、歴史のイエスがガリラヤで語ったオリジナル部分と考えられる部分だけを太字にします。こうして、後から編集で加えられた部分をオリジナル部分と区別します。これは、イエスの譬え話自体を、福音書著者たちが自分たちの状況で伝えたいメッセージに合わせて形作った物語の文脈や枠組から、取り出すためです。

イエス自身が語った部分と福音書著者たちの編集部分をどのように区別できるのかについては、聖書学者の間で長い年月をかけて多くの議論が行なわれて来ています。これに踏み込むと、かなりの議論が必要になります。そこで、多くの聖書学者の研究・議論・合意点などを基にして、オリジナルに近い譬え話自体の部分と編集部分を区分けします。こうして、この本ではイエスの譬え話自体に学びを集中します。[5]

す。また、テキストの章・節のうち、節の数字に付ける a・b・c などのアルファベット小文字は、節の中の区分を示します。1 番目の文が「a」、2 番目が「b」、3 番目が「c」などです。

5　福音書のコンテキスト（背景状況・物語構成・文脈・枠組など）から外してしまうと、譬え話のコンテキスト（背景状況・足場）を失い、勝手な解釈になるのではないかという疑問を持つ人々もいます。確かに、コンテキストを失くした勝手な解釈の危険はあります。けれどもそのような危険は、実はどのような解釈にも有り得ます。福音書のコンテキストへの誤解に基づく解釈の危険もあります。それは、福音書に書かれた数々の話の解釈が、時代の流れの中でどのように変わってきたかを見ても、明らかでしょう。また、たとえ福音書のコンテキストを適切に理解しても、それがイエスのコンテキストとは異なることを考えると、イエス自身が語った譬え話の解釈に有効だとは言えません。むしろ必要なのは、歴史のイエス自身のコンテキストに対して出来る限り理解を深めるようにして、それを踏まえて解釈することでしょう。このために、個々の譬え話の学びに当たっては、当時の「民衆の耳で聞く」ことに近づくために、その背景を学ぶようにして解釈を行ないます。

なお、イエスが生きた世界とイエスの譬え話のコンテキスト（足場）の理解と、イエス自身が語ったと思われるオリジナルの譬え話の解釈について、基本的に適切かどうか私が判断基準にする問いは、以下の 5 つに要約されます。①イエスはなぜ譬え話で語ることが多かったのか？　②なぜ、ユダヤの権力層から歓迎されず、ローマ帝国の政治犯として処刑されたのか？　③当時の数々の「神の国運動」の内、なぜイエス運動だけは指導者の死後も断ち切れることなく継続されたのか？　④イエス運動でもその継続においても、なぜ社会の弱者にされていた女性たちが指導力

はじめに　15

4.　言葉づかいに関して

　譬え話はギリシャ語からの私訳を使いますが、それ以外で引用する聖書テキストは、（他の説明が無い限り）基本的に新共同訳聖書を使います。また、「旧約聖書」は「ヘブル語聖書」、「新約聖書」は「キリスト教証言書」と呼びかえて使います。[6]

　譬え話の中でも解釈の中でも、「律法」という言葉が度々使われます。これはヘブル語の「トーラー」、ギリシャ語の「ノモス」の訳語です。ただ、「トーラー」は、狭義で「モーセ律法」を指すと共に、広義ではそこから由来するイスラエルの教え全体を指します。この言葉が使われる時、狭義と広義の区別が明確でない場合も多いと思われます。そこで私は、便

を発揮できたのか？　⑤オリジナル版に遡ろうとする「イエスの譬え話」の解釈は、これらの問いに答えるヒントを与えるものであるのか？　です。

6　「旧約」「新約」というのは、神との「旧い契約」「新しい契約」という意味です。イスラエルは「律法」（トーラー）によって神との契約関係にあったけれども、イエス・キリストによって神と人の間に新しい契約が結ばれたという、キリスト教の理解に基づくものです。それで、基本的にイエス・キリストの出来事以前に書かれた書物が「旧約」、イエス・キリストの出来事を証言する書物が「新約」と呼ばれます。

　しかし「旧約聖書」という呼び方は、これを「旧い」と考えない宗教の人々に対して無配慮な、キリスト教中心主義の名付けであるという考えから、最近では「旧約聖書」は**ヘブル語聖書（Hebrew Bible）**、「新約聖書」は**キリスト教証言書（Christian Testament）**と呼びかえられています。私もこの呼び方を用います。なお、日本では「ヘブル語」を「ヘブライ語」と呼ぶ人が多いですが、「ヘブル」の方が原語の発音に近いので、私はこちらを用います（参照：山口里子『新しい聖書の学び』34）。

　ちなみに、「ヘブル人」の「ヘブル」（'ibri）の語源は「Habiru/Apiru」で、語幹「'br」は「（境界線を）越える（cross over）」の意味と言われます。「社会的・法的な境界線を越えた人」として、「無法者」「ならず者」「（社会の）落ちこぼれ」と見なされた、社会の底辺にいる様々な人々を指して、紀元前二千年期に広く用いられた言葉でした。実際、古代ピラミッド型国家の抑圧を逃れて、平等志向の部族連合「イスラエル」を形成した人々は、異なる民族的・文化的な背景から来た人々の、言わば寄り合い民族として「ヘブル人」を形成していったのです（参照：山口里子『新しい聖書の学び』187、『マルタとマリア』25-26）。

宜的に、「律法」と「トーラー」（律法全体）という表現を使います。[7]

　さて、聖書が書かれた言語（ヘブル語とギリシャ語）は、「古代男性中心言語」です。これは性別を限定しない（できない）場合には「標準形＝男性形」を使います。女性に限定する時だけ「派生形＝女性形」を使うのです。ですから、「男性形で書かれているから男性」とは言えません。男女両方（の要素・可能性）がある場合は「標準形＝男性形」だからです。このことを留意して聖書テキストを解釈します。[8]

　この関連で、「標準形＝男性形」の古代男性中心言語で「彼」と訳している言葉は、「彼」よりも、性別を限定しない「あの人」とか「その人」（that person）と訳すほうが適切です。けれども「彼」の部分を全て「あの人」「その人」と訳すと文章が長く読みにくくなってしまいます。このため、妥協策として「彼」と訳します。

　ただし日本語の「彼」は、昔から最近まで性別を限定しない「あの人」「その人」の意味の言葉でした。これを踏まえると、日本語では元々「彼」も「彼ら」も性別を限定しない言葉で、この翻訳は不適切ではなくなります。このことを留意してお読みください。[9]

7　参照：エリザベス・シュスラー・フィオレンツァ『石ではなくパンを』264。

8　このような**男性中心言語**の特徴は現代の日本語にも当てはまり、知らない内に人間の「標準」は「男性」であるかのように思い込ませる影響力を持ちますから、それに対して意識的に表現を選ぶことが必要です（参照：山口里子『虹は私たちの間に』19-20、『新しい聖書の学び』49-50、『いのちの糧の分かち合い』165, 182、『イエスの譬え話1』33, 176 注5）。

9　例として、「たそがれ」という言葉は、薄暗くなって向こうの人が良く見えず「誰そ彼」（あの人は誰？）と言うことが語源と言われます。また、今から50年余り前になりますが、私が中・高校生の時、女子学院の山本つち校長は、「彼」という言葉を性別に関わりなく「あの人」という意味で日常的に使っておられました。

　ちなみに「少年」も性別を限定しない言葉でした。それが（西洋言語からの翻訳などの影響で）「少年」は「男の子」に限られていき、最近になって「女の子」を指すために「少女」という言葉が作られたようです。日本語は古来、「性別」によって人を余り分けない言語だったのに、最近になって言わば「標準形＝男性形」にされて来たのは、大変残念です（参照：Satoko Yamaguchi, "Japanese Language, Culture and Feminist Liberation Theology"）。

また、「女性」「男性」という言葉を使う時には、「いわゆる」という意味で使います。私は、人間の性は「男と女」だけではなく多様であると理解しています。しかし人間一般という形で語ると、代表として「男性」が思い浮かべられることが多く、父権制社会（男性中心タテ社会）で「他者」とされてきた色々な人々が見えない存在にされる傾向があります。そこで、いわゆる生物学的な「女性」に限らず、父権制社会の中で見えにくい存在にされてきた様々な「他者」を象徴する意味で、時々「女性」という言葉を使います。[10]

　個々の譬え話の学びの終わりに、私は時々、読者の方々それぞれに思いめぐらしを深めていただくように、できれば直接に対話して思いを分かち合えることを願いつつ、呼びかけの言葉を入れます。「あなたはどのような思いめぐらしをなさるでしょうか？」というような言葉です。

　実は私は、日常的に対話の中で「あなた」という言葉を使います。けれども今の日本では、「あなた」という呼びかけに「上から目線」を感じる人々が少なくないと知らされました。そして「みなさま」という言葉のほうが、そういう問題が無くて安全だと提案されましたので、第1巻では「みなさま」という呼びかけを使いました。

　けれど、「みなさま」という言葉は3人称複数形で、距離を置く呼びかけです。私は、人々が対等に向かい合って対話をする文化を育てていくためには、2人称の「あなた」という言葉を、「あなた」という単数形でも「あなたがた」という複数形でも、対等な向かい合いの言葉として、生活の中で意図的に定着させていくことが大切だと思います。

　言葉は思想の伝達手段であるだけでなく、思想を組み立てる手段でもあります。そうである以上、どのような言葉をどのような意味・意図で使うかということは、私たちの精神活動に大きな影響を持つ重要なことです。この思いを持って、「あなた」という言葉を使います。

10　山口里子『新しい聖書の学び』30, 34。

では、個々の譬え話の学びに進みましょう。ただ、恐縮ですが、始めから難しい話になってしまいそうです。つまり、第1章は長くて難しくて読みにくいかも知れません。けれども、この章の学びは、その後の譬え話を理解する上で基盤になるような、大切なものです。これを踏まえて、じっくり向き合って読んでいただけますように、お願いいたします。

イエスが、文字通りいのちをかけて人々に語りかけたメッセージは、どのようなものだったのでしょうか？ そこに少しでも近づく学びを、ご一緒にしたいと願います。

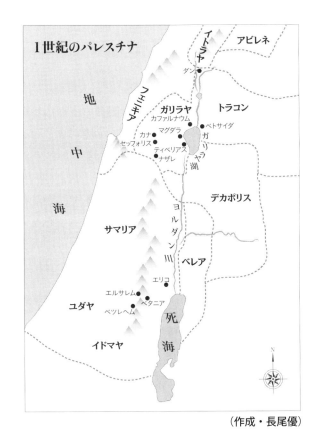

（作成・長尾優）

第1章　ファリサイ人と徴税人

（ルカ 18:10-14a）

Ⅰ．テキスト

⁽⁹⁾ しかし（彼は）言った、自分は正しいと自分自身に説得していて（思い込ませていて）、残りの人々を無視している人々に対しても、この譬え話を。⁽¹⁰⁾ 人が2人、神殿にのぼった、祈るために。1人はファリサイ人で、別の人は徴税人。⁽¹¹⁾ ファリサイ人は、自分自身で立って、これらを祈っていた。「神よ、（私は）感謝します。残りの人々のような者では（私は）ないことを。（つまり）奪い取る者、不正な者、婚姻関係を裏切る者、あるいはこの徴税人のような者でないことを。⁽¹²⁾（私は）断食します、週に2回。十分の一（奉納）を（私は）献げます、（私が）得るあらゆるものすべてに。⁽¹³⁾ しかし徴税人は、遠くに立って、目を天に上げることをしようとさえしないでいた。むしろ、彼の胸を打ちたたいていた、こう言って。「神よ、贖いをください、私に、この罪人に」。⁽¹⁴⁾（私は）言う、あなたがたに。この者は義とされて彼の家にくだって行った、あの者よりも。なぜなら全て自分自身を高める者は低められるだろう。しかし自分自身を低める者は高められるだろう。

Ⅱ．これまでの解釈

この譬え話（パラボレー）は、自分を正しい者として高める者は神によって退けられ、自分を低くして悔い改める者は神によって受け入れられるという道徳訓として、理解されてきました。あるいは、神の判断は人間のものとは異なると示す、逆転の譬え話だと言われてきました。¹

また、ファリサイ人をユダヤ教の代表として見ることで、反ユダヤ主義の主張に使われて来た歴史もあります。このため現代では、「『私はファリ

1　**譬え話**（パラボレー）について：「はじめに」。

サイ人のような偽善者でなくて良かった』と言うようなクリスチャンの意識で、私たちは既にファリサイ人になっている」という警告の教えもされています。[2]

さて、イエスが話した時、これは謙虚さを美徳とする道徳的な教えを示したのでしょうか？　それを探ってみましょう。

Ⅲ．オリジナル版に近い形で「聞く」ための考察

譬え話の状況設定（18:9）は、いつものように福音書著者ルカによる編集句であると、学者たちは合意しています。しかしオリジナル版の終わりについては意見が２つに分かれています。① 13 節で結論なしで終わっていた。② 14 節前半で終わっていた。そして 14 節後半は、ルカ（またはルカより前の伝承者）が、独立して知られていた言葉を入れた（cf. ルカ 14:11、マタイ 23:12）。この内、①の場合は単純に対照的な祈り方を示す話で、②の場合は当時の一般的な価値観を覆すショックな話だと解釈されます。

イエスの譬え話の特徴を表わしているのは②のほうだと大半の学者が考えており、私もそう考えます。そこで、イエス自身が語ったオリジナル版は「ルカ 18:10-14a」と理解して、テキストに向かいます。[3]

2　A. M. ハンター『イエスの譬・その解釈』89. Jesus Seminar, *The Parables of Jesus*, 56. ヴェルナー・フェンザック『イエスのたとえ話講解』144。Brad H. Young, *Jesus the Jewish Theologian*, 181. Luise Schottroff, *The Parables of Jesus*, 14.

「ファリサイ人」（ファリサイびと）とは、「ファリサイ派の人」を表わす言葉です。「ファリサイ派」については後から述べます。日本語の新共同訳聖書で「ファリサイ人」という言葉が定着しているので、これを使います。

3　例：Jesus Seminar, *The Parables of Jesus*, 56. 荒井献『イエス・キリスト　下』148. なお、この譬え話はルカ福音書だけに残されており、本当に歴史上の人物であるナザレのイエスに遡らないという意見もあります（例：Charles W. Hedrick, *Parables As Poetic Fictions*, 120-211）。このような意見に対しては、次のような応答があります。この譬え話には後代のキリスト教で作られた「キリスト論」は全くなく、キリストの役割を中心に置いた「救済史」の概念も無い。明白に述べられて

第1章　ファリサイ人と徴税人　21

Ⅳ．テキスト分析

1.「神殿にのぼった、祈るために」

　譬え話の始めに述べられる主語は「人」(anthrōpos)。これは、神・動物と区別して人間一般をさす言葉です。聖書の言葉（ヘブル語とギリシャ語）は古代男性中心言語ですので、言葉の「標準形＝男性形」で述べられています。ですから、「人」という言葉も「彼」という言葉も「標準形＝男性形」で述べられており、性別が限定されません。男でも女でもあり得る「人」・「彼（＝あの人）」です。[4]

　ただし「人」が「女性」と特定される場合には「派生形＝女性形」が使われるため、特に単数形の「標準形＝男性形」が使われると、聴衆の多くはなんとなく「男性」のイメージで話を聞くと考えられます。この話でも、人々は登場人物の性別が限定されていないことを知っていても、ほとんどの人が無意識に「男性」を想像して聞いたと考えられます。

　人が「2人」と述べられています。「お話」で「2人」が登場すると、たいがい「似ている人」か「対照的な人」になります。これについては、この先の分析で見ていきましょう。

　次に述べられる言葉は「神殿」です。「神殿にのぼる」という表現は「エルサレム神殿に行く」ということを示します。エルサレムは東・南・西が谷になっている丘の上にあり、神殿はそこの更に高い所にあったから

いる「贖罪」は神殿祭儀のもの。そのような話を、もしイエス自身が語らなかったら、後のキリスト教がイエスのものとして作り出すことは考えられない、ということです（例：Kenneth E. Bailey, *Through Peasant Eyes*, 156. Young, *Jesus the Jewish Theologian*, 190）。私もそう思います。更に、学びを進めると、この譬え話そのものが、イエスの様々な言葉や行動を裏付ける特徴を持っている、と考えられます。

4　**古代男性中心言語**、およびこの本で「彼」という訳語が性別を限定しないことについて：「はじめに」。参照：山口里子『虹は私たちの間に』19-20、『新しい聖書の学び』49-50、『いのちの糧の分かち合い』165, 182、『イエスの譬え話1』33, 176 注5。

でしょう。[5]

　エルサレム神殿は、紀元前 10 世紀にソロモン王によって建てられ、紀元前 6 世紀にバビロニアによって一度破壊されたのち「バビロン捕囚」後に再建されました。そしてヘロデ大王（在位紀元前 40-4 年）は紀元前 20 年頃に大規模改築工事を始め、イエスの時代におおむね完成したところでした。[6]

　その神殿には、歴史家のヨセフスさえも感嘆しました。大きく立派で全体が金で覆われ、日がのぼる時にはまさに太陽そのもののように直視できないほどにまぶしく輝き、遠くからは白い雪に輝く山のように見えました。また、ラビたちは、「（エルサレム）神殿を見ることなく美しい建物を見たとは言えない」と言いました。地方からの巡礼者たちは壮大さに圧倒されたということです。[7]

5　ヨアヒム・エレミアス『イエスの譬え』154。Herman Hendrickx, *The Parables of Jesus*, 236.

6　ヨセフスによれば、工事の「完成」は紀元 64 年ですが、ヘロデ大王の存命中におおむね完成されたと思われます（古代誌 20.219）。参照：山口雅弘『イエス誕生の夜明け』84。

7　ヨセフス『ユダヤ戦記』5.5.6. **エルサレム神殿**は紀元前 10 世紀にソロモン王が建てました。ソロモンの父ダビデがイスラエルとユダの統一王国の王になり、エルサレムの王宮に住んで、「神の箱」（「十戒」の石板が入れられた「契約の箱」）をエルサレムに運びました。その時にダビデは神殿を建築しようとしますが、預言者ナタンにとめられます。ナタンが神の言葉として告げたこと：「あなたがわたしのために住むべき家を建てようというのか。わたしはイスラエルの子らをエジプトから導き上った日から今日に至るまで……なぜわたしのためにレバノン杉の家を建てないのか、と言ったことがあろうか。……あなたの身から出る子孫に跡を継がせ、その王国を揺るぎないものとする。この者がわたしの名のために家を建て、わたしは彼の王国の王座をとこしえに堅く据える」（サムエル下 7:5-13 抜粋）。この言葉に基づいてソロモンが神殿を建てます（列王上 5:19）。預言者ナタンの言葉の後半は、ソロモンの神殿建築を正当化するために後になってから加筆編集された「事後預言」と考えられますが、ナタンの言葉の前半は、神殿建築に対して始めから批判的なグループがいたことが反映されていると理解できます。

　　この神殿は、紀元前 6 世紀にバビロニアのネブカドネザルによって破壊され（前 586）、「バビロン捕囚」後に再建され（前 516）、「第 2 神殿」と呼ばれるようにな

次の言葉は「祈るため」です。ヘブル語聖書の時代から、神殿は「祈りの家」（イザヤ 56:7）と呼ばれており、「祈り」は共同体の「礼拝」と同義でした（使 16:13, 16）。

わたしは彼らを聖なるわたしの山に導き

わたしの祈りの家の喜びの祝いに　連なることを許す。

彼らが焼き尽くす献げ物といけにえをささげるなら

わたしの祭壇で、わたしはそれを受け入れる。

わたしの家は、すべての民の祈りの家と呼ばれる（イザヤ 56:7）。

こうして、「祈るために神殿にのぼる」は、共同体の礼拝に参加することでも、それ以外の時間に個人的に祈りをすることでも、あり得る表現です。ただ、この譬え話全体に使われている表現から、おそらく午後の礼拝が前提されていると、ほとんどの学者が理解しています。[8]

1 世紀のエルサレム神殿では、多くのユダヤ人が日々「祈り」に来ました。共同体の礼拝は、毎日午前 9 時と午後 3 時に行なわれました。礼拝では、贖罪のための犠牲の献げ物の儀式が行なわれました。人々は礼拝の間に祈りを献げ、最後に祭司の祝福を受けて帰りました。

ります。これは、紀元前 1 世紀の終わり頃（前 20）にヘロデ大王によって大規模改築工事が行なわれました（注 6 参照）。50 年近くかけて行なわれたとも言われます（ヨハネ 2:20）。しかし紀元 64 年にようやく完成してまもなく、紀元 66-70 年の「第 1 次ユダヤ独立戦争」（ローマ帝国に対するユダヤ人の抵抗運動）の結果 70 年にローマ帝国によって破壊されました。神殿の炎が市街地に広がって、エルサレム市も崩壊したと言われます。参照：Carol Meyers, "Temple, Jerusalem." Ched Myers, *Binding the Strong Man*, 322-323. 山口雅弘『イエス誕生の夜明け』89-101。

8　Bailey, *Through Peasant Eyes*, 145-146. William R. Herzog, *Prophet and Teacher*, 162. イエスが語ったと福音書に記されている「『わたしの家はすべての民族の祈りの家と呼ばれるべきである』と書かれている」という言葉も、このイザヤ書に言及したものと理解されます（マルコ 11:17。一方、マタイとルカは「すべての民族」の「すべて」を削除しています。マタイ 21:13、ルカ 19:46）。

（大祭司が）輝かしい衣をまとい、華麗な衣装に身を包み、聖なる祭壇に
のぼると、聖所の境内は輝いた。彼が祭司たちの手からいけにえを受け
取り、祭壇の炉の傍らに立つと、……アロンの子らも皆、輝かしく装い、
主への供え物を両手にささげ、イスラエルの全会衆の前に立った。シモ
ン（大祭司）は祭壇での祭儀を終えると、……供え物を整え、杯に手を
伸ばして、ぶどうの汁をそこに注ぎ、祭壇の台座に振りかけて、……か
ぐわしい香りとした。その時、アロンの子らは声をあげ、銀のラッパを
吹き鳴らし、大音響をとどろかせて、いと高き方が彼らを思い出して
くださるようにした。その時、民は皆、急いで地に顔を伏せ、全能のい
と高き神である彼らの主を礼拝した。合唱隊は声高く賛美の歌をうたい、
……民は……主に願い求め、慈しみ深い方に祈りをささげた。……こう
して彼らは祭儀を終えた。それから、シモンは降りて来て、イスラエル
の全会衆の上に両手を差し伸べ、自らの唇をもって主の祝福を与え、誇
らかに主のみ名を唱えた。民は再びひれ伏し、いと高き方の祝福を受け
た（シラ 50:11-21 抜粋）。

　個人の特別な嘆願の祈りは、特に午後の犠牲の礼拝の間に行なわれまし
た。人々の罪の赦しのために子羊などの犠牲の献げ物が行なわれて、献げ
物が焼かれる煙が香のかおりと共に天の神の顔にのぼっていく時は、その
香りと一緒に祈りが神に届き、嘆願が受け入れられると考えられていまし
た。それで、その時は特に個人の嘆願の祈りにふさわしい時と考えられた
のです。天に向かって大きな声で祈るのは伝統的な実践でした。[9]

　　エルサレムの神殿で夕べの香が献げられる時刻になると、主に向かって
　　（ユディトは）大きな声で祈った。「私の先祖シメオンの神なる主、……

9　Bailey, *Through Peasant Eyes*, 145-146, 149. Herzog, *Prophet and Teacher*,
　162. 預言者サムエルの母ハンナが声を出さずに祈っていた時に、唇だけ動いていた
　ので酒に酔っていると誤解されたのも、声を出して祈るのが通常だったためと思わ
　れます（サムエル上 1:13）。

第1章　ファリサイ人と徴税人　25

神よ、わが神よ、この寡婦の願いも聞き入れてください。……ご覧ください。アッシリア人はその兵力を満たし、馬と騎兵に心おごり、盾と槍、弓と投石器に希望を置いています。……み力をもって彼らの武力をたたきつぶし、憤りをもって彼らの権勢を打ち砕いてください。……この寡婦の腕に企てを成し遂げる力をお与えください（ユディト 9:1-9 抜粋）[10]。

　神殿は、イスラエルの神に対する礼拝と祈りを行なうための第1のシステムとして崇高な場所でした。人々は神の慈しみへの感謝を表わすと共に今後の幸いの継続を確認すると、理解されていました。
　それと共に神殿は、おびただしい奉納物が集まり、それらの管理や祭儀、大規模修繕などのために何千人もの人々を雇用する、ユダヤ共同体の中心的金融機関の機能も持っていました。これについては後から述べます。

2.　ファリサイ人

　祈るために神殿にのぼった2人の内1人は「ファリサイ人」つまり「ファリサイ派の人」、もう1人は「徴税人」でした。この2人が並べて述べられると、当時の人々にとっては「律法を守る人」と「律法を守らない人」を象徴するような、まさに対照的な人物の登場でした。まず、先に述べられた「ファリサイ人」に注意を向けてみましょう。
　ここで最初に注意したいのは、現代のクリスチャンが持っている「ファリサイ人」に対する偏見です。福音書では、「ファリサイ派の人々」はイエスの敵対者で偽善者だという歪んだ印象が作られています。しかしこれは、イエスの時代より後の福音書著者たちの見方を反映したものです。

　ローマ帝国に対する「ユダヤ人」（イスラエル人）たちの抵抗運動（66-70年の「第1次ユダヤ独立戦争」）の結果、70年にエルサレムの都も神殿も破壊

10　ヘブル語聖書続編に入れられているユディト記について：第7章注 15。

されました。このような状況のなかで、ユダヤ共同体はどうやって生き延びていくかという重大な問題をめぐって、様々な議論と対立が大きくなりました。そして徐々に、古代からのイスラエルの宗教が、「(ラビ的) ユダヤ教」と「キリスト教」という 2 つの独立した宗教に分かれていきました。[11]

　福音書著者たちは、1 世紀後期に自分たちが対立していた人々、中でも後のユダヤ教を担っていくことになった人々を、イエスに敵対する「ファリサイ派」「律法学者」として描きました。

　イエスの死後、1 世代以上の時が経ってからの、エルサレム神殿崩壊後という深刻な危機・逆境に直面していたユダヤ人たちの間での対立です。それぞれに選んだ道が異なり、いわば「兄弟げんか」の中で、「ファリサイ派の人々」はカリカチュア化（戯画化）されて福音書に描かれたのです（マルコ 3:6、マタイ 19:3; 23:13-39、ルカ 5:30; 11:37-44; 16:14、ヨハネ 6:7; 11:47-57; 15:2）。ですから私たちはまず、福音書の話で身につけて来てしまった偏見を取り除く必要があります。

　1 世紀前期のイエス自身の時代には、福音書著者たちの時代とは状況が異なっていました。たとえ律法解釈でぶつかり合いがあったとしても、それは様々なユダヤ人たちの間でよく行なわれていたことでした。更に、当時のユダヤ人たちの諸グループの中では、イエスのグループとファリサイ派のグループは、大きな共通点がありました。すなわち、庶民の間でユダヤ共同体を大切にして生活するということです。[12]

11　「ユダヤ人」について：第 8 章注 10。

12　福音書でも、イエスがファリサイ人たちを律法の主な解釈者として認め、彼等と食事や談話を共にし、正しさを称賛もする姿も、残されています（マタイ 23:2-3、ルカ 7:36; 11:37; 14:1、マタイ 5:20、ヨハネ 3:1）。彼等はヘロデのワナを警戒するようにイエスに知らせたこともあります（ルカ 13:31）。彼らはカリカチュアとは違い、全体として律法の順守者・解釈者として多くの民衆の間で認識されていたと考えられます（Hedrick, *Parables As Poetic Fictions*, 215）。ファリサイ派について：Anthony J. Saldarini, "Pharisees." ファリサイ派を含む、当時の様々なユダヤ

第1章　ファリサイ人と徴税人　27

　ファリサイ派のグループの中にも様々な人々がおり、律法解釈にも幅があり、十把一絡げに見ることはできません。けれどもイエスの時代には、ファリサイ派は政治的権力を持っていませんでした。エルサレムを中心に生活していましたが、ガリラヤに住んでいた人々もいました。農民出身で日常は農民として生活している人々が多くいました。それだからこそ、一部のファリサイ人が周囲の農民と一緒にローマ帝国に対する抵抗運動を起こすというような出来事も、あり得たのでしょう。[13]

　ですからファリサイ人は、農民として生きると同時に、律法を学び順守して敬虔な生活を実践する人、古代からの豊かな信仰的な伝統を継承することで人々に貢献する立派な人として、悪印象よりも好印象を持たれていたと思われます。

　譬え話で、祈るために神殿にのぼった1人が「ファリサイ人」だとイエスが言った時、ガリラヤ農民たちは、おおむねこのようなイメージでこ

　　人グループに関して：山口雅弘『よくわかる新約聖書の世界と歴史』73-82。

13　　山口里子『イエスの譬え話1』25 注23。**ファリサイ派の一部の人々が、農民の抵抗の力になり得た要因**として、①「シナゴーグ」（ユダヤ教会堂）などでの小伝承（民間伝承）と律法解釈、②大伝承（公的伝承）を担うエルサレム勢力内における祭司たちとファリサイ派などとの内部不一致、③律法自体が持つ、神の正義という視点からの批判、などが挙げられます。

　　ファリサイ派の多くはエルサレム中心で生活していましたが、サポートネットワークを維持するためにもガリラヤなどの地域へ訪問旅行をしたと思われます。そういう時に、特に「大伝承」を学んできた律法学者たちと、おそらく「小伝承」から多くを学んでいたイエスの間で、律法理解や契約共同体の意味に関して衝突する機会が少なくなかったことは、考えられます（Herzog, *Prophet and Teacher*, 78-79. Richard Horsley, *Jesus and Empire*, 37-40, 57-63）。

　　なお、1世紀ガリラヤにあった「シナゴーグ」は、現代の多くのクリスチャンが想像する、後のラビ的ユダヤ教のシナゴーグとは区別する必要があります。「シナゴーグ」は元々「集会」という意味であり、公的な集会場としての建物や、アゴラ（市場）や個人の家などで持たれていたと考えられます（Herzog, *Prophet and Teacher*, 78-79. 山口雅弘『イエス誕生の夜明け』123-126）。そして、最初期の**エクレシア**（クリスチャンの集まり→教会）は、そのような家のシナゴーグの1つと見られていたと考えられます（山口里子『マルタとマリア』97-101, 195-196）。

28

の言葉を聞いたことでしょう。[14]

3. 徴税人

　福音書の記述のゆえに、現代のクリスチャンは「ファリサイ人」に対して特定の偏見を染み込ませていますが、「徴税人」に対しても特定の先入観を持っています。つまり「ファリサイ人」には「悪者」の印象、「徴税人」には悪印象よりも同情するような印象を持つ人が多く居ます。

　しかしイエス時代の庶民の間では、徴税人は著しく憎悪され侮蔑されていました。なぜでしょうか？　それを理解するために、当時の税金システムの概略を見てみましょう。

　イエスの時代、ガリラヤのユダヤ人たちは、ローマ帝国の植民地支配下で、3重の税金システムに苦しめられていました。①ローマ帝国への税金、②ユダヤ政権への税金、③神殿への「税金」です。このような3重の税金システムは、実質的に農民の収入の半分近くが（負債を抱えるとそれ以上が）税金に取られるという状況を作りました。こうしてガリラヤ農民は、それ以前に経験したことの無いほどに暮らしを圧迫されていました。[15]

14　ファリサイ派のグループの中には女性たちもいました。そして、ユダヤ伝統と律法を真剣に受けとめ、その解釈に合わせて日々の生活をしようとしていました。特にローマ帝国による植民地支配のヘレニズム世界の只中で、貧しい庶民でも守りやすい食事に関する律法順守を中心に、ユダヤの伝統を守ろうとしました。彼等は家庭での夕食を共同体の礼拝と見なすように教え、男女が食物や食器を扱うことや、女性がいのちを維持するための世話をすることを、宗教的な行動と見なして大切にしたとも言われます（Schottroff, *The Parables of Jesus*, 7-8）。

　神殿崩壊後、ユダヤ的生活の継続が困難になった時に、ファリサイ的な教えと生き方の伝統は、「ユダヤ人」として生きることを願う人々のサバイバル（生き延びること）を可能にする力になりました。福音書の描き方に基づいてイエスの敵としてファリサイ派を見ることは、イエス時代のファリサイ派とは全く異なる人々を想像することになります。また、自己満足の偽善的なファリサイ派という概念は、キリスト教証言書（新約聖書）以外の資料とは矛盾していると言われます（Schottroff, *The Parables of Jesus*, 7-8. Young, *Jesus the Jewish Theologian*, 182）。

15　James W. Douglas, *The Nonviolent Coming of God*, 91. Marcus J. Borg, *Jesus*, 84-85. 山口里子『イエスの譬え話1』24-25, 34-35。山口雅弘『イエス誕生

第1章　ファリサイ人と徴税人　29

　このような税金システムの中で、この譬え話で述べられている「徴税人（telōnēs）」は、ローマ帝国への税金を集める仕事をする徴税人でした。ローマの税金は人頭税と土地・財産への税が主な物でしたが、他にも通行税や、商売・貿易に関わる様々な税がありました。こうした税金の徴収は、付け値を最も高くした入札者が、取り立てる権利を得ました。それが徴税人頭（元締め）です。

　徴税人頭の下に、実際の取り立てを行なう徴税人が雇われました。徴税人頭は或る程度の経済力を持ちましたが、雇われた徴税人は貧乏な人です。

　徴税人は町の門や公道などの数々の徴税所に居て、人々から税を取り立てます。人がある村から他の村へ行くだけの時にさえも取り立てるので、人々はイライラする怒りを溜めることになりました。しかも徴税人は規定以上に、自分の分け前を加えた額を取り立てます。そうしなければ自分自身の生活が出来なかったからです（マルコ 2:14）。

　徴税の仕事は、奴隷が担わされることが多くありましたが、他に働き口が無い貧窮した男女の人々も、なんとか生き延びるためについた仕事でした。低賃金でいつでもクビにされる危険の中で、カツカツの生活をするために働きつつ、人々からあからさまに軽蔑される仕事でした。人々から見ると、貧しく苦しい生活の只中で日常的に税を取り立てる粗暴な人間、自分の懐に入れるために規定以上を取り立てる泥棒のような人間だからです。

　ですから徴税人は、非常に抑圧的な税金システムの中で、最も下っ端の仕事について搾取される立場にいながら、その抑圧的なシステムの中で苦しめられて生活していた人々からは、反感と嫌悪の身近で便利なターゲットにされていました。強盗や泥棒になぞらえられるだけでなく、同じユダヤ人の庶民を苦しめてローマ帝国のために働くローマの手先、裏切り者、売国奴として、激しい憎悪・侮蔑に晒されて、生計を立てていたのです。

　ここにも、搾取構造の上層で大金を手に入れて生活している富豪ではな

の夜明け』192-200。

30

く、その構造の下の下で生き延びるためにやむなく手を汚して低賃金で働いている者たちが、直接に人々と日々接触して、露骨な侮蔑に晒される社会構造があります。[16]

　福音書には、イエスの周りに「徴税人・罪人・売春者」と呼ばれる人々が寄り集まって来ていて、イエスがそういう人々と食事を共にして仲間と見られる行動をしていたことが描かれています。そして、このような話には、イエスとそうした人々の歴史的な実践が反映されていると、聖書学では認識されています（マルコ 2:15、マタイ 9:10; 11:19、ルカ 5:29; 7:34; 15:2b）。[17]

4．ファリサイ人の祈り

　さて、譬え話のファリサイ人は、「自分自身で立って」と書かれています。「律法に無知で浄・不浄の決まりを守れず、（祭儀的に）汚れている罪人」に触れると自分も汚れた状態になると理解されていたので、そのファリサイ人は、そのようなことを避けるために人々から離れた高い所に立つのです。[18]

16　シュスラー・フィオレンツァ『彼女を記念して』199-200。Michael Farris, "A Tale of Two Taxations," 25.

17　シュスラー・フィオレンツァ『彼女を記念して』199-200。「徴税人」は男性だけと思われがちですが女性もいました。一方、「売春者」は女性だけと思われがちですが男性もいました。どちらも性別に拘わらず社会の底辺で、何とか生き延びるために働き、軽蔑され虐げられていた人々です。参照：山口里子『マルタとマリア』61-64。『虹は私たちの間に』130-135。

18　「自分自身で」(pros heauton) は、「立つ」にかかるのか、「祈る」にかかるのか、不明確です。「自分自身の内で（祈っていた）」か「自分自身について（祈っていた）」とも、議論されてきました（新共同訳聖書では「心の中で（祈った）」と訳されています）。しかし「自分自身の内で」なら「en heauton」です。「自分自身について」の可能性は無くありませんが、明白に「自分自身で（立つ）」(kath heauton) と書かれている写本もあって、早い時期にはそのように理解されていたと考えられます（参照：注 20）。更に、次に述べられる徴税人についても「遠くに立って」と、まず「立つ」位置に関する表現がされています。そして 2 人の対照的な立ち位置に続いて、2 人の対照的な祈りが述べられることになります。ですから

次に、彼は「祈っていた」（未完了形）とあります。動詞の「未完了形」は、「過去形」とは異なって、「ずっと〜していた」「〜し続けていた」というような継続を表わします。ですからここでは、「祈り続けていた」という、長い祈りを想像させる表現です。

その祈りは、当時のユダヤ人の敬虔な祈りに沿って、神の全ての贈り物に対して感謝を献げる言葉で始まります。

ただし、その感謝の仕方をどう理解するかについては議論が行なわれてきました。大まかに言って2つの意見があります。

①他の人を否定して自己正当化し、神への感謝の形で自分を誇る偽善的な祈りで、彼はカリカチュア化（戯画化）されている。

②彼の実生活の中からの思いと実践を表わす祈りで、タルムードなどの模範的祈りと並行する表現であり、イエスと同時代人のパウロも、同様の祈りをしていた。当時の人々にとっては、自己正当化の祈りと受け取られるものではない。

どちらでしょうか？　実際に当時の幾つかの祈りの例を見てみましょう。[19]

> 「ラビ・ユダは言った。人は日に3回賛美を唱えなければならない。主はほむべきかな。私を異教徒にしなかった。なぜなら全ての異教徒は神の前に無である（イザヤ40:17）。彼はほむべきかな。私を女にしなかった。なぜなら女は律法順守の義務から外されている。彼はほむべきかな。私を無教育な者にしなかった。なぜなら無教育な者は罪を避けることに不注意である」（タルムード Tosefta Berakhot 7:18）。

ここは「自分自身で立つ」と解釈するほうが適切であると考えます。なお、そのように「汚れ」を避けるようにして立つことに問題を感じるのは現代人の感覚であって、当時の人々にとっては律法順守のための注意深い態度と理解されたと言われます（Bailey, *Through Peasant Eyes*, 147-148）。

19　以下から引用：Bernard Brandon Scott, *Hear Then the Parable*, 95. John R. Donahue, *The Gospel in Parable*, 189. Jeremias, *Parable*, 142. Barbara E. Reid, *Parables for Preachers,* C.239. Frank Stern, *A Rabbi Looks at Jesus' Parables*, 199.

「主なる神、あなたに感謝します。あなたは私を学びの家の座に着く者
たちの中に置かれました。路上に座す者たちの中にではなく。なぜなら
私は早朝に起き彼等も早朝に起きますが、私は律法の言葉のために早く
起き、彼等は浅はかなおしゃべりのために早く起きます。私は働き彼等
も働きますが、私は働いて報いを受け、彼等は働いて報いを受けません。
私は走り彼等も走りますが、私は来るべき世でのいのちに向かって走り、
彼等は破壊の落とし穴に向かって走ります」（Berakhot 28b）。

「神を私は賛美します。なぜならあなたは私の運命が無価値な共同体に
落ちることを許しませんでした。また、秘密のサークルの中に入ること
を私に課しませんでした」（クムランの祈り Dead Sea Scrolls IQH7:34）。

「わたしたちは生まれながらのユダヤ人であって、異邦人のような罪人
ではありません」「私は生まれて八日目に割礼を受け、イスラエルの民
に属し、ベニヤミン族の出身で、ヘブライ人の中のヘブライ人です。律
法に関してはファリサイ派の一員、……律法の義については非のうちど
ころのない者でした」（パウロ ガラテヤ 2:15. フィリピ 3:5-6）。

　以上の例に見られるように、このファリサイ人の祈りは、当時の人々
にとって自己正当化・偽善と思われるものではなく、むしろ模範的な祈り
と並行するものだったと考えられます。[20]

20　Bailey, *Through Peasant Eyes*, 149. Scott, *Hear Then the Parable*, 95.
　　Donahue, *The Gospel in Parable*, 189. Jeremias, *Parable*, 142. John Dominic
　　Crossan, *In Parables*, 181. Hedrick, *Parables As Poetic Fictions*, 224-225. Reid,
　　Parables for Preachers, C.239. Frank Stern, *A Rabbi Looks at Jesus' Parables*, 199.
　　「自分がこのように生活できるのは神の恵みに依る」という自己認識を告白してい
　　るのであって、その意味においても「自己正当化」ではなく「告白」の祈りである
　　とも受け取られたのです（申 26:5-9）。このこととも関連しますが、ベイリーは次
　　のように述べています：大きな声で祈るのはユダヤの伝統に基づく実践でした。祈
　　りは周りの人々に聞こえます。或る意味でファリサイ人は、自らが律法順守の手本

第 1 章　ファリサイ人と徴税人　33

　ファリサイ人の祈りでは、次に、律法を守らない「残りの人々」(18:11)
の代表例として、十戒で禁じられている行為に基づいて 3 例が挙げられ
ています（出 20:14-15. 申 5:17-19）。「奪い取る者」(harpaks ← harpazō 強奪
する)、「不正な者」(adikos ← a 否定 +dikaios: 正しい・義しいの反対)、「婚姻関
係を裏切る者」(moichos ← moicheia 婚姻関係の裏切り・破壊行為)。このどれ
もが、当時の信仰者がそのような者でありたくないと願うものであり、こ
のファリサイ人は、実際にそのような者として生活しないでいられること
を、神に感謝しています。[21]

　次の表現は、「あるいは（ē kai)、この徴税人のような者でないことを」
です。ここで「徴税人」は、先に述べられた 3 例に加えられた 1 例なのか、
3 例を象徴する具体例として述べられているのかについては、意見がほぼ
2 つに分かれています。文法的にはどちらでもあり得ますが、当時の人々
にとって、先に述べられた 3 例全てを象徴する者として徴税人が見なさ
れていたことは確かです。

　徴税人は、日常的に人々から、特に同胞の貧しいユダヤ人たちから、支
配者・抑圧者・敵であるローマ帝国のために金を「奪い取る者」です。そ
れも、規定以上の額を取って自分の懐に入れる「不正な者」です。更に、
「婚姻関係の裏切り行為」(moicheia) は、ヘブル語聖書（旧約聖書）の時代
から、イスラエルの神への背信行為の比喩にされて語られて来たという背
景があります。徴税人は「異邦人」であるローマ帝国に仕える者として、
イスラエルの神への背信行為者と見なされ得ます。つまり実際の個人生活
がどうであれ、信仰生活の象徴的な意味で、徴税人は「婚姻関係を裏切る
者」です。[22]

　になるようにして生活実践を行ない、それに基づいて周りの人々に説教をしている
　ことになります。彼のように「正しい」人を見る機会が余り無い「残りの人々」に、
　その機会を与え、正しくない者への警告を短く述べ、正しい生活への指導を与えて
　いることになるのです（Bailey, *Through Peasant Eyes*, 149）。

21　Farris, "A Tale of Two Taxations," 26-27.

22　ヘブル語聖書の中でも特に諸預言書においては、神を裏切り異教に走る「背信」

ですからファリサイ人は、そこで目に入った徴税人を具体例として、このような者として生活しないでいることを感謝すると述べた可能性が、大きいかも知れません。

　次に、このファリサイ人は、自分の実生活の中で信仰を具体的な実践で証ししていることの代表として、２例を挙げて述べます。「断食」と「十分の一（奉納）」（dekatē）を、義務づけられた規定以上に徹底して行なっているということです。

　「断食」について、律法の教えでは年に１回の贖罪日（レビ 16:29-34）が断食日とされています。しかし彼は自由意志で週に２回、おそらく月曜と木曜に実践しています。断食中の最大の難業は暑さに耐えて水を飲まないことと言われますが、彼は恐らく、律法を守れない人々の罪の執り成しのために規定以上の断食をしているのです。[23]

　「十分の一（奉納）」について、彼は自分が買った品物で「十分の一」を納めるべき物は全て「奉納」しています（申 14:22-23）。こうすることで、たとえ生産者が穀物・果実酒・油などの「十分の一」を払うことを怠っていたとしても、代わりに彼が払うことで生産者の義務を果たしてあげると共に、「十分の一」が納められていない品物を何１つ用いないように、注意深く生活しているのです。生産者が適切に税を払っていないと生産物が「汚れた物」になるからです。こうしてファリサイ人は、自分だけでなく隣人たちのために必要以上の義務を実践する、尊敬され模倣されるべき姿で描かれています（「十分の一」については後に述べます）。[24]

の民が、「主（人）」を裏切る「姦淫」の妻の比喩にして語られてきました。こうして、「姦淫」の妻（民）に対する夫（神）の罰としての性的暴力の表現が正当な行為として繰り返し語られています。このことは、（恐らく当時もでしょうが）長く後の時代において家庭内暴力（DV）への深刻な悪影響を及ぼしてきたと広く指摘されています。ゲイル・イー「ホセア書」。キャスリーン・M・オコナー「エレミヤ書」。ジュディス・E・サンダーソン「アモス書」。

23　エレミアス『イエスの譬え』155。

24　エレミアス『イエスの譬え』155。Farris, "A Tale of Two Taxations," 27.

第1章　ファリサイ人と徴税人　35

　以上のように、ファリサイ人の祈りは、当時の人々から模範的な立派な祈りとして承認される仕方で祈られています。自分が罪を犯すことから守られていることに対して神に感謝し、律法で義務づけられている断食と「十分の一」を義務以上に徹底して守る、神への誠実が述べられているのです。[25]

　ただし彼の祈りは、徴税人にとっては、固定観念に基づく無慈悲な攻撃になります。天の神に向けて顔を上げて大きな声で祈るのが通例でしたから、このファリサイ人の祈りは周りの人々にも徴税人にも聞こえたことでしょう。徴税人はどうしたでしょうか。

5.　徴税人の祈り

　その徴税人は「遠くに立って」いました。そもそも徴税人のような人が神殿に祈りに来ること自体が余り期待されていないことであり、彼が神殿に来ると、人々は、ファリサイ人に限らず、そのように汚れた人の身辺から離れて立とうとしたことでしょう。実際彼は、神殿の境内に来るとすぐに、神殿の東の門に近い、汚れた罪人たちが立つ場所に誘導されて、非難と軽蔑の視線にさらされたと考えられます。[26]

　そのうえ彼は、人々から尊敬されているファリサイ人の立派な祈りで、罪人の象徴として断罪されました。しかしその時、彼は神殿から逃げ出しませんでした。むしろ激しい悲嘆の只中から、神に訴えたのです。

　彼は「目を天に上げることをしようとさえしないで」とあります。これは神に顔を向けることが出来ない罪人の祈りの姿勢と理解されていました（cf. ヨブ 11:13-15、エズラ 9:5-6、1 エノク 13:5）。そして彼は、ずっと「胸を打ちたたいて」（未完了形）いました。

　Reid, *Parables for Preachers*, C.241.

25　Reid, *Parables for Preachers*, C.239. Donahue, *The Gospel in Parable*, 187. Amy-Jill Levine, *Short Stories by Jesus*, 185.

26　Bailey, *Through Peasant Eyes*, 149. フェンザック『イエスのたとえ話講解』144。

胸をこぶしで打ちたたくのは女性に特徴的な行動です。女性たちは、特に葬儀の時に胸を打ちたたいて、深い悲しみを表わす慣習がありました。しかし男性たちは通常そのような行為をしませんでした。ですから男性がそのような行為をする時は、極度の悲しみと苦悶を表わす時と理解されました。[27]

ファリサイ人の祈りでは、「祈っていた」という動詞に未完了形が使われていますから、「祈り続けていた」と、長い祈りを暗示しています。それに対して徴税人の祈りでは、「胸を打ちたたいていた」という動詞に未完了形が使われていますから、「胸を打ちたたき続けていた」と、長い苦悶の時を暗示しています。

そして徴税人が言った祈りは、ごく短い一言の願いだけです。「神よ、贖いをください、私に、この罪人に」。ここの「贖いをください」は、新共同訳聖書では「憐れんでください」と訳されています。しかしここの表現は通常の「私を憐れんでください」（eleeson me. cf. ルカ 18:38）ではありません。「私に贖いをください」（hilasthēti moi ← hilaskomai 贖う・赦すの受動態）という表現です。

ですから徴税人は、一般的な「憐れみ」ではなく、贖罪の赦しと恵みを求めています。彼は、共同体の礼拝の中で、贖罪の恵みを求めて焼かれた犠牲の献げ物の煙が天にのぼって行く時、人々の嘆願が煙と一緒に天の神の御顔にのぼって行くと理解されていた時に、つまりまさにふさわしい時に、祈ったのです、「この犠牲（の献げ物）による贖いの赦しを、どうか罪人のこの私にもください」と。[28]

27　聖書の中では、女性でなく男性がこの動作をしたと想像されるのは、ここの他にはイエスの処刑後に「群衆が胸を打ちながら帰って行った」（ルカ 23:48）という記述が 1 か所あるだけです（Bailey, *Through Peasant Eyes*, 153）。

28　ベイリーによると、古典アルメニア語も、ハルクレアン・シリア語も、明白にこの意味の表現に訳されています。また、この動詞は、ここと、ヘブル 2:17 のみで、名詞形はロマ 3:25、ヘブル 9:5、1 ヨハネ 2:2; 4:10 で使われており、明白に贖罪（の赦し）を表わします。Bailey, *Through Peasant Eyes*, 154. Hendrickx, *The Parables of Jesus*, 240. Farris, "A Tale of Two Taxations," 30. Herzog, *Parables*

第1章　ファリサイ人と徴税人　37

　この祈りを聞いて、イエスの聴衆はどう思ったでしょうか？　粗野で乱暴でローマの手先として軽蔑し憎悪していた徴税人の予期せぬ祈りに、深い苦悩と悔い改めを見たでしょうか？

　そういう人々もいたでしょう。けれども、「この人は悔い改めもしないで赦しだけを求めているのではないか？」と疑った人々も、少なくなかったと思われます。

　彼は、贖いの儀式によって罪の赦しを受けるために律法で求められている、「悔い改め」の事柄を何も述べていません。つまり、罪を告白し、自分が傷つけたものを弁償し、害したものを元に戻す償いと、賠償の献げ物を、何も述べません。今後は決して同じ罪を犯さないという誓いもありません（cf. レビ 5:21-24、民 5:7、ルカ 19:8）。[29]

　確かに、福音書で語られている徴税人頭ザアカイは、それを誓いました（ルカ 19:1-10）。彼は徴税人頭ですから、自分が雇っている徴税人たちに搾取分を返すことができたでしょうし、それを実行するだけの経済力を持っていたでしょう。

　しかし、多くの徴税人にはそれは現実的にほぼ不可能です。返金するお金など無かったでしょう。それに、たとえお金があったとしても、日常的に不特定多数の人々から税金を取っているので、返金すべき人々を特定することも出来なかったでしょう。

　その上、彼は他に仕事を得られず、誰からも非難され軽蔑され憎悪される仕事でも、それ以外に生き延びる道が無かったからこそ、徴税人として生きているのです。そのような生活以外に選択肢が無い以上、同じ罪を犯さないと誓うことなど出来ません。

　彼は言わば、承認される罪の告白とそれに見合う賠償を伴う「悔い改め」の祈りさえできない生活の只中で生きており、その生活に帰って行く

---

as Subversive Speech, 188. *Prophet and Teacher*, 163.

29　Hedrick, *Parables As Poetic Fictions*, 226. Arland J. Hultgren, *The Parables of Jesus*, 124. Stern, *A Rabbi Looks at Jesus' Parables*, 199-200.

ほかありません。そこで彼は、「悔い改め」無しで、神殿での贖罪の儀式が行なわれる時に、神に「贖いをください！」と叫ぶより他なかったのです。[30]

　けれどもこの徴税人は、貧窮させられた止むを得ない生き方の只中で、罪意識に苦しめられつつも、それに潰されてしまわないもの、打ち克つものを、魂の奥底に持っていたと思われます。ファリサイ人のあからさまな侮蔑と断罪、神殿にいる人々の「汚れた人」に対する冷たい視線にも負けずに、逃げ出すのではなく、そこに踏み留まりました。そして神に直訴したのです。つまり直訴できる神への「信頼」を失っていなかったのです。[31]

　この徴税人が、そのような生活の只中で神への「信頼」を失わずに「直訴」できた、そのような「信仰」はどこから来たのでしょうか？　彼は、神に受け入れられたことを信じて、その希望を持って、自分の家へ、生活の場へ、帰っていったのでしょうか？　それは譬え話では語られていません。聴衆の想像に任されています。

　ただ、しかし、自らも貧窮させられる生活の中で、何かにつけて税金を取り立てる徴税人をローマの手先として憎悪している、ガリラヤの聴衆のどれほどの人々が、この徴税人の現実と苦しみを、共感共苦の思いを持って想像することができたでしょうか？

6.「義とされて、彼の家にくだった」

　イエスの最後の言葉は、「この者は義とされて、彼の家にくだっていっ

30　Farris, "A Tale of Two Taxations," 29-30.

31　この徴税人の、神への「直訴」は、もしかしたら「焼けっぱちの捨てぜりふ」に近いような面が混ざっていたかも知れません。けれども彼は、神殿から逃げ出さず、胸を打ちたたき、そして神に「直訴」を叫んだのです。そこには、たとえ１かけらであっても、神に対する「信頼」が心の奥底にあったと、私は思います。

た、あの者よりも」です。「義とされる」（dikaioō の受動態）は、法廷用語で「正しさを承認される」です。「神によって（有罪とされずに）受け入れられる」と理解される表現です。

　ここで「この者」は徴税人で、「あの者」はファリサイ人です。これまでファリサイ人が先に語られて来ましたが、最後に徴税人が先に語られています。このイエスの言葉は、2人についての語順が逆転しただけでなく、神の前での立場も逆転したと伝えているようです。どのように逆転したのでしょうか？

　「（あの者）よりも」と訳したギリシャ語「パラ（para）」は、「〜から（離れて）」や、「〜よりも（もっと）」の意味があります。新共同訳聖書では「〜であって、〜ではない」と訳されています。つまり、「パラ」を「〜から（離れて）」という排他的な意味で解釈して、「徴税人は神によって受け入れられたが、ファリサイ人は受け入れられなかった」という解釈を示しています。[32]

　しかし、「para」を「〜よりも（もっと）」という比較の意味で解釈すると、神がファリサイ人を拒絶したという意味ではなく、「徴税人のほうがファリサイ人よりも受け入れられた」と解釈できます。どちらでしょうか？文法的にはどちらかに断定することは出来ません。

　ただ、私自身は、マタイが語るイエスの言葉を思い起こします。「徴税人や売春者たちのほうが、あなたがた（祭司長や長老たち）よりも先に神の国に入るだろう」（マタイ 21:23, 31b. 私訳）。ここで「〜より先に」という

32　ヘンドリックスは、ここの「para」はアラム語の「min」の翻訳に使われる言葉で、優位（more than）を示すと共に、排他的な意味（rather than）としても取れるとして、排他的な意味で解釈します。ただし、「ファリサイ人」ではなく「ファリサイ人の祈り」が拒絶されたと解釈します（Hendrickx, *The Parables of Jesus*, 241）。しかし、文法的には、ここのイエスの言葉は「祈り」（proseuchē）を受ける言葉ではなく、「この者」「あの者」という「人」が使われています。ですから、「人」ではなく「祈り」が拒絶されたという解釈には、無理があります。他に、「ファリサイ人」が拒絶されたという解釈として：エレミアス『イエスの譬え』155。Crossan, *In Parables*, 67. *The Power of Parable*, 92-93.

表現は時間的な順番を述べているのではありません。律法に従う生活をして正しい人と見られている権威ある人々よりも、徴税人や売春者のような罪人とレッテルを貼られている人々のほうが、もっと神によって受け入れられているという意味でしょう。

　この言葉は、正しいと見られている人々は神によって拒絶されるという断罪や断定をしていません。私は、これと同様のことが、この譬え話の「ファリサイ人よりも」という表現に関しても言えるのではないかと思います。[33]

　しかし、たとえそうであっても、まともに「悔い改め」もしていない徴税人が、律法順守のファリサイ人よりも神によって「義とされた」という言葉は、当時、ローマの手先として徴税人を憎んでいた聴衆にとっては、思いもかけないショックな締めくくりだったことでしょう。

33　以上のような解釈とは全く逆方向の解釈もあります：「para」を、「on account of」（のおかげで）、「because of」（のゆえに）、「along side」（並んで）、というような意味で、「この者は義とされた、あの者のおかげで」と受け取ります。つまりファリサイ人のおかげで、ファリサイ人と並んで、ファリサイ人が神から受ける「義認」の内に徴税人も入れられたという解釈です。ファリサイ人の正しい生き方、律法の義務を果たせない人々の分までも余分に義務以上を果たす生き方、他人の分までも執り成しをする行為が、罪人のままで悔い改めも償いもしない徴税人がそのままで神に受け入れられることに役立った、ということです（Levine, *Short Stories by Jesus*, 188-193）。
　文法的にはこの解釈も可能です。もしそうであるならば、罪人は義人たちの正しい生き方のおこぼれにあずかるような形で神に受け入れられると、イエスは語ったことになります。そうなると、人々は、上からの教えに従って「正しい」人になるように律法を順守して、色々な奉納物もきちんと奉納して、出来れば律法を守れない罪人たちのために必要以上にそれらを確実に実行するように、勧められたことになるでしょう。神によって人が受け入れられることを、イエスはそのように示すために、この譬え話を語ったのでしょうか？
　しかし、もしもイエスがそのような教えを語ったなら、当時の神殿祭司たちからも律法学者たちからも、感謝されることはあっても、衝突したり憎まれたりしなかったのではないかと、私は思います。

徴税人は「悔い改め」無しで自分の家に帰りました。再び徴税人として働き続け、人々から非難・軽蔑・憎悪される仕事で生計を立てる、これまでと同様に「罪人」として生き続ける、生活の場に帰ったのです。それをイエスは、「神に良しと認められている」と断言しました。

それでは、「罪の贖いのための献げ物は、一体、何の意味があるのか?」「神殿への税金も、奉納物も、神殿で日々行なわれている犠牲の儀式も、一体、何の意味があるのか?」聴衆の多くは、このような問いが次々に起きて、混乱したのではないでしょうか?

あるいは、律法で規定される奉納を満足に行なえず、神殿へ巡礼（じゅんれい）することもままならず、神の前に負（お）い目が重なるばかりの「罪人」の生活を続ける他ない中で、心底（しんそこ）ほっとした人々も少なくなかったかも知れません。でも、それで色々な問いは解消（かいしょう）したでしょうか? そしてイエスは、この譬え話で一体何を問題にして問いかけたのでしょうか?

Ⅴ．思いめぐらし

1．2つの税金システム

まず、この譬え話の鍵（かぎ）となる言葉として、神殿、ファリサイ人、徴税人の組み合わせを考えると、当時のユダヤ人にとっての、2つの「税金システム」について考えることが重要になります。すなわち「聖」と「俗」（ぞく）の「税金」システムです。

社会科学者ゲルハルト・レンスキーとジーン・レンスキーによると、人々に必要以上のものを生産させて余剰（よじょう）を他の人に渡すようにさせるには、そう動機づけるイデオロギー（価値観）が必要です。

例えば、国家は、国民の安全を保障するために国家は必要なシステムであるとして、国民が国家に税金を納（おさ）めることを義務として定めます。一方、宗教組織は、神の守りに対する感謝と願いのしるしとして、献げ物をすることを信仰的な義務として定めます。神のような超自然存在と信条システムは、このような義務を強制手段無しに実行させるために最も有効で

す。[34]

　イスラエルの宗教でも、信仰に基づく神への奉納として、実質的「神殿税」を義務化して来たと言えます。神は人々を隷従の地エジプトから導き出し、幸せに生きられるように土地を人々に与えました。ですから人々は、慈しみと正義の聖なる神にふさわしい民として、神に感謝して律法を守って生きるように、教えられました。

　　あなたはあなたの神、主の前で次のように告白しなさい。「わたしの先祖は、滅びゆく一アラム人であり、……エジプト人はこのわたしたちを虐げ、苦しめ、重労働を課しました。わたしたちが先祖の神、主に助けを求めると、主はわたしたちの声を聞き、……わたしたちをエジプトから導き出し、この所に導き入れて乳と蜜の流れるこの土地を与えられました。わたしは、主が与えられた地の実りの初物を、今、ここに持って参りました。」……（申 26:5-9 抜粋）。

　土地は本来、神に属すものである以上、そこからの富の一部が神への感謝として献げられるのは当然となります。神殿に納めるものとして人々に課せられたのは、「神殿税」（半シェケル =2 デナリの人頭税）と種々の奉納ですが、そのうち主なものは 3 種類の「税金」です。①最初の収穫物（「初穂」など生産物の約 1-3%）、②毎年の「十分の一（奉納）」、③ 3 年ごとの「十分の一（奉納）」。

　更に、神に示された道から外れて罪を犯した時には、神の赦しを乞う贖いの献げ物が必要となります。こうして、宗教的奉納の義務の合計は、一般的農民にとって農業生産の約 20% になり、その義務を果たすことが信仰のしるしでした。

　人々から集められたおびただしい奉納物については、基本的な再分配の

34　Gerhard E. Lensky and Jean Lensky, *Human Societies*, 173. Herzog, *Parables as Subversive Speech*, 178.

仕方が定められていました。律法によれば、毎年の「十分の一」は、土地を所有せず神への奉仕に献身したレビ人たちの生活のために使われるものでした（民18:21-24）。更に、3年ごとの「十分の一」は、社会的弱者であった寄留者・孤児・寡婦などのためのものでした（申14:28-29）。

　その後、紀元前6世紀頃から、奉納物は全てエルサレム神殿に運ばれて再分配されるようになりました（申12:5-6; 14:22-26）。[35]

35　Douglas, *The Nonviolent Coming of God*, 91. Herzog, *Parables as Subversive Speech*, 181. Farris, "A Tale of Two Taxation."
　「十分の一（奉納）」に関してはヘブル語聖書に異なる記述が複数あり、時代や地域によっても違いがあったでしょうから、全貌が分かってはいません。ごく大雑把に概観すると以下のようです（土台資料：J. Christian Wilson, "Tithe"）。
　時代的にみると、ヤコブが「ベテル」（「神の家」の意味）で「十分の一」を神に献げると誓った記事が最古のものです（E資料、前850年頃。E資料では、年代はバビロン捕囚の前と思われる物として創14:17-20に、アブラハムが祭司に戦利品の「十分の一」を与えたという記述もあります）。D資料（前620年頃）には詳細な規定が述べられています（特に申12, 14, 26章）。エルサレム神殿礼拝への中央化を進めた「ヨシヤの大改革」のきっかけと言われる古い「律法書」の「発見」（前621年）に基づくと言われます（列王下22:3-20）。その後、P資料（前500年頃）にも少し述べられています（レビ27:23, 30-33）。
　D資料とP資料の大きな違いは、D資料は「寄留者・孤児・寡婦」という社会的弱者への配慮による再分配が述べられていますが、P資料にはそのような記述は無く、祭司階級の身分を守ることに関心が向けられた規定にされています［また、P資料編集者たちが2つの異なる伝承を1つにまとめたことで「十分の一」が二重になり、農民を非常に苦しめることになったと言われます（Herzog, *Prophet and Teacher*, 164）］。そして、奉納をすることが神の恵みを受けることに繋がる理解を示しています（例：歴代下31:2-12; マラキ3:6-11、ネヘミヤ10:32-39; 12:44-45）。ヘブル語聖書では「十分の一」を奉納する項目が挙げられて複数形で述べられていましたが、全ての物で「十分の一」を奉納するという傾向が出てきて、単数形で述べられるように変わって行きました（前2世紀のトビト1:7-8）。
　なお、E資料（神を「エル」「エロヒーム」など「エル」系の名前で示す資料）、D資料（申命記＝Deuteronomyの著者たちに基づくと考えられる資料）、P資料（祭司＝Priestたちによると考えられる資料）などはどれも、その後編集が続いたと考えられます。参照：Anthony R. Ceresko, *Introduction to the Old Testament*, 60-71. 山口里子『新しい聖書の学び』24。
　また、「十分の一」の他に折々の奉納として、実に様々な複雑な規定が、特にP資

奉納と再分配のシステムの中央化が進むと、地方がおろそかにされて社会的弱者のための本来の再分配機能が失われ、エルサレム神殿に繋がる祭司たちは富も権力も非常に増していきました。そして彼等は、その経済力を基に土地を買い増して大土地所有者になっていきました。

エルサレム神殿の財宝庫には膨大な富の蓄積があり、ユダヤ人の中心的な金融機関として機能しました。神殿は、奉納物の管理や、犠牲の儀式、神殿の大規模修繕などのために、何千にも及ぶ人々を雇用しており、巨大な経済権力の中心的な場でもあったのです。[36]

ですから、視点を変えると、1世紀のガリラヤ農民たちは、再分配システムがすでに腐敗していた神殿制度と、大土地所有者になっていた上層階

料のレビ記全体に書かれています。焼き尽くす献げ物、穀物の献げ物、和解の献げ物、贖罪の献げ物、賠償の献げ物、更に清めの儀式のための規定（出産、皮膚病治癒の際）等もあります。

このような奉納の義務や、儀式重視の姿勢に対しては、預言者たちの批判も数々あります（例：サムエル上 15:22-23、イザヤ 1:11-14、アモス 5:21-24、ミカ 6:6-9）。「主が喜ばれるのは焼き尽くす献げ物やいけにえであろうか。むしろ、主の御声に聞き従うことではないか」（サムエル上 15:22）、「わたしはお前たちの祭りを憎しみ、退ける。祭りの献げ物の香りも喜ばない。……正義を洪水のように、恵みの業を大河のように尽きることなく流れさせよ」（アモス 5:21, 24）などです。

一方、キリスト教証言書では「十分の一」への言及は僅かです（マタイ 23:23、ルカ 11:42、ヘブル 7:4-10）。なお、初期キリスト教では、「十分の一」の元々の受益者であるレビ人をキリスト教の司祭と同一視していきました。そして多くの教父が、「十分の一」は、イエスの言葉「全財産を売って貧者に与えなさい」（マタイ 19:21、マルコ 10:21、ルカ 18:22）に置き換えられたと解釈しました。クリュソストモス（347-404）は説教で、「クリスチャンは全部どころか十分の一も奉納を実施せず、ユダヤ人にも劣る」と叱責。ニカイア公会議（325）以後は、アウグスチヌス（359-430）を始めとして、「十分の一」を良しとするようになったと言われます。

36　紀元1世紀頃のガリラヤでは、ヘロデ親族・家臣と祭司長たちが、大土地所有を更に拡大して、困窮農民から借金の抵当として土地を取り上げ、彼等を小作人などとして働かせて、自分たちは不在地主としてエルサレムなどの邸宅で生活しました（Horsley, *Jesus and Empire*, 38-40, 92-94. 山口里子『イエスの譬え話1』第1章、第2章）。

級の祭司たちの生活を下支えするために、神殿への奉納を課せられていたのです。

そして律法によって命じられた神殿奉納を行なわなかった・行なえなかった農民たちは、律法順守の義務を怠っているということで、貧困に苦しむだけでなく罪悪感でも苦しむ状況に置かれていました。[37]

37　Douglas, *The Nonviolent Coming of God*, 91-93. Marcus J. Borg, *Jesus*, 85-86. Herzog, *Parables as Subversive Speech*, 176-179. Farris, "A Tale of Two Taxations," 24-25. この関係で思い出されるのが、福音書にある寡婦の献金の話です（マルコ 12:41-44、ルカ 21:1-4）。

　また、福音書には、イエスがエルサレム神殿で暴力行為を行ない、「（あなたがたは祈りの家を）強盗の巣にしてしまった」と言ったという話があります（マルコ 11:15-19、マタイ 21:12-17、ルカ 19:45-48、ヨハネ 2:13-22. cf. イザヤ 56:7-8、エレミヤ 7:1-15）。これは、このシステムに対するイエスの激しい憤りを表わしていると考えられます。

　なお、このエピソードも、直接の場面設定は福音書著者たちによる編集と考えられます。そして、この話の元になった出来事の時期は、イエスの公生涯の最後に近いとする共観福音書（マルコ、マタイ、ルカ）に反映されていますが、イエスの実際の行為はヨハネ福音書に反映されており（ヨハネ 2:14-15）、他の福音書はイエスの行為の激しさを弱めて書いたと思われます。

　マルコもマタイも、このイエスの行為を、枯れたイチジクの木の話と結びつけて書いています。イチジクの木は、神殿での話と一緒に語られると、当時の人々にとって、神殿に基づく国家と文化のメタファー（隠喩）だったと考えられます（参照：エレミヤ 8:13、イザヤ 28:3-4、ホセア 9:10, 16、ミカ 7:1、ヨエル 1: 7, 12.「メタファー」について：山口里子『新しい聖書の学び』84）。

　それで、イエスの行動は、神殿は豊かな実りが期待されるものであるはずなのに全く腐敗しており、根から枯れるものだと暗示されていると考えられます。もっとも、神殿エピソードとイチジクの木の話を結びつけたのは福音書著者たちの編集であり、70 年のエルサレム神殿崩壊の事後預言でしょう。しかし、神殿でのイエスの行為自体は、神殿の腐敗に対する激しい憤りであると共に、神殿制度への服従と神への信仰を同一視することに対する強い挑戦だったのではないかと思います（以上に関して参照：荒井献、『イエス・キリスト　下』、284-300. Myers, *Binding the Strong Man*, 298-305. Horsley, *Jesus and Empire*, 92. デューイ「マルコによる福音書」。Liew, "Gospel of Mark"）。

　また、使徒言行録によると、「弟子たち」の 1 人ステファノは、「あのナザレの人イエスは、この場所（エルサレム神殿）を破壊し、モーセが我々に伝えた慣習を変

このように見ると、イエスの聴衆であったガリラヤの人々は、国家という俗なる世界の税金と、神殿という聖なる世界の奉納という、実質的に2つの「税金」システムによって、生活を圧迫されていました。この譬え話の徴税人とファリサイ人は、どちらもこの並行するシステムを機能させる役割を担っています。

ところが、「俗なる税金」システムを支える役割を担う徴税人は、抑圧的な権力に奉仕する悪人として著しく軽蔑・非難される一方で、律法順守を教えて手本を示し「聖なる税金」システムを支える役割を担うファリサイ人は、聖なる神に奉仕する正しい人間として尊敬・称賛されていました。

この譬え話は、人々が一方を罪と悪に結びつけ、他方を聖と正に結びつけて、2つの対照的な世界、全く異なる世界と思い込んできたことに対して、疑問を投げかけます。

一方のシステムは強制的で粗野な手段で人々を苦しめますが、他方のシステムは信仰を基にして神への負い目という霊的な手段で人々を苦しめます。こうしてどちらも、大土地所有者・不在地主として大きな経済力と権

えるだろう」（使 6:14）と述べたとして訴えられています。著者ルカは政治的配慮で（?）「偽証」にしていますが、これは基本的に偽証ではなく事実だったのではないかと思います。そしてステファノは次のようにも言っています。「神のために家を建てたのはソロモンでした。けれども、いと高き方は人の手で造られたようなものにはお住みになりません」（使 7:47-48）。これは預言者ナタンの言葉にも繋がります（注 7 参照）。このようなステファノの「証言」は、神殿に対するイエスの考えを深く理解した言葉だと思われます。このような「証言」の後で、使徒言行録によると、ステファノは石打ちの刑で殺されています（使 7:54-60）。

ちなみに、イエスが「強盗の巣」と言った時の「強盗」（ルカ 19:46）は「強盗・政治犯」という意味合いを持つ言葉「レーステース」（lēstēs）ですが、イエスは「レーステース」としてローマ権力によって磔刑で処刑されました（マルコ 15:27。マタイ 27:38 はこの言葉を一緒に処刑された 2 人に用いるように編集しています。ルカ 23-32 はこの言葉を避けて普通の強盗を指す言葉に変えています）。誰がどういう意味で「レーステース」なのでしょう？ 「人が何を見るかは、どこに立つかに拠る」（グスタボ・グティエレス）とは、まさにその通りです（参照：山口里子『イエスの譬え話 1』16-17）。

力を持つ人々が更に富と権力を拡大させ、貧しい人々が更に困窮させられ
るという、並行的な搾取システムを内包しているのです。

それでも基本的に、一方の徴税人は、そのようなシステムの最下層で他
に道が無い状況で苦しんで生きる人間であり、他方のファリサイ人は、律
法を学び教える者として一般の農民より恵まれた立場に居るにも拘わらず、
律法順守の仕方に内包される問題に向き合わず、システムの正当化を再生
産・強化させて生きる人間です。

イエスの最後の言葉は、慈しみと正義の神について、そして神殿システ
ムについて、根本的な所からの疑問を投げかけて、人々に「思いめぐら
し」と「気づき」を求めているのではないでしょうか？[38]

38　ファッリスは、「こんな短くシンプルな話で、こんな世界構造を脅かす話をする
人間は、『黙らせる』他ないと、権力層は感じただろう」と言います（Farris, "A
Tale of Two Taxations," 33）。他にも同様の指摘をしている人々がいます。
　そしてこのことは、2人の司教のことを思い起こさせます。1人はブラジルの大
司教エルデル・カマラ（Helder Pessoa Camara 1909-1999）です。彼の有名な
言葉があります：「貧しい人々に食べ物を与えると、人は私をサント（聖人）と呼ぶ。
しかし、なぜ貧しい人がいるのかを問うと、コミュニスタ（共産主義者）と呼ぶ」。
もう1人はエルサルバドルの大司教オスカル・ロメロ（Oscar Arnulfo Romero
1917-1980）です。彼は 1977 年に首都で大司教に任命された時には保守的な司
祭でしたが、そこで日常的に行なわれている人権侵害、暗殺、虐待に向き合う中で、
次第にそれらと闘う決意を固めていきました。そして 1980 年病院付属礼拝堂で、
ミサを献げ聖体奉挙をしようとしている時に、銃で暗殺されました。私は 1988 年
にアメリカに行ってボストンの「女性神学センター」の最初の授業でロメロ司教の
ビデオを見ました。暗殺される寸前に、彼は礼拝堂の前で、集まって来る人々1人
1人に「あなたはキリストです」と言いつつ祝福していました。その意味と暗殺を
考えるところから「キリスト論」の授業が始まりました。
　さて、歴史的に見れば、紀元 1 世紀の最初期の教会は「共産主義」的な実践を理
想視していたかも知れません（使 2:44-47）。キリスト教は、なぜ「共産主義」を悪
魔化し続けることになったのでしょうか？　そしてなぜ、チャリティ（慈善）は良
いものとするのに、根本的な所からの構造批判は悪のレッテル貼りで拒絶する体質
になったのでしょうか？　私たちは、「キリスト論」（「キリスト」に関する理解）も、
根本的な所からの批判的な分析・吟味が必要なのではないでしょうか？

2. いのちも土地も神からのもの

　ここで、イスラエルの民が繰り返し語り継いで来た先祖からの信仰伝承を、特に慈しみと正義の神への信仰伝承を、ごく短くまとめて再確認してみましょう。

　神は天地を創造し、人を造り、生きる者にしてくださいました。人々がエジプトの地で奴隷のような生活に苦しみ、神に向かって叫び求めた時、神はそれに応えて、人々が解放された人生を生きるように、導き出してくださいました。神が命じた数々の戒めは、人々が真実の知恵を得て神の前で共に幸せに生きるために他なりません。ですから、私たちのいのちも土地も神から与えられたもの、あるいはむしろ神から預けられたものです。私たちは、慈しみと正義の神に感謝の応答をして、神の前に生きる共同体を形成して共に生きることが求められています。

　このような信仰伝承は、人が神の前にいのちも土地も大事にして自由に生きることを教え、それを侵害する力に対しては抵抗して生きる精神的基盤を提供しました。イスラエルの人々が、歴史を通して数々の苦難に直面し、多くが離散（ディアスポラ）の生活になっても、この信仰伝承が継承されたからこそ、歴史の嵐の中で消滅せずに生き抜いて来ることができたのかも知れません。

　しかし、この同じ信仰伝承は、神から与えられた恵みに感謝して、いのちについても土地についても、ふさわしい献げ物をするべきだという奉納の義務の基盤にも使われました。

> 　神はこれらすべての言葉を告げられた。「わたしは主、あなたの神、あなたをエジプトの国、奴隷の家から導き出した神である。……わたしを否む者には、父祖の罪を子孫に三代、四代までも問うが、わたしを愛し、わたしの戒めを守る者には、幾千代にも及ぶ慈しみを与える」（出20:1-6 抜粋）。

第1章　ファリサイ人と徴税人　49

主はモーセに仰せになった。

　あなたがイスラエルの人々の人口を調査して、彼らを登録させるとき、
……各自は命の代償を主に支払わねばならない。……彼らに災いがふ
りかからぬためである。……聖所のシェケルで銀半シェケルを主への献
納物として支払う。……豊かな者がそれ以上支払うことも、貧しい者が
それ以下支払うことも禁じる。あなたがイスラエルの人々から集めた命
の代償金は、臨在の幕屋のために用いる。それは、イスラエルの人々
が主の御前で覚えられるために、あなたたちの命を贖うためである（出
30:11-16 抜粋）。

　このような戒めは、特定の歴史状況の中で人間によって伝承されたもの
です。その人々は、これが神から与えられた言葉や戒めであると信じて伝
承したのかも知れません。けれどもこのことは、特定の人間の神理解が神
自身の言葉や戒めにされたということです。

　そして、神の言葉として教えられたこのような戒めは、神への信仰を、
人が作った宗教組織への服従に置き換えるものです。これは、宗教的搾取
の「神聖化」、すなわち宗教的搾取の現実をあたかも神聖な正しいもので
あるかのように思いこませてしまうことに、他なりません。

　けれども一方でこのような戒めは、自分たちの解放の歴史と共同体形成
の根幹にある信仰伝承、苦しみの中で抵抗の精神を支えてきた信仰伝承に
基づくものです。それゆえに、その同じ伝承が基盤になって教えられて
きた神への奉納の義務は、現代の表現で言うならば、「相対化」あるいは
「非神話化」が、難しかったと言えるでしょう。

　イエス時代、ガリラヤの民衆は、この世の世界における人間の支配、政
治権力による抑圧に対しては、批判精神を強く持ち、抵抗の知恵と実践を
共有していたと考えられます。けれども、聖なる領域における人間の支配、
神の名による教えに対しては、どうだったでしょうか？

　確かにガリラヤの民衆は、この面でも、宗教組織の抑圧を批判し抵抗す
る魂を堅持していたと言えるかも知れません。しかしそれと同時に、奉納

をきちんと行なえないことで罪意識を内面化させていく傾向も、あったと思われます。

　特にローマ帝国という外国支配の下で、広範なヘレニズム文化の只中で、先祖からの信仰に基づく共同体を守ることが重要な課題になっていた時代です。そのような状況で、先祖からの信仰継承を担う働きは尊敬と称賛の対象にはなっても、根本的な批判を向けるのは、信仰共同体の破壊に繋がるように見えたかもしれません。[39]

　そして、貧しさのゆえに「汚れた」職業につくことや、神殿への奉納がきちんと出来ないことは、ユダヤ共同体の一員としての義務を果たしていないという罪悪感に繋がり得ます。自分は神の赦しを得て「神の国」（basileia 神の統治・領域）に受け入れられるのかという不安や恐れを持つ人々も、少なくなかったと思われます。更に、そういう罪悪感や不安は、自分より「罪人」と見える人々を軽蔑・差別のターゲットにする形で、真の問題を覆うことにもなりがちであったと考えられます。

　こうして、イエスの同胞であるガリラヤ民衆の多くが、この世の権力によって苦しめられるだけでなく、その民衆に「いのちの糧」を与えるべきイスラエルの宗教組織によって、一層深く内面からも苦しめられていたのです。[40]

39　「ヘレニズム文化」について参照：第3章注6。

40　おそらくそのような状況で、「税金」の納入に関して福音書に興味深い話が2つあります。1つは、ローマ皇帝への税金に関する問いを受けて、イエスは「皇帝のものは皇帝に、そして（kai）、神のものは神に返しなさい」と言います（マルコ12:13-17、マタイ22:15-22、ルカ20:20-26）。これは植民地支配下で生きるユダヤ人たちの会話として色々な解釈が可能な含蓄のある表現です。

　まず、皇帝への税金と神へ返すものという2つを並置しているのでしょうか？　それとも、上下関係に置いて「結局、全ては神のものなのだ」と言っているのでしょうか？　並置されているなら、「皇帝に返す」こととしてのローマ税と、「神に返す」こととしての神殿税を、両方とも払いなさいということでしょうか？　上下関係なら、原則ローマ税を否定して神殿税を肯定することを暗示しているのでしょうか？

　あるいは、ローマ税を否定するだけでなく、「神のもの」＝「神殿税」という理解

パウロ・フレイレが指摘したように、人々の抑圧が最も効果的に働くのは、抑圧されている人々自身が、抑圧者の世界観を内面化した時であると言われます。その内面化が最も効果的に働くのは、神の名によって教えられる時だと言われます。こうして、人々は批判力を奪われて無力にさせられ、貧富の社会構造も、聖（正）と罪（悪）の価値観も、権力者に都合よく正当化され、強化されるのです。[41]

その内面化を結果的に強化させる律法解釈と実践の模範を示し「神に感謝」する「ファリサイ人」を、多くの民衆が尊敬・称賛していました。一方で、その抑圧で最も弱くされ苦しめられている「徴税人」を、多くの民衆が軽蔑・断罪していました。これはまさに、宗教的搾取の「神聖化」が確立された状況です。

この譬え話は、その「非神話化」を呼びかけているのではないでしょうか？　その「非神話化」は、宗教組織も、儀式や義務も、全面否定することになるのでしょうか？　あるいは、どのような「オータナティブ」（新しい選択肢）が求められるのでしょうか？

神への信仰が組織への服従に置き換えられないようにするために、何が問われているのでしょうか？　あなたはどのような思いめぐらしをなさるでしょうか？

自体に挑戦して、それを超越することを示しているのでしょうか？　あるいは、更にどのような含蓄があったのでしょうか？

もう１つの話は、神殿税に関するもので、イエスが会話の中で、「子どもたちは（父に税や貢ぎ物を）納めなくて良いわけだ」と言います（マタイ 17:24-27）。イエスの言葉はユーモラスな会話を作っています。この話が編集して書かれる前にどのような話であったとしても、ここのイエスの言葉はスゴイものではないでしょうか？

神の子どもたちは、神の恵みによって生かされて感謝していても、親である神に（それゆえにもちろん神殿に）税や献げ物を納める義務など無いし、神から求められてもいないという、極めて重大な含蓄を持っているのではないでしょうか？

41　Herzog, *Prophet and Teacher*, 77.

第 2 章　種まき

（マルコ 4:3b-8）

Ⅰ．テキスト

⁽³⁾ 聞きなさい。見よ、種まきする人が、種まきに出て行った。⁽⁴⁾ そして種まきをした。けれども 1 つは落ちた、道端に。そして鳥たちが来て、それを食べた。⁽⁵⁾ そして他の 1 つは落ちた、多くの土を持たない岩の上に。そしてすぐに（それは）芽を出した。なぜなら深い土を（それは）持たないから。⁽⁶⁾ そして太陽がのぼった時、（それは）焼けた。そして（それは）根を持たないので枯れた。⁽⁷⁾ そして他の 1 つは落ちた、茨の中に。そして茨が伸びて、それを窒息させた。そして実を結ばせなかった。⁽⁸⁾ そして他の（複数形）は落ちた、良い土の上に。そして（それらは）実を結び続けた。（それらは）芽を出して、ふえて、成っていき続けた、1 つが 30 倍に、1 つが 60 倍に、1 つが 100 倍に。⁽⁹⁾ そして（彼は）言った。聞く耳を持つ者は聞きなさい。

Ⅱ．これまでの解釈

イエスの譬え話（パラボレー）は、2 世紀から現代に至るまで、寓喩的（アレゴリカル）な解釈が行なわれてきました。特にこの譬え話の場合は、すぐ続いて譬え話の寓喩的な解説（4:13-20）が述べられているので、その解説に従って解釈されてきました。[1]

この解釈によれば、おおむね、「種まきする人」＝「神」（または「説教者」）、「種」＝「言葉（ロゴス）」（すなわち「福音」）、「種がまかれた所」＝「色々な聴衆（の心）」です。

「道端」はかたくなな心の人で、福音は心に入らず、「鳥」すなわちサタンが福音を持ち去ってしまいます。「岩」の地は背教者で、始めは良くて

1　「寓喩」（アレゴリー）は、或る事物を直接に表現するのではなく、他の事物によって暗示的に表現する語り方です（山口里子『イエスの譬え話 1』29 注 2）。

第 2 章 種まき 53

も苦難や迫害が起きると直ちにダメになる人です。「茨」の地はこの世的
な思いの強い人で、思い煩いや富の誘惑などが心を占めて福音をふさぎ、
本当の信仰には至りません。「良い地」は福音を受け入れる心を持つ人で、
堅固な信仰者になります。

　こうして、福音を聞く人の責任を示し、「私の心はどんな土地か？」と
1人1人を鋭い問いかけに直面させる話だと解釈されてきました。

　また、元々の譬え話は、福音伝道をしても失敗や困難にぶつかる弟子た
ちに、無益に見える活動にも拘わらず神の国（basileia 神の統治・領域）は
到来すると、イエスが激励した話だったと言われてきました。[2]

　このような状況で、多くの教会では福音書に書かれている寓喩的な解説
に従う解釈が教えられ続けています。このゆえに、自分は心がかたくなで、
この世のことに心が奪われるために不信仰でダメなのだと、自分を情けな
く思ったり反省させられたりしている人々は少なくありません。

　イエスがガリラヤ農民にこの譬え話を語った時にも、それは聞く人々に
そのような反省を促すものだったのでしょうか？　それを探っていきまし
ょう。

Ⅲ．オリジナル版に近い形で「聞く」ための考察

　イエスの譬え話は福音書に 40 余りあると言われます。その内で、共観
福音書（マルコ、マタイ、ルカ）すべてと、外典のトマス福音書にも残され
ている話は 3 つしかありません。種まきの譬え話はそのうちの 1 つです。
マルコ福音書（4:3-9）、ルカ福音書（8:4-8）、マタイ福音書（13:1-9）、トマ
ス福音書（9）です。[3]

2　例：A. M. ハンター『イエスの譬・その解釈』（原著 1960）71, 162-163。John
　　R. Donahue, *The Gospel in Parable*, 33. Charles W. Hedrick, *Parables As Poetic
　　Fictions*, 164-165. Arland J. Hultgren, *The Parables of Jesus*, 188. また、以前は
　　「種をまく人」の譬え話と題名が付けられていましたが、種をまく人は始めに登場す
　　るだけで人物には焦点が当てられておらず、この題名は不適切だと多くの学者たち
　　が指摘しています。

3　**共観福音書**（マルコ、マタイ、ルカ）とトマス福音書に残されている 3 つの譬え

54

　そしてマルコ版は、イエスの日常語であったと思われるアラム語からギリシャ語への直訳であると、指摘されています。譬え話の語り方も、口頭伝承の語り部たちに良く用いられた「並列」と「３つ組」構造が基本

話は、「からし種」「ぶどう園の小作人たち」「種まき」です。

　「**トマス福音書**」は、「外典」（正典に入れられなかった物）の、イエス語録福音書です。現存の物は後から編集された２世紀の物ですが、オリジナル版は正典に入れられたどの福音書より早く紀元50年頃には成立しており、イエスの言葉も古い層の伝承を保持している可能性があると言われます（詳しくは：山口里子『イエスの譬え話１』32 注６）。

　トマス福音書９：「イエスが言った、『見よ、種まきが出て行った。彼はその手に（種を）満たして蒔いた。いくつかは道に落ちた。鳥が来て、それらを食べてしまった。他の種は岩地に落ちた。そして、根を地下に送らず、穂を天上に出さなかった。そして、他の種は茨に落ちた。それが種をふさぎ、虫がそれらを食べてしまった。そして、他の種はよい地に落ちた。そして、それはよい実を天に向かって出した。それは60倍、120倍になった』」（荒井献訳 [荒井献『トマスによる福音書』語録９]）。

　以下のような訳もあります：「イエスが言った、『さあ、種まきが出て行った、一握り（の種）を取って。そしてそれらを蒔いた。いくつかは道に落ちた。鳥が来て、それらを摘み上げてしまった。他の（複数）は岩に落ちて、根を土の中に持たず、穂を出さなかった。そして、他の（複数）は茨に落ちた。それらが種（複数）を窒息させて、虫たちがそれらを食べてしまった。そして、他の（複数）は良い土に落ちた。そして良い実を出した。それは１つにつき60、１つにつき120になった』」（Jesus Seminar, *The Parables of Jesus*, 59）。

　「イエスが言った、『見よ、種まきが出て行った、一握り（の種）を取って。そして [それらを] 蒔いた。いくつかは道に落ちた。そして鳥が来て、それらをついばんでしまった。他の（複数）は岩に落ちて、根を土の中に持たず、穂を出さなかった。他の（複数）は茨に落ちた。そしてそれらが種（複数）を窒息させて、虫たちがそれらを食べ尽くしてしまった。そして、他の（複数）は良い土に落ちた。そして良い穀物を出した。それは１つにつき60、１つにつき120になった』」（Marvin Meyer, *The Gospel of Thomas*, 25）。

　この譬え話は、「クレメンスの手紙１」にも、復活への言及で、かなり後から編集されたと思われる版が残されています：「種まき人が出て行き、それぞれの種を地に蒔いた。そしてそれらは地に落ちた。日に焼けて枯れ、腐敗を苦しんだ。すると、それらの腐敗から主の摂理の偉大さがそれらを起き上がらせ、１粒の穀物からより多くが実りをもたらした」（24:5）。文章は私訳（テキスト：Jesus Seminar, *The Parables of Jesus*, 59）。

第 2 章　種まき　55

にあったことが分かります。このことが、別々に独立して伝承されていた
と思われるマルコ版とトマス版にほぼ共通していることは、注目に値する
と指摘されています。

　以上のようなことから、この譬え話は歴史のイエスに 遡 るオリジナル
な話であると、聖書学者たちがほぼ合意しています。すべての版がかなり
編集されていますが、そのうちマルコ版がオリジナル版に近いと考えられ
ます。そしてこのマルコ版を基にマタイ版とルカ版がそれぞれ編集された
と思われます。[4]

　他の譬え話と同様に、話の前に述べられる状況設定は福音書著者たちに
よる編集です。話の後にある解説は、伝承者が付加したものを福音書著者
たちが編集したと考えられます。この点では、いつものようにイエスの言
葉だけを記して解説を付加していないトマス版がオリジナルに近いと考え
られます。[5]

　マルコ版の中では、「土（または根）を持たない」ことを 3 重に述べて
(4:5-6)、太陽によって焼かれることを強調しており、これはマルコ版の
解説（4:13-20）に合うと共に、挿 入 部分をオリジナル版の言葉で囲むマ
ルコ版の編集の特徴を示しています。[6]

4　Ｃ．Ｈ．ドッド、『神の国の譬』16。Jesus Seminar, *The Parables of Jesus*, 59.
　　John Dominic Crossan, *The Power of Parable*, 19, 26-27. Bernard Brandon
　　Scott, *Hear Then the Parable*, 344-345, 350-352, 358. ヨアヒム・エレミアス『イ
　　エスの譬え』167。川島重成『イエスの七つの譬え』24-25, 28。

5　共観福音書にある解説は、イエス時代より後の、初期教会が直面していた状況を
　　反映しているだけでなく、それ自体が矛盾した内容になっています。譬え話では肯
　　定的に希望を語る雰囲気があるのに、付加された解説は断罪や警告に変えられてい
　　るとも言われます。「農耕と刈り入れ」は、ユダヤ教でも、広くヘレニズム世界で
　　も、「教育」のメタファー（隠喩）にされていました。ここの解説もそれを用いてイ
　　エスの言葉にすることで、福音書著者たちによる教えを正当化したと考えられます
　　(Jesus Seminar, *The Parables of Jesus*, 59)。

6　Jesus Seminar, *The Parables of Jesus*, 59. Crossan, *In Parables*, 39. Scott,
　　Hear Then the Parable, 351-352.
　　マルコ福音書は、元の資料（口頭伝承）に自分の文章を挿入する時、挿入後に

そして「聞く耳を持つ者は聞きなさい」(4:9) は独立した伝承がここに付けられたと思われます。[7]

そこで、マルコ版の編集部分を除いたもの（上記テキストの太字部分）がオリジナル版に近いと考えて、テキストに注意を向けていきます。

Ⅳ．テキスト分析

1．種まき

始まりの言葉は、「見よ、種まきする人が、種まきに出て行った」(4:3b) です。種まきは、ガリラヤ農民にとって日常風景でしたから、イエスが「見よ」と人々に呼びかけた時に、種まきをする人が実際に見えたかも知れません。あるいはその時には見えなくても、人々は馴染みの風景を想像したことでしょう。

女性も子どもも若い人も老いた人も、農家で生活する人なら誰でも経験することで、人々は種をまく色々な農民の姿を思い浮かべたと考えられます。[8]

ここでちょっと不思議なのは、「種」という言葉自体は譬え話の中で一度も出てこないということです。始まりの「種まきする人」も「種まき」も、次の節に出て来る「種まきすることに（成った）」も、「種まきする」(speirō) という動詞形を基に使った表現です。「種」(sperma) という名詞形は全く使われていません。

挿入前の句を繰り返して挿入部分を囲む特徴があります（例：マルコ 2:9b+11 は 2:10 の挿入を囲み、4:5ab+6b は 4:5c-6a の挿入を囲み、10:47b+48b は 10:48a の挿入を囲む）。そして、その特徴がここでも出ています (Norman Perrin, "The Christology of Mark: A Study in Methodology." Crossan, *In Parables*, 45-46, 59)。

7　この言葉はルカ版にはあります (8:8) が、マタイにはありません。そしてこの言葉を好むトマス版にも付いていないと、荒井献は指摘しています（荒井献『トマスによる福音書』）。

8　Luise Schottroff, *Lydia's Impatient Sisters*, 80-98. 山口里子『マルタとマリア』45。『イエスの譬え話 1』13。始まりの「見よ」について：注 19。

第 2 章　種まき　57

　これは何を意味しているのでしょうか？　もしかしたら、「種」そのものよりも「種まき」の行為、農民たちの日常の働きのほうに注意を向ける語り方を反映しているのではないかと、私は思います。このことを留意（りゅうい）して読み進めましょう。

　さて、ここでは畑を耕（たがや）すことが述べられていません。そしてすぐ次の節から、種が不適切な所に「落ちた」と言われていることと合わせて、耕すこともしないで種を撒（ま）き散（ち）らす、いい加減な種まきだとか、種まき後の世話も述べられていないので、いい加減な農民だとかいうような指摘も、行なわれて来ました。そうなのでしょうか？

　種まきに関する古代パレスチナの広範な調査の結論は、耕してから種まきするのが通常だということです。特に春にはしっかり耕してから種まきを行ないます。秋には、すでに耕された土であり秋雨が土を柔らかくするので、改めて耕すことなく種まきが行なわれることも時にはあったようです。しかし種まきの原則は耕してからで、耕すことの重要性は広く知られていました。[9]

　耕すことも、種まきすることも、世話をすることも、農民にとっては馴染みの日常の一部だったことでしょう。この譬え話では時期が特定されていませんし、短い譬え話で、述べられていないから行なわれなかったとは限りません。むしろ 1 世紀のガリラヤ農民たちが、そういう一連の仕事の中で畑に種まきする人々の働きを思い浮かべるような、語り始めだったと考えられます。

2.　落ちた・落ちた・落ちた……

　種まきをすると、「1 つは落ちた……、他のは落ちた……、他のは落ちた……、他のは落ちた……」と、「落ちた」（piptō）という言葉が続きます。このような繰り返しは口頭伝承の特徴の 1 つで、全ての版で共通し

9　Scott, *Hear Then the Parable*, 352-353.

て一貫して用いられています。[10]

　パレスチナ世界で行なわれる「撒き散らす」種まき作業では、種があちこちに落ちて、ある程度の種が畑から外れて落ちるのは避けられません。しかしそれらは3回とも単数形（ho, allos, allos）で語られ、豊かに実を結んだ最後のものだけ複数形（alla）で語られています。それは文字通り1粒ということではなく、「はずれ」は少しで、多くは良い地に落ちるということが表現されているのでしょう。

　さて、「はずれ」になってしまった種はどんな所に落ちて、どうなったのでしょうか？　1つは「道端」（para tēn hodon）つまり「道の傍ら」です。するとたちまち鳥たちのごちそうになって、食べ尽くされてしまいます。[11]

　もう1つは「岩の上」で、根を持たないので枯れてしまいます。「岩」地は石灰岩の所で、薄い土に覆われているので畑とほとんど見分けがつかないとも言われます。ただ、見分けがついてもつかなくても、土が浅くて根が育たない所が多々あり、そういう所に種が落ちるのも避けられないことです。[12]

　もう1つは「茨」（akantha）に落ち、茨が伸びて窒息させられて実を結べません。けれども、道端、岩の上、茨と、実を結べなくなるまでの期間が少しずつ長くなっており、その後の種が実を結ぶところまでたどり着く可能性を暗示させる語り方です。

10　Scott, *Hear Then the Parable*, 351. 日本の種まきでは、畝にていねいに置くように種を「蒔く」ことが多いので、「（種が）落ちた」という表現でいい加減な種まきと感じる人々もいるようです。畑ではない所に「落ちた」種があることで、その印象は強くなるようです。しかしイエスの聴衆であった1世紀のガリラヤ農民にとっては、それは馴染みの種まきの表現であったと考えられます。なお、種まく人が「落とした」ではなく、（種が）「落ちた」という表現は、種をまいた人に「失敗」の責任があるとは見ない時の表現です（山口里子『イエスの譬え話1』166 注9）。

11　「鳥たち」のごちそうになるのですから、「1つ」は「1粒」ではなく「少し」を象徴していると、ここでも分かります。

12　エレミアス『イエスの譬え』4。Scott, *Hear Then the Parable*, 353-354.

実際、まかれた種が、少しずつ横にはぐれてしまったり、踏みつけられたり、鳥や虫などに食べられたり、陽に焼かれたり、雑草・茨などに負けてしまったりして、収穫が脅かされるのは日常のことです。これらは自然の中で起きることで、農民たちは経験から知っています。[13]

ここではその経験が、話のテンポや「3つ組」構造に合わせて代表として3つ挙げられていると言えます。そしてこのような収穫を脅かす種々の事態にも拘わらず、農民たちは収穫が来ることを期待して種まきをします。この譬え話でも、次に述べられるのは豊かな実りです。[14]

3. 豊かな実り

実りに至らなかった3種類の種の話の後に述べられるのは豊かな実りです。「ロス」（損失）になったように見える種の結末は、どれも単数形で過去形の動詞で語られて来ましたが、実りに至った種は複数形で語られるだけでなく未完了形の動詞で語られて、その1つ1つの結末が「実を結び続けた」「成って行き続けた」と言うのです。

自分たちがまいた種が、どんどん実を結び続ける時の喜びを実感させる

13　収穫に至らない種を、単に「ロス」（損失）と見る現代人は少なくないでしょう。けれどウェインライトは、「ロス」に見えるものも含めて色々な要素が多様に機能しあって農業のサイクルに参加していると見ます（Elaine M. Wainwright, *Habitat, Human, and Holy,* 132-133）。そういうことを農民たちは昔から経験で知っていたのではないでしょうか。

農業のサイクルから離れた都市の効率優先社会の生活で、人間以外の生き物たちの「ごちそう」のことも土の滋養のことも視野に入らず、「ロス」としか見ることが出来なくなった者たちは、地球全体について色々な見直しが必要だと思わせられます。また、現代社会で「自然災害」と言われるものの多くが「人工災害」と呼ばれるべき要素を含んでおり、この点についても地球全体の環境破壊についてしっかりした見直しが必要だと思わせられます。

14　エレミアス『イエスの譬え』115。Scott, *Hear Then the Parable,* 353-355. Hedrick, *Parables As Poetic Fictions,*173-174. Crossan, *In Parables,* 50. ピータースは、現代ブラジルの信仰共同体での農民の経験と重なり合う点が多々あることを指摘して、この譬え話は農民に希望を伝えると述べます（Donald Peters. "Vulnerable Promise from the Land"）。

ような語り方です。「色々あったけど、やっぱり収穫の時は来る！」とい
う、農民の期待への大きな肯定、希望を伝える結びです。

　ここで「30、60、100」という3種類の実りの表現が使われています。
実りに至らなかったものが3種類の代表を挙げて語られたのに対応する
ように、実りに至ったものも3種類の代表を挙げて語られているのです。
口頭伝承のお話の「3つ組」の特徴がここでも反映されています。[15]

　ところで「30倍、60倍、100倍」という収穫は、日常ではあり得な
い誇張なのでしょうか？　これは「終末」における神の奇跡を語ってい
るのでしょうか？　かつては、このような解釈が中心でした。しかしパレ
スチナの古代文献の広範な調査から、これは農民たちが日常生活で経験す
る「良い実り」を語っているという理解が広がってきています。[16]

　こうしてこの譬え話は、最初から最後まで農民たちの日常生活の経験を
語っています。いつだって豊かに実ってくれることを願って畑に種まきす
る。けれども色々な状況があって、思うようにはいかない。どんなに頑張
っても不作の時はある。そういうことは避けられない。

　それでも、いつも失望で終わってしまうわけではない。収穫の喜びの時
は必ずやって来る。だから神を信頼して、また時期が来たら種まきする。
そうやって、次の実りの時までいのちが支えられるように祈りながら生き
ていく。そして実りの喜びにあずかれたら、「良かった、良かった」と喜
び合って神様に感謝する。

　それは農民たちが経験を積み重ねてきたこと。でも、それで譬え話は、

15　Crossan, *In Parables*, 41. Hultgren, *The Parables of Jesus*, 187. トマス版では実
　りが「60倍、120倍」というように整った数字で伝えられているのに対して、マル
　コ版では「30、60」の次が「90」でなく「100」になっていて、不規則です。恐ら
　く、実りが「過去形」でなく「未完了形」の動詞で語られているように、整然とし
　た「完結」よりも、未来にドンドン開かれたイメージを示していると思われます（参
　照：Scott, *Hear Then the Parable*, 361）。

16　Scott, *Hear Then the Parable*, 355-356. Hedrick, *Parables As Poetic
　Fictions*, 171-173. Hultgren, *The Parables of Jesus*, 171-173.

終り？　一体、何を言おうとしたの？　不作や逆境で苦しむ農民たちに
希望を持つように元気づけた？　確かにイエスの聴衆は、豊かな収穫で
結ばれた話で何となく喜ばしい気持ちになることが出来たかも知れませ
ん。けれども聴衆の農民たちは、「それは私たちだって分かってる。それ
で、何を言いたいの？」という疑問が残ったことでしょう。

　この譬え話は、流れの異なる伝承で語り継がれ、4つの福音書に書き残
されるに至りました。それは、農民たちにとって、ただ当たり前の日常の
経験を肯定して希望を持つように語っただけのものではなかった、という
ことではないでしょうか？　そうだとしたら、この譬え話はガリラヤの農
民たちにどんな問いかけ、どんなインパクト（衝撃力・影響力）を、もた
らしたものだったのでしょうか？

V．思いめぐらし

1．豊作も凶作も神の力？

　農民は、生きることに欠かせない実りが人間の労働だけでは得られない
ことを、人生経験の中から身をもって知っています。ガリラヤ農民はこの
ことを、神の恵みがあってこそと神に感謝して、生活してきました。それ
が先祖からずっと継承されて来た信仰共同体の教えであり、生活実践で
した。

　この教えの中核にあるのは、先祖が隷従の地で苦しみ、神に助けを求め
た時に、神は力ある業で「乳と蜜の流れる土地」（出 3:8）に導き出してく
ださったという、歴史における神の力と導きの記憶です。そしてこの記憶
を基に、この神にのみ聞き従い戒めを守って生活するなら、神は豊かな恵
みの祝福を与え続けてくださると、神への感謝と服従が教えられてきまし
た。

　このような教えは「シェマー」（聞きなさい）の戒めとも呼ばれ、ヘブル
語聖書（旧約聖書）には度重ねて述べられています。人々は、「シェマー」
の戒めを幼い頃から共同体の中で常に聞いて成長し、大きく成ると今度は
それを子どもたちに語り継ぐ責任を担いました。それらの戒めでは次のよ

うな言葉が語られます（例：レビ26:3-5、申11:13-15; 28:1-2、詩107:35-38、エゼキエル36:29-30）。

> あなたたちがわたしの掟に従って歩み、わたしの戒めを忠実に守るならば、わたしは時季に応じて雨を与える。それによって大地は作物をみのらせ、野の木は実をみのらせる。穀物の収穫にはぶどうの収穫が続き、ぶどうの収穫には種蒔きが続いて、あなたたちは食物に飽き足り、国のうちで平穏に暮らすことができる（レビ26:3-5）。

> もし、わたしが今日あなたたちに命じる戒めに、あなたたちがひたすら聞き従い、あなたたちの神、主を愛し、心を尽くし、魂を尽くして仕えるならば、わたしは、その季節季節に、あなたたちの土地に、秋の雨と春の雨を降らせる。あなたには穀物、新しいぶどう酒、オリーブ油の収穫がある。わたしはまた、あなたの家畜のために野に草を生えさせる。あなたは食べて満足する（申11:13-15）。

ところが、聖書によれば、この祝福の裏側には呪いがあります。

> 神に従う人はどのような災難にも遭わない。神に逆らう者は災いで満たされる（箴12:21）。

そして祝福の言葉のすぐ次に述べられるのは、神の戒めに聞き従わず神に背いた時に、神からくだされる呪いの言葉です（例：レビ26:14-20、申11:17; 28:15-68、アモス4:7-9、イザヤ5:5-6）。[17]

17　呪いの言葉には、神の戒めに従わなかったことへの神の罰として、様々な災害や病気・障碍（例：レビ13-15章；26:14-16, 25、申28:21-22, 27-29、サムエル下24:16、歴代下26:20、イザヤ1:5-6）、性的暴力（例：エレミヤ13:18-26、ホセア2:4-15、エゼキエル16:36-39）などがもたらされると書かれています（参照：荒井英子『弱さを絆に』156-200）。これらは、様々な災害や病気・障碍などで苦し

しかし、わたしの言葉を聞かず、これらすべての戒めを守らず、わたしの掟を捨て、わたしの法を捨て、何一つわたしの戒めに従わず、わたしの契約を破るならば、わたしは必ずあなたたちにこうする。すなわち、あなたたちの上に恐怖を臨ませ、肺病、失明や衰弱をもたらす熱病にかからせる。あなたたちは種を蒔いてもむなしい。……あなたたちの努力はむなしく、地に作物は実らず、地上の木に実はならない（レビ26:14-20 抜粋）。

しかし、もしあなたの神、主の御声に聞き従わず、今日わたしが命じるすべての戒めと掟を忠実に守らないならば、これらの呪いはことごとくあなたに臨み、実現するであろう。あなたは町にいても呪われ、野にいても呪われる。……あなたの身から生まれる子も土地の実りも、牛の子も羊の子も呪われる。……畑に多くの種を携え出ても、いなごに食い尽くされて、わずかの収穫しか得られない。……あなたのどの木も土地の実りも、害虫に取り上げられる。……（申28:15-42 抜粋）。

このような祝福と呪いの教えは、農民たちが日々汗水たらして働く労苦や、わずかな食料や収入で日々の食べ物、飲み物、着る物をまかなったり、住むところを整えたり、看病したりする、いのちを支えるための絶え間ない心配りや労働も、ほとんど何の効果も無い無意味なこととして軽視することにも繋がります。

なぜなら、神の恵みの中で幸せな人生を送るために必要なのは、神に感

む人々を一層深く苦しめる言葉です。その上、性的暴力を始めとする暴力行為者を免罪し、まるで被害者が悪いかのように貶める感覚を持たせ得る言葉でもあります。更に問題なのは、神の戒めに従わない状態が続くと、神の呪いは子孫にまで及ぶという言葉です（例：申28:17）。これはもう、かなり悪質の脅しです。とても残念なことに、聖書には脅しによって神への服従・信仰を求める言葉が少なくありません。そして、このような脅しが人々の間に染み込まされた影響は、イエスの時代においても強くあったと思われます（cf. ヨハネ9:2. 山口里子『いのちの糧の分かち合い』32. 注9）。

謝して戒めを守り、神の絶対的な力に頼ることだけなのですから。

　そして実際、これらの祝福と呪いの戒めは、先祖が隷従の苦しみから神によって助けられ土地を与えられて生かされてきたことの告白と、感謝のしるしとしての奉納の義務に、直接結びつけて教えられました。

　　あなたはあなたの神、主の前で次のように告白しなさい。「わたしの先
　　祖は、滅びゆく一アラム人であり、わずかな人を伴ってエジプトに下り、
　　そこに寄留しました。……エジプト人はこのわたしたちを虐げ、苦しめ、
　　重労働を課しました。わたしたちが先祖の神、主に助けを求めると、主
　　はわたしたちの声を聞き、わたしたちの受けた苦しみと労苦と虐げを御
　　覧になり、力ある御手と御腕を伸ばし、大いなる恐るべきこととしるし
　　と奇跡をもってわたしたちをエジプトから導き出し、この所に導き入れ
　　て乳と蜜の流れるこの土地を与えられました。わたしは、主が与えられ
　　た地の実りの初物を、今、ここに持って参りました。……（申 26:5-10
　　抜粋。このような言葉の後に、神への奉納の義務が長々と続きます）[18]。

　このような教えは、エジプトのファラオへの隷従から解放された民が、今度は神への服従に、呪いへの恐怖を持って縛りつけられることに他なりません。それも、神への服従が祭壇への奉納と密接に繋げられ、ほぼ同一視されます。

　これは、社会の構造悪の只中で、力と富を得て豊かな中から奉納する人々は「神から祝福を受けている正しい人」と認められる一方で、抑圧・搾取されて困窮する人々が、まるで神の戒めに背いた罰を受けているかのように更に貶められ苦しめられる、権力者に好都合な神理解を再生産させます。

　こうした神理解・信仰理解に基づく教え、奉納の義務の教えが、先祖からずっと継承されて語り継がれてきた歴史と文化があります。その中で、

───────────

18　第1章V.1＆2参照。

多くの貧しい人々が自分の不信仰を責め、自信を失い、自分は神の国に入れられる恵みには値しない罪人だと思い込まされたとしても、不思議ではないでしょう。

　しかし実際には、農民の日常生活の経験は、祝福と呪いが背中合わせの「シェマー」の戒めとは異なります。良く耕し、堆肥をやり、世話をする農民の労働が、より良い実りに繋がることは多くあります。けれども、神への信仰を持って生活し、どんなに骨折って働いても、必死に祈り続けても、不作や凶作の時はありますし、いつものように働いて特別なことはしなくても豊作になる時もあります。

　「シェマー」の戒めで教えられる敬虔な信仰生活と奉納の義務の実践とは無関係の、不作と豊作、凶作と大豊作は、いつでもどこでもあるのです。農民たちのこうした生活経験を、この譬え話はスパッと言い切りました。これは、「シェマー」の戒めへの真っ向からの挑戦に他なりません。

　神は、「戒め」を守り奉納義務を果たしたら祝福を与え、それを守れない者たちに呪いを向けるような神ではない。一生懸命生きている人々を罪人として見捨てるような神ではない。だから安心して、神を信頼して生きたら良い。無駄も失敗も不作もあるし、時には凶作にも苦しめられるけれど、きっと豊作の喜びの時が来る。そうじゃない？

　身近な人々の働く姿を自分の目でしっかり見よう。自分たちの生活実感を信じよう。そうして、一生懸命生きている時、神はきっといのちを支える道を開いてくださる。この神を信頼して生きよう。その希望を、イエスは譬え話で伝えたかったのではないでしょうか？[19]

___

19　この譬え話の始まりの「聞きなさい」はマルコの加筆であると、学者たちの間で理解されていますが、その次の「見よ」は、イエスの譬え話に入っていたのか、それともマルコの加筆なのかについては、学者によって見方が違います。
　私は、「見よ」はイエスの譬え話の始まりにあったと考えます。自分たちの身近な世界を、自分たちの目でしっかり見て確かめよう、身近な風景に改めて目を向ける呼びかけだと思うからです。
　一方、始まりの「聞きなさい」は、他の学者たちのように、マルコの加筆と考え

66

2. カラスと野の花

　種まきの譬え話は、「カラスと野の花」のイエスの言葉を思い起こさせるように、私には思えます。この言葉はルカ福音書とマタイ福音書に書かれており、歴史のイエスに遡る言葉であると、多くの学者たちが合意しています。[20]

ます。しかし、「シェマー」（聞きなさい）の戒めに真っ向から挑戦したイエスの譬え話を、「聞きなさい」の編集句を付加して導入したマルコの意図は何だったのでしょうか？　イエスの激しい挑戦に気づいて、カモフラージュしたのでしょうか？　皮肉でしょうか？　何でしょうか？

20　「カラスと野の花」の話は譬え話であると考える学者たちもいます。私もそう思います。ただ、これが譬え話かそうでないかをここで問題にしたいわけではないので、ひとまずイエスの言葉として、そこで語られていることに注意を向けたいと思います（「カラス」と「野の花」の箇所は、以下を土台に編集しました：恵泉女学園大学 2012 年公開講座「イエスのたとえ話」）。
　　ルカ版（12:22b-28）とマタイ版（6:25-30）の内、どこの部分がオリジナルに近いかの分析については、論文が少ないうえに意見が分かれています。この内、始まりの部分では、ルカ版（12:22c）とマタイ版（6:25b）との並行句がトマス福音書（36）にあり、その３つで「思い煩うな」が重なります。
　　トマス版では「思い煩うな」の言葉に、オクシリンコス・パピルスの１つの『トマス福音書』の或るギリシャ語断片に、「朝から遅くまで、夕から朝まで」という言葉が付いています（*P. Oxy* 655.1.1-17. Holly Hearon and Antoinette Clark Wire, "Women's Work in the Realm of God."）：「イエスが言った、『朝から夕まで、また夕から朝まで、何を着ようと思い煩うな』」。
　　ですからここには、昼夜を問わず思い悩み苦しんでいる様子が表現されています。このような、人々が貧窮する生活の中で思い煩わずにいられない状況に心を痛めて、そのことが関心の中心にあって、イエスはこの言葉を話したのではないかと思います（同意見：Wainwright, *Habitat, Human, and Holy*, 89）。この意味で、この言葉はイエスに遡る可能性が高いと見ることが出来るでしょう。
　　その後の「カラス」と「野の花」の部分については、ルカ版がオリジナルに近いと考えられます。ルカ版は「カラス」ですが、マタイ版は「鳥」と一般化し、ルカ版は「神」ですが、マタイ版は「天の父」とマタイの編集の特徴が表れているからです。
　　最後の言葉「信仰の薄い者たちよ」（ルカ 12:28、マタイ 6:30）は後からの付加と考えられています。けれども、もしもイエス自身がこの言葉を最後に付けて語ったなら、それは決して上からの叱責ではなく、むしろ茶目っ気のある苦笑、親しみ

第 2 章　種まき　　67

(22)（あなたがたは）決して思い煩うのではありません、いのちのことで、何を食べようか、あるいは体のことで何を着ようかと。(23)……(24)（あなたがたは）見なさい、カラスたちを。（それらは）蒔かないし刈り入れもしません。倉も納屋もありません。そして神はそれらを養います。どれほどもっと、あなたがたは鳥たちよりも優れて（diapherō 異なって）いますか。(25) あなたがたの内で誰が、思い煩って寿命をわずか（pēchus＝キュビト）でも伸ばせますか？(26)……なぜ思い煩うのですか？(27)（あなたがたは）見なさい、野の花たちを、どう育つか。（それは）労苦しないし紡ぎもしません。しかしあなたがたに（私は）言います。ソロモンでさえも、彼の栄華の全てにおいて、これらの 1 つのように身にまといませんでした。(28) けれど、もし、今日は野にあって明日は炉に投げ入れられる草を、神がこのように着せてくださるなら、どれほどもっとあなたがたを（着せないでしょうか）？　わずかな信仰の者たちよ（ルカ 12:22c-28 抜粋 私訳）。

　この話しかけの最初の言葉は「決して、思い煩うな」（mē＋merimnaō）です。精神（思考・心）が分裂してしまう状況を暗示する言葉が使われています。そういう状況になるほど悩み込んでしまわないように、強く呼びかけています。[21]

――――――――――――

　の笑顔での言い方で、聞いていた人々の間に一瞬でも一緒に笑顔が浮かんだ様子を、私は思い浮かべます。参照：第 4 章注 36。
　　そこでひとまず「ルカ 12:22c, 24-25, 27-28」がオリジナルに近いと私は考えます。この中の最後の言葉は、動詞が省略されています（その動詞を想像で補って、新共同訳では、ルカ版は肯定文、マタイ版は修辞疑問文の形に翻訳されています）。私は、ここは修辞疑問文の問いかけで終わっていたと考えます。断定はできませんが、ひとまずこの判断で読んでみます。

21　「思い煩う」という言葉の元のギリシャ語は「メリムナオー」（merimnaō ←「nous」［ヌース：精神・思考・心］を分裂させる [merizein ton noun] 状態を表わす名詞「merimuna」の動詞形）です。そして、思い煩いで占拠されてしまうことを意味します（The Analytical Greek Lexicon, London: Samuel Bagster & Sons Ltd., 1967）。日常生活では厳密な意味で使われていなかったとしても、この言葉が

「いのち」（pshchē）は「魂」と訳されることが多いですが、人格も体も含めた1人の人全体としての「いのち」を意味します。人々が、日々の食事や衣服のことでひどく思い煩わざるを得ないほど、貧窮した生活をしているからこそ、そしてそのゆえにどれほどの悲しみや辛さを抱えることになっているか十分に分かっているからこその、言葉でしょう。食事も衣服も切実に必要で大事。だけど、あなたがたの「いのち」そのもの、「体」（sōma）そのものは、もっと大事。そこに戻ってみようという呼びかけのようです。[22]

そして、「（あなたがたは）見なさい」（katanoeō）と言います。見て、観察して、感知・認識・理解しなさい、という意味合いがあります。そこで例としてまず述べられるのはカラスです。鳥たちの中でも、昔からユダヤの人々に「汚れた」鳥として特に忌み嫌われていた鳥です（レビ 11:13, 15、申 14:12-14、イザヤ 34:11）。[23]

　　鳥類のうちで、次のものは汚らわしいものとして扱え。……烏の類（レビ 11:13, 15 抜粋）。

そしてカラスは、「蒔かず、刈らず、倉も納屋も無い」。ここで語られている言葉「蒔く」「刈る」「無い」の基にあるのは、貧しい農民の労働生活

　3回繰り返して語られていることは、思い煩いで潰されてしまわないようにという意味が強調されていると言えるでしょう。

22　「体」（sōma）は一般的な「身体」のことです。「心身症（心身相関の病気）」と訳される「psychosomatic disease」という言葉では、「psycho-」が「心」で「soma」が「身」という意味で使われています。けれども、「psychē」の語源は、「体・身体」と対照的な「魂・心」という意味ではなく、それら全てを含む1人の人全体、その人の「いのち」そのものを意味する言葉でした。「いのち」について：山口里子『イエスの譬え話1』147。

23　ちなみに「烏」（カラス）の漢字は、「鳥」と似ていますが、上の部分に横棒が1本無いですね。どうしてでしょうか？　黒くて目が分からないから象形文字で目の部分に当たる1本が無いんですって。でも、近くで見るとカラスの目ってすごい迫力ありますけどね！

の状況です。そしてイエスは言います。働かない「汚れた」カラスでさえも、神は養う。それなら、日々いのちのために一生懸命働くあなたがたを、たとえ裕福な人々から「汚れた者」「罪人」と見なされていたとしても、神は養ってくださらないことがあろうか、と。[24]

　そして再び、「（あなたがたは）見なさい」（katanoeō）と言って、次の例を語ります。「野の花がどのように育つか」。「野の花」（krinon）は、「野ゆり」と思われることが多いですが、「ゆり」に限られない、野に咲く花、野生の草花全般を指して使われる言葉のようです。ガリラヤの人々は何の花を思い浮かべて聞いたのでしょう？
　このすぐ後で、「明日は炉に投げ入れられる、野（agros 野原・畑）の草（choptos 草・牧草）」と語られていますから、ここの花は、燃料として燃やされる茨のような草花が想像されます。ほとんど価値があるとも美しいとも見なされない野生の草花です。
　それを神は、栄華を極めたソロモン王の贅沢な衣装も比べ物にならないほどに美しく着飾ってくださっていると、イエスは述べます。比較の対象としてソロモン王が述べられていますが、古代世界で王侯貴族が身にまとった衣服の象徴は、紫巻き貝から抽出された希少な紫で染めた、紫の服です。そこから、「あざみ」の花が思い浮かべられます。ガリラヤ湖周辺で見られた野生のあざみは、色が紫で、茨のように刺があります。昔から「あざみ」と「茨」は荒廃や悪いイメージに結びつけられていました。そして茨と一緒に炉に投げ入れられました（創 3:18、ホセア 10:8、列王下 14:9、詩 58:10、コヘレト 7:6、イザヤ 34:13）。[25]

24　Hearon and Wire, "Women's Work in the Realm of God."

25　このような理解の例：荒井献『聖書の中の差別と共生』105-120。ここで荒井は、イエスが処刑の前に頭にかぶらされた「茨の冠」（マルコ 15:17）で、あざみを連想できただろうと語ります。そして、茨のような野生のあざみが一般化されて刺の無い花に変えられた時、イエスの言葉にも刺が無くなった、と言います。私も同感です。紫の染色に関して：山口里子『マルタとマリア』67-68。

土は茨とあざみを生えいでさせる　野の草を食べようとするお前に（創3:18）。

茨からぶどうが、あざみからいちじくが採れるだろうか（マタイ7:16、ルカ6:44）。

そして「野の花」あるいは「野生のあざみ」は、「労苦もせず、紡ぎもしない」。ここで語られている言葉の基にあるのは、庶民女性たちの日々の労働です。「労苦する」（kopiaō）は、骨折って働くという意味です。「労苦して（kopiaō）、重荷を負う者は皆、私の所に来なさい。休ませてあげましょう」（マタイ11:28）という「知恵なる神」の招き、そしてそれを預言者として語ったイエスを、想起させる言葉です。[26]

そんな風にあなたがたは日々生きるために重労働を担っている。寒さ暑さから身を守る衣服を作るために、時間もかかり手荒れも激しい紡ぎ仕事も、家族のために担っている。神は、そのあなたがたを「あざみ」より美しく身にまとわせてくださらないことがあろうかと、イエスは問いかけています。[27]

26　Hearon and Wire, "Women's Work in the Realm of God." 「知恵なる神」について：第4章 IV.2。エリザベス・シュスラー・フィオレンツァ『彼女を記念して』204-211。『知恵なる神の開かれた家』17-29。山口里子『マルタとマリア』93-95。『いのちの糧の分かち合い』25-30。『イエスの譬え話1』154-158。

27　古代の紡ぎ仕事が時間のかかる労働であることは広く知られています（Hearon and Wire, "Women's Work in the Realm of God"）。現代でさえ、手作業で「紡ぐ」仕事が如何に手荒れを起こさせ指から血が出るような辛い作業を含むものであるかを、その仕事をしてきた友人の経験から教えられました。

　ところで、私はミレーが描く働く農民の絵が好きです。ご存知の方も多いでしょうが、ジャン＝フランソワ・ミレー（Jean François Millet 1814-1875）はフランスの農民画家です。貧しくて生計のために若い頃は裸体画を描いていましたが、その後、農民画に徹しました。当時、王侯貴族の華やかな暮らしに美しさが見られていた状況で、ミレーはそれに抵抗して、貧しい農民の労働の中に美しさを見出すように絵を描いたのです。そして激しい労働にも拘わらず貧しい農民生活の只中に明

第 2 章　種まき　71

　「カラスやあざみは、人々からは、汚れたとされ、価値が無いとされて
いるし、働きもしない。それらのいのちさえも、神は心にかけて生かして
くださっている。あなたがたの中には、自分は汚れた者、価値が無い者と
思わされている人々もいるかも知れない。でも、本当にそうですか？　そ
んなことはないでしょう？　一生懸命生きている。働いて、労苦して、生
きている。そういう人々を、神はどれほどの思いを持って見守っておられ
ることか。だから、心が分裂してしまうほど思い煩うのはやめようよ。神
様を信頼して一緒に生きて行こうよ」と。[28]

　　さを見出そうとする描き方が、画家として認められるきっかけになったと言われま
　　す。「種まく人」「落穂拾い」「晩鐘」「羊飼いの少女」など。ここで描かれる美しさ
　　は、イエスが語った美しさに繋がると感じます。
28　「思い煩うな」という言葉は、本当に辛い苦闘をしている人にとって反発を招く
　　言葉にもなり得ます。どのような生き方をしている人がどのような思いで言うのか
　　で、言葉は全く異なる意味合いを持つでしょう。イエスがこの言葉を語った時、人々
　　が思い煩わずにいられない生活を強いられている社会に対する憤りと抵抗の思いが
　　込められていて、それが伝わったのではないかと思います。
　　　「……だから、『思い悩むな・思い煩うな』。このイエスの語りかけは、現に思い悩
　　み、どうして良いか分からず思い煩っている人には、何と慰めと励ましに満ちた言
　　葉でしょうか。辛く哀しい人生を歩む人の心に響き合い、生きる勇気と力を与えら
　　れたからこそ、このような伝承がいのちの語りかけとして伝えられてきたのでしょ
　　う」（山口雅弘「思い煩う現実の中で」2016.8.14 稲城教会礼拝メッセージより）。
　　　ホースレイは次のように言います：（イエスが神を語る時の）「主なトーンはもっ
　　と身近な姿で、鳥たちを養い、花を装わせ、人々の世話をして、その慈しみが模倣
　　されるべき方（ルカ 12:22-31; 6:36）。イエスの教えと行動で、神の国や神への言
　　葉も含めて、焦点はほぼ常に人々で、関心は抽象的でなく、第 1 に宗教的でさえな
　　く、身体的と心理的、物質的と霊的な両方の、人々の具体的な環境（状況）。……そ
　　して『神の国』に入ることは、共同体の活動への参加の中に位置づけられている」
　　(Richard A. Horsley, *Jesus and the Spiral of Violence*, 191)。
　　　この「人間中心」の点で、「環境の神学」（Ecological Theology）の視点から次
　　のような現代の批判があります：「話のポイントは、神の愛を思って他の生き物へ
　　の愛を人間に呼びかけるのではない。むしろ適切な食物と衣服への人間の心配を減
　　らすことがポイント。なぜなら神は他の生き物よりも遥かに人間に重きを置いて
　　いるから」。このようなテキストに向かう時には「疑いの解釈学」（Hermeneutics
　　of Suspicion）を多角的に用いて読む必要がある（James Nash の引用も含めて：

ここで、数ある王たちの中でも、ソロモン王の名がわざわざ述べられていることに、注意を向けてみましょう。なぜソロモン王なのでしょう？

　ソロモンは、エルサレム神殿を建てた王です。その神殿への奉納義務で、どれほど多くの民衆が困窮させられることになってきたでしょうか。そして、奉納された物は、民の中で特に弱い立場に置かれた人々、寡婦、孤児、寄留者たちに再分配される教えがあったはずなのに（例：申26:11-12）、それが如何に無視されてきたでしょうか。神に直接仕える者たちとして神殿に仕える者たちが、いかに私腹を肥やして大土地所有者になり、益々人々を日々の生存のために苦しめ悩ませていることでしょうか。

　イエスはここで、栄華を極め神殿を建てたソロモン王と、価値の無いものと見なされ簡単に切り捨てられる野のあざみを対置しています。イエスは、神の名を使って人々を脅し搾取している神殿体制に対する激しい憤りを持って語っているのではないでしょうか？

　そして、重荷を負い苦しみ疲れている人々に深い共感共苦を持って、いのちの神を信頼して生きよう、顔を上げて生きようと、語りかけているの

Wainwright, *Habitat, Human, and Holy*, 88-89）。確かにその通りだと思います。まずテキストについては、ここの言葉は、人間は他の生き物より優位であることを前提にしていると思われる面があります。このような前提の積み重ねが招いてきた問題に対して、私たちは意識的であるべきでしょう。

　次に注意を向けたいのは、この言葉が語られた特定の状況です。イエス時代のガリラヤ農村で、貧しさの中で生きるためにひたすら苦しめられている人々の「思い煩い」に深く心を痛めて語りかける言葉で、「人」が中心に置かれていることは、一般的に人と自然を上下関係に置いて見ることとは別のことではないか、ということです。ですからここでは、人間の欲望と経済格差のゆえに地球環境破壊が危機的状況にまで来てしまっている現代の問題への意識を高めつつ、このような話を聴くときに話の背景を切り離して一般化して読まないように、テキストに対してだけでなく、更に一層、自分たち自身の読み方に対しても、多角的に「疑いの解釈学」が必要になると思います。

　「疑いの解釈学」とは、基本的に、著者のレトリック（話術・説得法）に逆らい行間を読むようにしてテキストに向かう解釈方法です。：エリザベス・シュスラー・フィオレンツァ『石ではなくパンを』55-58。山口里子『新しい聖書の学び』23。

ではないでしょうか？[29]

　人がどんなに頑張っても、どんなに考え抜いても、どうにもならないこともあります。人生には苦しいこと、辛いことが、いっぱいあります。人間の無力さを痛感させられることも数限りなくあります。

　そのような日常生活の中で、諦めないで、絶望しないで、最終的にはいのちの神を信頼して生きることは、人間の働きや努力を無意味・無益と考えることとは違います。いのちの神を信頼する前向きな生き方と、人の行為は無益で全ては神の祝福と呪いの力にかかっているという神理解に基づく生き方とは、全く異なります。

　さあ、あなたはどのような神を信じるのですか？　どのような神を信頼して生きようとするのですか？

　イエスの種まきの譬え話と、それに繋がるようなカラスとあざみの話か

29　人々に対するイエスの深い共感共苦には、人々を苦しめる権力構造に対する激しい憤りが同居していたと思います。共苦と憤り。それがイエスの様々な言葉や行動、イエスの生き方そのものの背後にあったのではないでしょうか？　「怒り」「憤り」について：第1章注37、第7章注37。

　「がんばる」という言葉は、日本社会で非常に頻繁に使われます。潰れそうになる中で既に十分以上にがんばっている人々には残酷な言葉です。ですから私は「がんばらないで」と時々言いますが、「がんばって」とは滅多に言いません。けれども、しっかり意識してこの言葉を使いたい時があります。周りからどう思われようと、自分は自分であろうとする時、「我を張る」意味で。この言葉を申英子さんは、在日の人々がうつむいてしまいそうな中でしっかり上を向いて晴れやかな顔で生きていこうという意味で「顔晴る」と言います。こういう「がんばる」は良いなと思います。

　イエスは、貧しく低くされている農民たちに、脅しで従わせる神でなく、癒していのちを育くむ神に信頼を置いて、農民生活に誇りを持って「我を張って」「顔を晴れやかに」のびやかに生きようと、呼びかけたのではないかと、思います。

　そのような願いを持って語られた「種まき」の話が、イエスの意図を全く踏みにじるような解釈で、人々に「自分は心がかたくなでダメだ」などと思わせるように、イエスの名で教えられて来たのではないでしょうか？　また、権力支配層に対する憤りを持って語った「カラス」も「あざみ」も、トゲの無い骨抜きの話にされて、イエスの名で語られて来たのではないでしょうか？　聖書にある「シェマー」（聞きなさい）の言葉を、まさに根本から聞き直し捉え直したいものです。

らは、そんな根本的な問いかけも聴こえてくるように思います。あなたはどのような思いめぐらしをなさるでしょうか？

ガリラヤ湖上（山口雅弘撮影）

第3章　からし種

（マルコ 4:30-32）[1]

Ⅰ．テキスト

(30) そして（彼は）言った。どのように（私たちは）比べようか（homoioō）、神の国を。あるいはそれをどんな譬え話に（私たちは）置こうか。(31)（それは）からしの種のようだ。（それは）地の上に蒔かれると、地の上に蒔かれるもの全ての中で最も小さい。(32) そして蒔かれた時には（それは）昇る。そして全ての野菜より大きく成る。そして大きな枝々を作り、空の鳥たちがその陰の下に宿ることが出来るようになる。

Ⅱ．これまでの解釈

この譬え話も寓喩的に解釈されてきました。クレメンス（150-215）によれば、「からし種＝キリスト」です。からし種は多産性で、キリストの影響が多方面に及ぶことを象徴します。からし種が胆汁を減らし炎症を抑制するように、この話は、キリストは怒りを減らしうぬぼれを抑制して、魂の真の健康と幸福な気質を湧き出させてくださるということを表わします。

オリゲネス（185-254）によれば、道徳的には「からし種＝信仰」で、霊的には「からし種＝神の国」です。小さな始まりと大きな終わりという「小→大」の対照の譬えで、小さな信仰も大きくされ、ちっぽけな弟子たちが神の偉大な目的に用いられます。そして神の支配は地上に広がって巨木のように偉大な帝国となり、遠くの異邦人たち（空の鳥たち）も包含されるのです。

19世紀になって寓喩的解釈が不適切とされてから、最も一般的な解釈

1　この章は以下を土台に編集しました：恵泉女学園大学 2012 年公開講座「イエスのたとえ話」。

は「小→大」の対照で、小さなイエス運動は全ての人々に避難所(ひ なんじょ)を提供するほどに偉大に成長すると、イエスは弟子たちを励ましたと言われました。そして、教会はゆっくりとでも確実に世界に広がると語られました。[2]

Ⅲ. オリジナル版に近い形で「聞く」ための考察

からし種の譬え話は、マルコ福音書（4:30-32）、ルカ福音書（13:18-19）、マタイ福音書（13:31-32）、外典(がいてん)のトマス福音書（20）にあります。[3]

2　例：A. M. ハンター『イエスの譬・その解釈』（原著 1960）33-34, 64-65。Barbara E. Reid, *Parables for Preachers*, B.68. *Parables for Preachers*, C.295。エレミアスは、死と生の神秘の象徴であると述べ、種が死ぬことによって復活のいのちになる象徴であると解釈します（J. エレミアス『イエスの譬』164-165）。しかし、このような「死と復活」の考え方は、イエス自身ではなくパウロ思想（例：Ⅰコリント 15:35-38）に近いものであると指摘されています（例：Barbara E. Reid, *Parables for Preachers*, A.106）。

　　「**小→大**」**の対照**：ラビたちが教える時に良く使ったもので、「小さな始まりが大きな終わりになる」「小さなものでも～なら、大きなものなら一層～」というような語り方のことです。

　　また、「小→大」の対照で、極小の種も蒔かれると確実に成長して大きく成るという解釈は、19 世紀ヨーロッパの植民地拡大主義の中で支持されてきたようですが、現代では「神の国と教会は同一ではない」という批判もされています（Arland J. Hultgren, *The Parables of Jesus*, 402）。

3　「**トマス福音書**」について：第 2 章注 3。トマス福音書 20：「弟子たちが言った、『天国は何に似ているか、私たちに言ってください』。彼が彼らに言った、『それは一粒の芥子種のようなものである。（それは）どんな種よりも小さい。しかし、それが耕されている地に落ちると、地は大きな枝をつくり、空の鳥の隠れ場となる』」（荒井献訳 [荒井献『トマスによる福音書』語録 20]）。以下のような訳もあります：「弟子たちがイエスに言った、『天の国は何に似ているか、私たちに言ってください』。彼が彼らに言った、『それは一粒の芥子種のようなものである。（それは）全ての種よりも小さい。しかし、それが耕された土に落ちると、それは大きな植物を作り、空の鳥たちのシェルターになる』」（Jesus Seminar, *The Parables of Jesus*, 34）。「従う人々がイエスに言った、『天国は何に似ているか、私たちに言ってください』。彼が彼らに言った、『それは一粒の芥子種のようなものである。（それは）全ての種よりも小さい。しかし、それが準備された土に落ちると、それは大きな植物を作り、空の鳥たちのシェルターになる』」（Marvin Meyer, *The Gospel of Thomas*, 32）。

この譬え話は歴史のイエスに遡るオリジナルな話であると、聖書学者たちが合意しています。主な理由は２つあります。①この譬え話は４つの現存福音書に残されています。このことは、流れの異なる複数の伝承が背後にあることを示し、非常に古くから広く語り継がれていたと理解できます。更に、②この譬え話は、イエスの譬え話の特徴を良く示しています。すなわち当時のガリラヤ民衆に身近な経験を基にしていながら、ビックリさせる語り方です。

しかし現存のどの版もそれぞれに編集の手が入っていて、どれがオリジナルに近いかを決定するのは簡単ではありません。

基本的には、Ｑ福音書を基にして、トマス版とルカ版がそれぞれ編集の手を入れられていると考えられます。このうちトマス版の編集が最小でオリジナル版に近いと考える学者は多くいます。特にトマス版には、いつものようにイエスの言葉だけで解説が付けられていません。実際、イエスは解説無しで語っており、それをトマスは守っていると思われます。[4]

一方、マルコ版には、アラム語の言葉遊びの名残があり、古い口頭伝承を基に編集されたと思われますが、かなり加筆編集されています。このため今のマルコ版がオリジナル版に近いとは言えませんが、マルコの加筆編集部分は割と明白に分かるので、そこを除けばオリジナル版に近いと考える学者は多くいます。マタイ版は、Ｑ版とマルコ版を合わせて編集したとみられます。

またマルコ版には、「そして」(kai) を繰り返して文章を繋げていくという口頭伝承に多く見られる特徴が、いつものように表れています。ルカ版でも、おそらくＱ版にそのまま従ったためでしょうが、「そして」(kai) が続いています。

一方マタイ版では、「そして」の連続を避けて従属句を使う編集がされ

4　「**Ｑ福音書**」は、現存しないけれども口頭または記述で伝承されていたと想定される、イエス語録福音書。ドイツ語の「Quelle：資料」の頭文字を取って「Ｑ」と呼ばれています。これは、マタイ福音書とルカ福音書の資料として使われたと考えられています（詳しくは：山口里子『イエスの譬え話１』70 注 3）。

ており、口頭伝承ではなく記述文章の特徴が出ています。更にマタイ版では、いつものように「神の国」を「天の国」に変えています。イスラエルの宗教では、「十戒」にあるように、神の名をみだりに口にしないように注意されており、「神」の代わりに「天」という言葉が用いられていました。これに配慮したマタイ版では、この言葉の用い方が維持されたと考えられます。

そこで、ここではひとまずマルコ版を基にしつつ、他の版も比較しながらテキスト分析を進めることにします。[5]

5　参照：Jesus Seminar, *The Parables of Jesus*, 34. John Dominic Crossan, *In Parables*, 45-46. Bernard Brandon Scott, *Hear Then the Parable*, 374. Herman Hendrickx, *The Parables of Jesus*, 34. Hultgren, *The Parables of Jesus*, 393.

マルコ福音書は、元の資料（口頭伝承）に自分の文章を挿入する時、挿入の後で挿入前の句を繰り返す特徴があり、その特徴がここでも出ています（Norman Perrin, "The Christology of Mark: A Study in Methodology." Crossan, *In Parables*, 45-46。参照：第2章注6）。そのおかげで、マルコの編集部分を除けて古い伝承を辿ることが比較的に容易に出来ると言えます。ただ、この譬え話の文章がかなりゴタゴタしているのは、元のアラム語からの翻訳の影響だけでなく、マルコ自身のギリシャ語文法がヒドイためだと指摘されています（例：Crossan, *In Parables*, 45）。

なお、導入の句（ここの場合は4:30）は著者の編集でオリジナル版には遡らないと、学者たちの間では見なされています（例：Jesus Seminar, *The Parables of Jesus*, 34）。しかし、導入句にある2重の問い方は完全にユダヤ的で、例えばイザヤ40:18を思い起こさせるものであり、イエス自身がこのような言葉で譬え話を始めた可能性があるという指摘もあります（Hendrickx, *The Parables of Jesus*, 34）。私も、その可能性は十分にあると思います。これまでは「ユダヤの慣習的な語り方だからイエスの言葉ではない」というような判断がされることが多くありました。けれども、このような決めつけについても考え直す必要があると思います。ガリラヤのイエスも聴衆もユダヤの昔からの語り方に慣れていたのですから、イエスがそのような仕方で譬え話を語り始めた時があっても不思議ではありません。それにイエスの譬え話を学ぶと、当時の人々に馴染みの素材で馴染みの語り方をしつつ、ハッとさせる新しさを入れて、それまでの考え方・在り方を根本から問い直す語り方をしていると、私は思います。

Ⅳ．テキスト分析

1．からし種

　神の国（basileia 神の統治・領域）と比べて、すぐ述べられている言葉は「からし種」（kokkos sinapi）です。「からし種」は、ヘレニズム世界全体でもラビ文献でも「小さい」ことで格言に用いられるものでした。[6]

　からし種にも色々な種類があり、植物学的には、からし種が種の中で最小とは言えません。けれどもパレスチナ・シリア地域で栽培されていた種の中では最も小さい種で、1世紀のガリラヤで育ったのは油菜科の黒カラシ（sinapis nigra）と思われます。成長すると3メートルほどに伸びますが、中には5メートルぐらいまで伸びるものもあったようです。それは「木」（tree）ではなく「灌木」（shrub: 低木）で、大きな「藪」（bush）になります。[7]

　農民にとって最も重要な基本食糧は穀物ですが、からし種も滋養を生み出す植物でした。からしの葉は煮て食べたり生のままサラダとして食べたりすることが出来ました。からしの種は油としても調味料としても、健康に良いものとして使われました。

　1世紀のローマ軍人で博物学者プリニウス（23-79）によると、からし種は刺激が強く鼻腔・脳に効いて感覚を鮮明にさせます。あらゆる腹痛にも効き目があり、腸をリラックスさせ、生理や尿も整えます。腫物の殺菌にも使えます。痰に対しては蜂蜜水と一緒にうがいに用います。また、酢と一緒に使うと、蛇に噛まれた時やサソリに刺された時の治癒に有効です。プリニウスはこの他にも、からし種を他のものと合わせる用法を様々に紹

6　「ヘレニズム世界」は、紀元前3世紀〜紀元後3世紀までの、ギリシャ人（ヘレン）の文化を中心に種々の民族の文化が融合した文化が栄えた世界を指します。「ラビ」はユダヤ教の教師のことです。

7　Hultgren, *The Parables of Jesus*, 395. Elaine Wainwright, "Seed, Soil and Sower."

介し、いかに多くの疾患をからし種で治せるかを述べています。[8]

　そうであれば、小さくても一気に繁殖して食物にも薬にもなるからし種は、貧しい農民たちの生活にはとても役立つものだったことでしょう。

　しかし、からし種にはやっかいものと見なされる面もありました。生命力が強くて一気に大きく育つだけでなく、野生化して荒地でもどこでも育ち広く拡散するので、管理するのは難しく、農地を乗っ取り他の作物をダメにする危険もあり、繁殖すると完全に取り除くのは不可能と言われました。[9]

　ヘブル語聖書（旧約聖書）には、神の創造の聖なる秩序を守るように、異なる種を混ぜて植えることを禁ずる戒めがあります（レビ 19:19、申 22:9-11）。これに従って、からし種が大きく育って他の植物と混ざらないように、植える場所を規制するミシュナーの教えがありました。[10]

　基本的には、「畑」で他の穀物から離して 1 列だけなら良いけれども、「庭」は狭いので境界線を保てないため植えてはならない、ということです。しかし、注意して限られた場所に植えても、たちまち大きく広がって完全に除去するのは不可能なため、からし種は境界線を破り、「異なる種を混ぜない」という聖なる秩序を犯す、危険でやっかいで「不浄」なも

8　Luise Schottroff, *The Parables of Jesus*, 117. Scott, *Hear Then the Parable*, 380. この章の II で紹介したクレメンスの言葉も参照。

9　Scott, *Hear Then the Parable*, 373. Hultgren, *The Parables of Jesus*, 395.

10　「ミシュナー」と「タルムード」について：「ミシュナー」（Mishuna: ヘブル語で「反復」「繰り返し」⇒「学習」の意）は、イスラエルの宗教のラビ（教師）たちが主に「モーセ律法」を中心に行なった注解的「口伝律法」が 2 世紀ごろに集成され、その後 3 世紀頃に編集された「口伝律法」です。そして、「ミシュナー」（口伝律法）と解説「ゲマーラー」（アラム語で「完結」の意）を合わせて、ユダヤ教の宗教典範として「タルムード」（Talmud：ヘブル語で「研究」「教訓」の意) が作られました。4 世紀頃に編集された「エルサレム・タルムード」（「パレスチナ・タルムード」とも呼ばれます）と、5 世紀末に編集された「バビロニア・タルムード」があり、一般には後者を指します（参照：Amy-Jill Levine, *Short Stories*, 177. Wikipedia, 世界大百科事典）。

第3章 からし種 81

のという否定的なイメージが付けられていました。[11]

　ですから、聖なる偉大な「神の国」を語るのに、小さくてやっかいで不浄な「からし種（のようだ）」というはじめの言葉は、常識を覆す驚きの言葉だったことでしょう。

2. 地に蒔かれると？

　「からし種」の次に来る表現は福音書によってそれぞれ異なります。

　マルコ版では、「蒔かれると、地の上に」です。「蒔かれると」では、「蒔く」（speiroō）の受動態の仮定形が使われています。受動態は神の行為を表わす時に使われる表現です。「地」（gē）は、「畑」とか「庭」とかいうような用途を特定しない一般的な言葉です。ここでは「地の上に」（epi tēs gēs）と書かれており、このギリシャ語はマルコの特徴的な表現です（2:10; 4:1, 20, 26, 31; 6:47, 53; 8:6; 9:3, 20; 14:35）。[12]

　マタイ版では、自分の「畑」（agros）に「人」（anthrōpos）が「蒔いた」（speiroō 過去形）です。ここでは種まきは「人」が意図的に行なっており、場所はミシュナーの教えに沿う「畑」です。ただ、ここの「畑に」（en tō agrō）のギリシャ語はマタイの特徴的な表現です（13:24, 27, 31, 44; 24:18, 40）。[13]

　ルカ版では、自分の「庭」（kepos）すなわち野菜畑に使われる裏庭に、「人」が「投げた」（ballō 過去形）です。マタイ版と同様に「人」が主語なのは、ルカとマタイが共通に資料として用いた Q 福音書でそのように語られていたためでしょう。場所が「畑」でなく、ミシュナーの教えに反す

11　Mishuna Kilayim 2:8, 9; 3:2. Brad H. Young, *Jesus and His Jewish Parables*, 208. Scott, *Hear Then the Parable*, 375, 380, 383. Reid, *Parables for Preachers*, B.105.

12　マルコ版は、からし種の小ささを強調するように、「地の上に蒔かれる全ての種の中で最も小さい」という句を挿入して、ゴタゴタした文になっています。参照：注5。

13　Scott, *Hear Then the Parable*, 375-376. なお、「人」（anthrōpos）は、性別を特定しない人間一般をさす言葉です（参照：第1章 IV.1）。

82

る「庭」として述べられていることについては、パレスチナの農村状況を知らないヘレニズム世界の都市の人々の状況に合わせて、ルカが編集したと思われます。[14]

トマス版では、「耕された土に、(種が) 落ちた」です。マルコ版のように神の行為を明白に示す表現ではありませんが、ルカやマタイ版と違って、人が意図的に蒔いたり投げたりするのではありません。「耕された土」は、マルコ版のような不特定の「地」よりも、マタイ版で使われている「畑」と同類の農地を指す言葉だと思われます。[15]

以上のように様々に異なる記述があり、どういう表現がオリジナル版に近いのかは、学者の意見も一致していません。私は、場所はミシュナーの教えに縛られない「地」だと思いますが、決定的とは言えません。そして「蒔く」よりも「蒔かれる」かなと思いますが、これも決定できない気がします。これらについては保留のままで先に進みましょう。[16]

---

14 ほとんどの学者がこう理解しています (例：Hendrickx, *The Parables of Jesus*, 34)。ただしスコットは、ルカが受け取った伝承に忠実に「庭」と述べたのであり、むしろ他の著者たちが、ミシュナーの教えに反する「庭」を避けて他の言葉に編集したと考えます (Scott, *Hear Then the Parable*, 376)。

15 「耕された土」は、トマス福音書のグノーシス思想の「人間の資質」を示唆する表現だという見方もあります。しかしこの言葉は農業用の「畑」に近い表現として理解できる言葉であり、これがトマス福音書に書かれていることで、グノーシス思想に結びつけて解釈する根拠は無いと言われます (例：Scott, *Hear Then the Parable*, 378)。トマス福音書の言葉を何でもグノーシス思想に結びつけて解釈することが適切かどうか、再検討が必要だと私も思います。

16 「からし種」の譬え話は、「パン種」の譬え話と、Q福音書かその前の口頭伝承の段階で並べて語られたと考えられます。イエス自身がペアの譬え話として一緒に語った可能性もあると指摘されています (Hendrickx, *The Parables of Jesus*, 32)。もし最初からペアだった場合は、「パン種」では女性の行為が語られていますから、「からし種」では男性の意味で「人」の行為が語られた可能性が高いでしょう。けれども、もしそうでなかった場合は、並べて語られるようになってから、「(神によって) 蒔かれる」が「人が蒔く」に移って行った可能性があると考えられます。

けれども、トマス版では「からし種」(語録20)、「パン種」(語録96) で全く別の所にあります。また、日本語では両方の言葉が「〜種」と訳されているのでペアと受け取りやすいですが、元のギリシャ語では「からし種」(kokkos sinapi) と

3. それからどうなる？

　次に来る表現は「大きく成る」ですが、ここも福音書によって色々と異なります。マルコ版では、「そして蒔かれた時には（それは）のぼる。そして全ての野菜より大きく成る」（マルコ 4:32）です。ここで使われている「野菜」（lachanon）は、食用の野菜・ハーブなどの植物を指す言葉です。からし種は灌木で、大きく成ると藪になります。野菜ではありません。それでもマルコ版は、「全ての野菜より大きい」と、形容詞「大きい」（megas）の比較級で最上級の意味を表わして、からし種の小ささと、成長した時の大きさを、最小・最大で対照させて強調しています。[17]

　トマス版では、写本によって「（土は）大きな植物を生み出す」というものと、このような表現は全く無しに譬え話の結びに続くものがあるようです。[18]

　一方、Q版に基づくと思われるルカ版とマタイ版は、からし種が「木」になると述べています。まずルカ版は、おそらくQ版に従って、「成長した。そして木になった」と述べています。マタイ版は、Q版とマルコ版を合わせて編集した結果、「成長したら、野菜の中で最も大きい。そして木になる」と述べています。[19]

　「パン種」（zumē）で、全く別の言葉です。話の焦点も必ずしも同じとは言えないので、私はペアではなかったと思います。

17　ここの「野菜」は、英語の聖書では「shrub（灌木）」「bush（藪）」と訳されているものがあります。植物学的にはそのような訳が正しいですが、日本語新共同訳の「野菜」のほうが、ギリシャ語表現には近いと言えます。

18　参照：注3。

19　Q版（ルカ版とマタイ版の資料として使われた物）の「成長する」（auksanō）は、現代人の多くは生物学的現象として捉えますが、聖書時代の人々は、植物の成長過程を経験から知りつつ、一つ一つ神の奇跡として理解したと言われます（エレミアス『イエスの譬え』165。Crossan, *In Parables*, 49）。こうして、マルコ版では「種は神によって蒔かれる、すると（種は）のぼる（anabainō）」というイメージがある表現、Q版では「人が蒔く、すると（神が）成長させる」というイメージのある表現、トマス版では「（種が）落ちる、すると（土が）成長させる」という表現です。それぞれに違いますが、どの場合でも、人間の行為と自然の働きの背後に

しかし、からし種は「木」になりません。それなのに、なぜ「木」になってしまったのでしょうか？　古代には、「木」(dendron) という言葉は種類に関わりなく背の高い植物に使われたと言われます。[20]　けれどもこの「木」という表現には、それだけではない、ヘブル語聖書（旧約聖書）時代からの影響があったようです。そのヒントが次の表現すなわち譬え話の結びにあります。そこに注意を向けてみましょう。

4.　その枝々に鳥たちが「宿る」

結びの言葉も福音書によって色々に異なります。マルコ版では、「大きな枝々を作り、その陰の下に空の鳥たちが宿ることが出来るようになる」です。からし種は灌木ですから高さが 3 メートルほどの大きな藪に成りますが「大きな枝々」は作りません。この表現も、大きくなることをマルコ版が強調したかったからでしょう。

ルカ版では、「空の鳥たちが宿った、その枝々の中に」です。マタイ版では、「空の鳥たちがやって来て宿る、その枝々の中に」です。トマス版では、「空の鳥たちのシェルターになる」です。[21]

日陰を作る枝々の中に鳥たちが宿るという描写は、ヘブル語聖書の描写を想起させるものです（例：詩 104:16-17、エゼキエル 17:23; 31:6、ダニエル 4:10-12）。これらの箇所で描かれているのは、高さが 30 メートルにも

神の力を前提していると言えるでしょう。

20　Scott, *Hear Then the Parable*, 396.

21　からしの大きな藪に鳥たちは日陰を求めて寄り集まり休みます。巣を作って宿るかどうかは学者たちの間で意見が分かれています。ここの「宿る」(kataskēnoō) は、「巣を作る」「宿る」という意味も、「休む」「シェルター（避難所）にする」という意味も、あります。トマス版の「シェルターになる」は、現存コプト語でギリシャ語の「skepē」に当たる言葉が使われており、これは「シェルター」と「日陰」の両方の意味があるとのことです（Scott, *Hear Then the Parable*, 377）。ですから、「巣を作る」「宿る」という意味と共に、日本語の「雨宿り」のような、「身を寄せる」「シェルターにする」「休む」「憩う」のような意味が強いのではないかと考えられます。

第 3 章 からし種　85

及ぶような巨大なヒマラヤ杉です。威風堂々として気高く偉大な木で、その枝々の陰にあらゆる鳥たちが宿ります。これらは、巨大な王または王国が諸国・諸民族を保護下に置くというメタファー（隠喩）として語られました。

　　主の木々、主の植えられたレバノン杉は豊かに育ち　そこに鳥は巣をかける（詩 104:16-17a）。

　　（レバノン杉は）枝を伸ばし、実をつけ、うっそうとしたレバノン杉となり、あらゆる鳥がそのもとに宿り、翼のあるものはすべてその枝の陰に住むようになる（エゼキエル 17:23）。

　このようなイメージのゆえに、福音書著者たちは、からし種という極めて小さなものから始まっても、その小ささとは対照的に、偉大な神の国にふさわしく大きく成長して鳥たちが宿るようになるということを表現したかったのでしょう。それはまさにヘブル語聖書に度重ねて表現されて来た、気高いヒマラヤ杉に結び付けられるイメージなので、からし種が成長して「木」になる話に変えられてしまったと思われます。

　ですから、オリジナル版（に近い形）では、「からし種が成長して、その枝々に空の鳥たちが寄り集まることができるようになる」というような話で、そのイメージはヒマラヤ杉の巨木とはかけ離れたものであったことでしょう。[22]

22　上村静は、イエスの同時代の人々は「神の支配」を壮大な宇宙規模の出来事としてイメージしていた。しかしイエスは、神の支配はすでに現実の日常生活の中に立ち現れていると、神への信頼を語ったのだと述べています（上村静『宗教の倒錯』199）。
　ヘブル語聖書時代のヒマラヤ杉は、遠いレバノンから輸入され、王宮などの豪華な建築に用いられました（例：列王上 9:10-11）。一方、身近な畑のからしの灌木は、小鳥たちのつましいシェルターになります。福音書著者たちは、神の国を前者のよ

つまり、偉大な神の国を語るには余りにも小さなからし種で話が始まり、どこにでもある身近な藪になり、その陰に小さな鳥たちが集まるという、結局最後まで「偉大」とはかけ離れたイメージで譬え話は終わるのです。

「何これ？　神の国ってそんなに貧弱なもの？」聴衆は期待外れでガッカリしてしまったでしょうか？

それとも、イエスが語るそんなみすぼらしい神の国イメージに、思わず苦笑してしまったでしょうか？

それとも、巨大な帝国を思わせる立派なヒマラヤ杉をパロディ化してしまった、藪のような神の国のイメージに大笑いして、「そっちがいいな！」と喜んだでしょうか？[23]

Ⅴ．思いめぐらし

1．ヒマラヤ杉の巨木か、からし種の灌木か？

福音書著者たちは、神の国をイメージするのに、たとえ始まりはちっぽけでも必ず大きく成長して高い山にそびえ立つ巨木になるというイメージを、描きたかったようです。確かにヒマラヤ杉の威風堂々とした姿、大きな鷲のような鳥から小さな鳥まで、種々の鳥たちが大きな枝々の陰に宿るイメージは、偉大な神の国の到来を願う人々には、ふさわしいものだったかも知れません。

うに想像したかったのでしょう。けれどもイエスの譬え話は神の国を後者のように想像させるものだったと思われます。王宮建築と森林破壊に関して：山口里子『新しい聖書の学び』22 注2。

23　「パロディ」(parody) は、ギリシャ語の「parōdia」に由来する言葉で、元の詩歌の形式を模倣した、ユーモア・風刺・批判を持つ「本歌取り」「替え歌」のようなものを意味しました。現代では、詩歌に限らず全ての芸術作品に用いられる表現です（参照：Wikipedia）。Scott は、イエスはパロディ・茶番で語ったと理解します（Scott, *Hear Then the Parable*, 386）。私もそう思います。憤りを持った批判と風刺で、からし種のようにピリッと辛い刺激の味を持つユーモアのある語りで、聴衆の中には大笑いして喜んだ人々がいたことでしょう。

けれども、そのようなヒマラヤ杉が述べられているヘブル語聖書のテキストは、必ずしもその姿を良しとしていません。先に引用した詩編の言葉だけは、神の恵み（の奇跡）を賛美するものです。しかしそれ以外は、イスラエル、エジプト、バビロン（の王たち）の傲慢に対する神の裁きが下されるという預言の文脈で語られています。

それらのテキストで、高い山にそびえ立ちその陰にあらゆる鳥たちが宿るヒマラヤ杉は大国の政治的な覇権のメタファーで、諸国民が保護下に置かれる、すなわち巨大な権力の支配下に従属させられることを示します。そのような権力構造を、神は「切り倒す」（エゼキエル 31:12、ダニエル 4:11）、「枯らす」（エゼキエル 17:24）と言うのです。

ですから、そこに既に「偉大な」神の国に対する人々の期待が不適切であることが暗示されているのではないでしょうか？

これに対して、からし種の譬え話で語られたのは、農民たちの畑の端か、家々の野菜畑の隅で育つ灌木、たとえ大きく成ってもどこにでもある身近な藪のイメージです。

とても小さな種なのに、どんな地でも、たとえ岩地でも、たくましく根を張り境界線を破って広がって時々嫌われ者になります。けれどもその種や藪には小さな鳥たちは引きつけられます。そしてちっぽけな藪でも根こそぎ取り除くことはできません。[24]

「神の国って、きっとこんなものだと思えない？」神の国が藪になって

24　この譬え話を通してゴスは、「クィア」（queer）を「境界線を越えるパラダイム（範例）」として、そこに意義を見出して生きることが出来ることを述べています（Robert Goss, "Luke"）。

「クィア」とは「変態」という意味で色々な性的少数者に対して侮蔑的に使われて来た言葉です。その否定的な言葉を自らのアイデンティティ（自己理解）として引き受けて、その位置から、何が「正しい」在り方で何が「変態」と言えるのかを、根本的に問いかける視点を持って生きる人々の自称として、この言葉は使われるようになりました（山口里子『虹は私たちの間に』29、『新しい聖書の学び』83）。参照：第5章注22。

終わった譬え話にびっくりしている聴衆に残されたのは、こんな問いではなかったでしょうか？[25]

2. 創造の秩序を守る？

　からし種を植える場所が細々と決められているのは、神の創造の聖なる秩序を守るためと言われます。その根拠として挙げられる代表的な聖書テキストは創世記1章にあります。

> 神は言われた。「地は草を芽生えさせよ。種を持つ草と、それぞれの種を持つ実をつける果樹を、地に芽生えさせよ。……それぞれの種を持つ草と、それぞれの種を持つ実をつける木を……。うごめく生き物をそれぞれに、また翼ある鳥をそれぞれに……。地はそれぞれの生き物を産み出せ。……それぞれに産み出せ。……それぞれの地の獣、それぞれの家畜、それぞれの土を這うものを造られた（創 1:11-12, 21, 24-25 抜粋）。

　このように日本語訳では「それぞれ」という言葉が繰り返されていますが、元のヘブル語では「それぞれの種になるように」（l+myn）というような意味の言葉で 10 回繰り返されています。そして毎回、神の言葉が事柄に成って、「神はこれを見て、良しとされた」という言葉が 3 回（創 1:12, 21, 25）繰り返されています。

　これを基に、異なる種類のものを混ぜてはならないという教えが作られ、異なるものが混ざり合うこと、境界線を守らないことは、「聖」の破壊、「不浄」に繋げて理解されたと言われます。しかし上述のテキストは、そのような教えを示していると限定できるでしょうか？

25　或る友人はこんなことを言いました。「汚れてるとか罪人だとか言われている農民に、逆にあなたがたがしたたかに生きて『手ごわい奴』として地主たちが手の施しようもないようにしよう！　と、檄を飛ばしたみたい」と。きっとそんな問いかけを「聴きとった」人々もいたかも知れないと思います。

確かに、古代の自然環境の厳しさの中で、境界線を守ることが共同体のサバイバル（生き残り）のために重要だった時代は、あったかも知れません。そのような状況で、創造物語の「それぞれ」という表現が、それぞれの境界線を守ることと解釈されることは十分にあり得たでしょう。

　しかし上述のテキストが、色々な「それぞれ」のいのちを神が創造し、一緒に並べあげて祝福するのであれば、それは必ずしも境界線の厳守（げんしゅ）の教えを示すとは限りません。むしろ異なる「それぞれ」を大切にする中で、多様性（たようせい）の共存（きょうぞん）の祝福、異なるものを排除（はいじょ）・遮断（しゃだん）しない包含（ほうがん）的な共同体を形成していく中に、神の創造の豊かさと祝福を見る解釈も出来るでしょう。

　そのような共同体形成の在り方は、「不浄」とされ「除（の）け者」にされたり嫌われ者にされた人々とこそ、イエスが積極的に仲間として交わったイメージ（マルコ 2:15、マタイ 11:19、ルカ 7:34）に、近いものではないでしょうか？[26]

　古代の人々が様々に語り合っていた創造物語の中にも、「それぞれ」の尊重と共存に神の祝福を見る知恵の種が蒔かれていたのではないでしょうか？　そしてイエスの周りに作られていった、様々に「不浄」な嫌われ者たちや除け者たちのゆるやかな共同体もまた、小さな「それぞれ」の尊重と共存に、神の国のヴィジョンを見ていたのではないでしょうか？

　歴史の経過の中で、人々は異なるものを排除する差別・暴力の悲劇の経験から色々なことを学んできました。そして、テクノロジーの発展によって自然環境も生活環境も変化してきました。今や、それぞれの種類の多様性を尊重しつつ、異なる種類が共存すること、そのような意味で境界線を越えて包含的な共同体を形成していくことが、地球の全てのいのちのサバ

26　歴史のイエスと最初期のイエス運動が、汚れた者としてさげすまれ除け者にされていた「徴税人」「罪人」「売春者」たちと「仲間」として交わっていたことは、広く認識されています（エリザベス・シュスラー・フィオレンツァ『彼女を記念して』199-201。山口里子『新しい聖書の学び』124-134、『いのちの糧の分かち合い』24-36）。

90

イバルのために重要な時代に、私たちは生きていると思います。[27]

3. からし種のからさと癒しの力

からし種の譬え話は、福音書に見られる「小→大」の成長に注意が向けられて来ました。けれども先に見たように、紀元1～2世紀に既にプリニウスやクレメンスが、からし種の医療的な力や癒しの力にも注意を向けています。それを忘れられたままにしておくのは、「もったいない」でしょう。

ただし、単に「小→大」なら、からし種である必要はありませんし、単に医療的な力でも、からし種である必要はありません。むしろ、ピリッと

27　「**境界線を越えて包含的な共同体を形成する**」という言葉は、人々の立ち位置・経験によって、様々な印象・解釈を招くと思われます。特に、伝統的に「和」の文化が尊ばれてきた日本社会では、妥協による「同化」「同調」を肯定して「違い」「異論」を否定する傾向が強くあります。このため「境界線を越える」という表現が「境界線の解消」と同じように受け取られ易いのかも知れません。しかし私はそのような意味で「境界線を越える」という表現を使いません。人々の間にある違いや多様性を尊重し合うことが、まず大切だと考えます。

更に、個々の境界線に注意を向けて、それはどのようにして作られたのか、どのような影響をもたらすことになってきたのかを、批判的に吟味することが大切だと思います。境界線は多くの場合、「**分断支配**」（Divide & Control）という言葉に象徴されるように、支配の手段として人々を分断するように、権力者たちによって作られて来たからです。そして、社会的強者（大勢）の視点から弱者（少数者）が定義づけされ否定・差別・排除される形で形成・再生産されて来たからです。

このような問題を踏まえて、境界線を再定義・再認識することが必要になる場合も少なくないでしょう。私はこの思いを込めて、緩やかで柔軟性のある「包含的な共同体」の形成という表現を使います。

種々の「分断支配」に抵抗して行動する友人たちの間から、こんな言葉が聞かれました。「声を挙げても体を張っても、どこ吹く風の社会。ヘイトの言葉の数々。分断され諦めて声を挙げない人々も。その中で一筋の希望を感じられるのは、連帯・繋がりを結ぶ努力をしている人々がいると知らされるとき」。「出る杭は打たれます。声を挙げ続けて行動していくことの難しさを痛感。したたかに出来ない状況に置かれている時もあります。自分も誰かを踏みつけていないのか？　希望は何？　一緒に模索し続ける仲間がいること。一緒に喜べる仲間がいること。だから生きられるのだと実感します」。

からい刺激を持つと共に、やっかいなものと見なされた、からし種の癒しの力に、私たちは注意を向けたいと思います。

からし種の藪は、空の鳥たちにご馳走とシェルターを提供しました。そして鳥たちが集まり、糞を落とすと、それが畑の土にとっても良かったと言われます。

その小さなからし種が、人間の体にとっては、刺激的なからい味を持つからこそと思われる様々な治癒力があるようです。更にそのからさは、体に良い刺激になると共に、私たちの意識にもからい刺激を与えます。

どこにでもある身近なシェルターの癒しの貴重さ、そして極小でやっかい者で嫌われ者の内にある潜在力は、素晴らしく豊かです。このように、小さなからし種1つにも自然界の驚くべきエコシステムが反映されています。[28]

からし種の譬え話で、1世紀のガリラヤ農民たちは、自分たちが何となく期待していた「神の国」の理解に対してチャレンジ（挑戦）を受けたことでしょう。それと同様にこの譬え話は、21世紀の私たちが持つ「神の国」ヴィジョンの内実を、改めて見直すチャレンジになるのではないでしょうか？

神の国をどう思い描くのか、神の祝福をどう思い描くのか、どのような未来へのヴィジョンを持って、今を生きるのか、この譬え話はそのような問いかけを残しているように思えます。あなたはどのような思いめぐらしをなさるでしょうか？

28　Wainwright, "Seed, Soil and Sower."

第4章　断られた食事会

（ルカ 14:16b-23）[1]

Ⅰ．テキスト

(16) （彼は）そこで彼に言った。或る人が大きな食事会を行なおうとしていた。それで多く（の人々）を呼んだ。(17) そして食事の時間に、彼のその奴隷を、（彼は）使わした。（すでに）呼ばれていた人々に、「おいでください、今や用意ができています」と言うように。(18) しかし、皆一つ（の声）で、（彼らは）言いわけすることを始めた。最初の者は彼に言った。「土地を（私は）買いました。それで、それを（私は）行って見ることをしなければなりません。あなたに（私は）お願いします。どうぞ私を失礼させてください」。(19) そして別の（人）が言った。「牛を5対（私は）買いました。それでそれらを調べるために（私は）出かけます。あなたに（私は）お願いします。どうぞ私を失礼させてください」。(20) そして別の（人）が言った。「妻と（私は）結婚しました。それで、このゆえに（私は）行くことが出来ません」。(21) そして奴隷は来て、彼の主人にこれらを伝えた。そこで家の主人は怒って彼のその奴隷に言った。「すばやく（あなたは）出ていきなさい、広道へ、そして町の路地へ。そして、貧しい人々、肢体が損傷している人々、目の見えない人々、足の不自由な人々を、ここに（あなたは）連れて来なさい」。(22) そして奴隷が言った。「ご主人さま、（あなたが）命じたことが成りました。そしてまだ場所があります」。(23) そして主人はその奴隷に対して言った。「（あなたは）出ていきなさい、道へ、そして石垣へ。そして、入ってくることを（あなたは）強いなさい。私の家が（人々で）満たされるように」。(24) だから、あなたがたに（私は）言う。呼ばれていたあの男たちの誰も、私の食事を味わわないだろう。[2]

1　この章は以下を土台に編集しました：日本フェミニスト神学・宣教センター2016年9月定例セミナー「断られた食事会の譬え話」（『日本フェミニスト神学・宣教センター通信』101号, 1-19）。

2　テキストで「彼」と訳している言葉は、性別を特定しないことについて参照：「はじめに」。

Ⅱ．これまでの解釈

　この譬え話も寓喩的に解釈されて、権力を持つ「主人」が神と解釈されました。「主人」から派遣された「奴隷」は神から使わされたイエス・キリストということです。

　聖書にはヘブル語聖書の時代以来、神の祝福が神の宴会として表現されることが度々あり（例：イザヤ 25:6、黙 3:20）、その宴会に招かれて入ることは神の国（basileia 神の統治・領域）に入ることという理解がありました。それで最初に招かれていた人々はユダヤ人と解釈されました。最初の人々が拒絶した後で、この譬え話では「奴隷」は 2 回派遣されています。そこで、1 回目は周縁化されたユダヤ人、2 回目は異邦人が招かれたと、伝統的に解釈されてきました。

　また、近代になってからは、先に招かれていた西洋白人キリスト者たちが世俗の事柄を優先させて神の国への招きに応じず、後から招かれた白人以外の人々が神の国に入ることになるかも知れない、というような警告としての解釈もされてきました。[3]

Ⅲ．オリジナル版に近い形で「聞く」ための考察

　この譬え話は、ルカ福音書、マタイ福音書、外典の「トマス福音書」にあります。ルカ版（14:16-24）とトマス版（64）は似ていますが、マタイ版（22:1-14）は大きく異なっており、マタイが大幅な編集を行なったと考えられます。[4]

3　ハンター『イエスの譬・その解釈』43-45, 86-87。フェンザック『イエスのたとえ話講解』69。Barbara E. Reid, *Parables for Preachers*, C.316. Willard M. Swartley, "Unexpected Banquet People."

4　この譬え話はマタイとルカが共通に資料として使った「Q 福音書」にあったと考えられますが、マタイ版が非常に異なるので、別々の資料を使ったと考える学者もいます。マタイ版では、譬え話本体（2:2-10）がマタイの救済史の寓喩にされています。王（神）は息子（イエス・キリスト）のために婚宴（神の国におけるメシア的大宴会）を用意して、ゲストたち（イスラエル）を招きます。ところが彼等は

ルカ版もトマス版も、イエスの語り方の特徴である極端な状況が示されています。そして招きを3度も重ねて直接話法で言うなど、口頭伝承の特徴も残されています。それでオリジナル版が保持されていると考えられます。ただし両方とも編集の手が入れられています。

「食事会」に関する表現では、トマス版とルカ版の「デイプノン」（deipnon）がオリジナルだと考えられます。これは1日の中心となる食事を指す言葉です。「宴会」という意味でも使われましたが、「夕食」「ディナー」「食事会」という意味が基本です。ルカ版はこの言葉に「大きな」（mega）という言葉を加え、マタイ版は「婚宴」に変えました。[5]

トマス版はゲストの言いわけを4つに増やしており、その言いわけも商売との結びつきを強めています。これは、商業活動に否定的で実業家や商人を否定するトマスの特徴を表わすと言われます。また、結婚に関する言いわけは、本人のものではなく友人の結婚に変えています。これも、結婚に否定的なトマスの傾向を反映していると言われます。[6]

神から遣わされた奴隷たち（預言者たち）を殺します（オリジナル版では「奴隷」は単数形でしたが、「預言者たち」として解釈するためにマタイ福音書では複数形に変更されています）。更に、婚宴にふさわしくない服装の人（キリスト教共同体に入ったけれども、ふさわしくない人）を追放します。この話は、紀元70年のエルサレム崩壊を回顧し、マタイ共同体の状況を反映した話に変えられており、編集の手が入っていないオリジナルな部分はほとんど無いと、考えられています（例：Jesus Seminar, *The Parables of Jesus*, 43）。

「トマス福音書」について：第2章注3。「Q福音書」について：第3章注4。

5　古代のエリート男性たちの正式な晩餐会は、古代ギリシャ式のものがヘレニズム式になって広く取り入れられ、ユダヤ人たちも取り入れていた様式でした。そのような晩餐会は、「デイプノン」（食事自体）と「シンポジオン」（酒宴）の2部構成になっていました。「デイプノン」は基本的に食事自体を指しました。その後に続く「シンポジオン」は、文字通り「一緒に飲む」会で、音楽・ダンス・詩の朗読、語り部のストーリーテリングなどのエンターテインメントを楽しみながらの酒宴でした（山口里子『マルタとマリア』58）。

6　Scott, *Hear Then the Parable*, 166. Jesus Seminar, *The Parables of Jesus*, 43. 荒井献『トマス福音書』。Hultgren, *The Parables of Jesus*, 336. クロッサンは、トマスの「商人」否定の背後にはゼカリヤ14:21が暗示されているかも知れないと

ルカ版は、最初に招いていたゲストの代わりとして人々を招くように奴隷を送り出す時に、貧しい人々と障碍を負う人々への関心を示しています（14:21）。更に奴隷の派遣を2回に増やして、社会で最も周縁化された人々、最底辺の人々を含む、広く様々な人々が招き入れられることを強調しています（14:17, 23）。

1回目の派遣では、この譬え話のすぐ前にある、ルカの編集によるテキストの言葉「貧しい人々、肢体が損傷している人々、足の不自由な人々、目の見えない人々」（14:13）が順序は少し違いますが重ねて述べられています（14:21）。ですから1回目の派遣（14:21c-23a）のテキストが、ルカの加筆による編集部分であると考えられます。それと同時にルカは、拒否した人々を最終的に排除する宣言を結びに付け加えています。[7]

ルカは全体として、古い伝承をそのまま保持しつつ、福音書の文脈の中でその伝承の解釈を方向づけたり制約したりする編集の特徴があります。それがこの話でも見られます。[8]

以上の考察から、オリジナル版の言葉を正確に確定するのは困難ですが、オリジナル版の構造は再構築できるもので、この譬え話は歴史のイエス自身が語ったものであり、ルカ版がそれに近い形を保持していると、多くの学者たちが合意しています。[9]

そこで、ルカ福音書の文脈や編集枠組から外して、ルカの加筆部分を除いたルカ版テキスト（14:15-21b, 23b）に沿って、譬え話の分析・吟味を進めます。[10]

述べています（Crossan, *In Parables*, 71）。

7　こうしてルカは、ルカの「救済史」理解と「パルーシア（キリストの再来）遅延」のテーマを合わせて、メシア的宴会を断るファリサイ派を排除するように編集しています。Jesus Seminar, *The Parables of Jesus*, 43. Scott, *Hear Then the Parable*, 164-165. エレミアス『イエスの譬え』64。

8　例：Scott, *Hear Then the Parable*, 163.

9　Jesus Seminar, *The Parables of Jesus*, 43. Scott, *Hear Then the Parable*, 166.

10　編集枠組から外して解釈することについて：「はじめに」注5。

Ⅳ．テキスト分析

1．食事会への断わり

　譬え話の始めに述べられる言葉は「或る人」(anthrōpos tis) です。性別が限定されない「人」です。聖書に入れられているイエスの譬え話は、登場人物が圧倒的に「男性」のイメージです。この話もそうなのですが、実は、話の中にも背後にも「女性たち」がいます。そのことにも思いを馳せながら、譬え話を聞いていきましょう。[11]

　或る人が食事会を行なうことにして、多くの人々を招きました。「食事会」に使われている言葉「デイプノン」(deipnon) は、先に述べたように１日の中心になる食事、たいがいは夕食を指す言葉です。「大きな」(mega) はルカが挿入した言葉ですが、多くの人々を招いたので、大きな食事会だと考えられます。

　宴会は、都市エリート層が折々に開き、基本的には同じ身分の人々の間で互いに返礼し合って社会的身分とネットワークを強化する、政治的な道具になっていました。このことはまた、宴会の招待、席の配置、料理の内容などで、特定の人を高め、特定の人を辱める道具にも使われました（例：ルカ 14:7-10）。この譬え話にもそのような状況が反映されています。[12]

　食事の用意が全て出来上がった時に、その人は１人の奴隷をゲストたちの所に知らせに行かせます。ここで「ゲスト」に対して使われている表現は、「呼ぶ」(kaleō) の過去完了分詞形に定冠詞が付けられており、「す

11　「人」について参照：「はじめに」、第１章Ⅳ．1。

12　宴会では、人々は「座る」のではく、左ひじをついて「横たわる」姿勢で食事をしました。農民は床の上に横たわりましたが、富と身分のある人の家ではテーブルとカウチ（長椅子）を使いました（例：Kenneth E. Bailey, *Through Peasant Eyes*, 88）。この譬え話ではこれについては何も述べられていませんが、コの字型に置かれた低いテーブルを囲みカウチに横たわっている食事を人々は想像したかもしれません（マタイ 15:27、マルコ 7:28、ルカ 7:36; 16:21; 22:21）。

でに呼ばれていた人々」すなわち「事前に招待してあった人々」の意味です。

　ここで語られていることは、中東の古代からの伝統的な習慣である「2重の招待」を反映していると言われます（例：エステル 5:8; 6:14）。つまり、食事会を開く時にはゲストに招く人々に前もって使いを送ります。そこで食事会への招待を知らせて、承諾を受け取ります。そのうえで招待者は、出席するゲストの人数に合わせて、食事の内容と量などを決めます。[13]

　例えば、ゲストが2〜4人なら鶏、5〜8人なら鴨、10〜15人なら子ヤギ、15〜35人なら羊、35〜75人なら仔牛、という具合です。いざ準備が始まると途中でやめることは出来ません。動物が屠られ、作られた料理はその晩に食べられなければなりません。言うまでもなく冷蔵庫も冷凍庫も無い時代です！　招待を承諾した客は道義的に来る義務があります。

　食事の用意が全て出来上がると、「或る人」は使いを送り出して伝統的なメッセージを伝えます。「おいでください、全てが用意されています」。ですから、この譬え話の2重招待の詳細はすべて伝統に沿っています。

　ところが、ここで予想しないことが起きます。食事会に出席すると承諾していたゲストたちが「皆一致して」ドタキャン、つまり土壇場になってキャンセルしたのです。[14]

　「皆一致して」は「皆が一つ（の声）で」（apo mias pantes）です。皆が一緒に参加するか、皆が一緒に欠席するか、一致した言動を表わす時のア

13　Bailey, *Through Peasant Eyes*, 94-95. Scott, *Hear Then the Parable*, 169. Hultgren, *The Parables of Jesus*, 332. フェンザック『イエスのたとえ話講解』64。

14　「ドタキャン」つまり、前もって約束していたことを、寸前になってキャンセルすることを表現するこの言葉を使うことに、私は慣れていました。それで、最初は「食事会へのドタキャン」という小見出しを使いました。ところが、現代の若い人々にはこれが通じないようです。この譬え話をした時に会場の1人は、「ドタキャン」を「原語のギリシャ語かと思った」そうでした！

ラム語の名残りがある表現だと言われます。[15]

　前もって約束していた大きな食事会へのドタキャンは、どんな時にも、どんな文化でも、良くないことですが、皆でドタキャンするのは、中東では食事会の主催者に対する侮辱行為です。ゲストたちが皆で一つになって、つまり皆で共謀して決めた一致行動でドタキャンしたのであれば、それは最大限の侮辱とも言えるでしょう。

2.　断わりの言いわけ

　断わりの言いわけは、ゲストたちが土地や牛を買い足すような、広い土地を所有する富裕な人々であることを示します。それと同時に、その言いわけは誰にでも分かる真っ赤なウソです。[16]

　１人目は、「農地」（agros 農地・畑）を買ったのでそれを見に出かけていかなければならないと言います。その土地に「出て行く」（ex-erkomai）は、町の外へ出て行くという意味があります。「〜しなければならない」は文字通りには「〜する必要を持つ」という表現です。しかし中東で農地を買う時は、事前に長い期間をかけて詳細に調べます。

　その土地にある石垣、木、小道、井戸、泉、年間雨量など、全て購入交渉の前に調べ、それらの詳細は注意深く契約に含まれます。その土地の歴代の所有者名もその詳細に含まれます。ですから購入には長い複雑なプロセスが必要で、数年以上の時がかかることもありました。農地はそれほど貴重なものだったからです。土地を買ってから見に行ったり調べに行ったりすることなど、誰もしません。

　更に、食事会はその日の仕事が終わってから夕方始まります。言いわけによれば、「私はそれ（農地）を見に（町の外に）出かけなければならない」とのことです。一体誰が、もうすぐ暗くなる時間に町の外に出かけようとするでしょうか？　暗い道でどこに追いはぎが潜んでいるか分かりません

15　Reid, *Parables for Preachers*, C.311. Brad H. Young, *Jesus and His Jewish Parables*, 174.

16　Bailey, *Through Peasant Eyes*, 96-100. Scott, *Hear Then the Parable*, 171.

し、危険すぎます。もし出かけるなら翌朝のはずです。ですから、この言いわけは明らかに誰でも分かるウソで、ゲストは主人をまさに侮辱しているのです。

2人目の言いわけは、5対の牛を買ったので調べなければならないということです。牛を10頭も買うのであれば誰でも購入の前に念入りに調べます。買った後で調べるなんてことはしません。

そのうえ、1人目のゲストは出かける必要があるという言い訳でしたから、まだ行動を起こしていません。ところが2人目のゲストは、調べるために「行く」（poreuomai）を、現在形の動詞で言っています。これから行くという意図ではなく、もう既に行動を起こしていることを示す表現です。こうして2人目の言いわけは、1人目の言いわけより侮辱度が増しています。[17]

3人目のゲストは、結婚したから行けないと言います。しかし結婚式はずっと前から決められていたはずです。前もって食事会に招待された時に辞退（じたい）するべきでした。それに、結婚式は当日ではなかったはずです。もしも知人の婚礼（こんれい）があるならば、誰も同じ日に別の食事会を計画したりしません。更に、もしも婚礼がごく最近だったとしても、食事会に出て家を留守にするのは数時間で、夜には帰宅します。結婚したなんていうことは食事会に来られない言いわけにはなりません。

そして3人目の人は一層侮辱度を増しています。1人目と2人目の人は、言いわけの後で「あなたにお願いします。私を失礼させてください」という、許しを願う表現を添えています。ところが3人目の人は、その言葉もありません。「結婚したから行けない」と言うだけです。許しを願うことさえしていません。

17　更に、当時の文化では、土地は「聖」であり、動物は「不浄」であると見なされていたので、このゲストは不浄な物が招待者との関係よりも大切だと暗示していることになるとも言われます（Bailey, *Through Peasant Eyes*, 98）。

さて、３人目の「言いわけ」に関して、新婚の夫は１年間兵役義務を免れるという申命記の言葉が暗示されている、という指摘があります。当然ながら、１年間の兵役とせいぜい数時間の食事会では、状況が全く異なります。けれども３人全部の言いわけを合わせて見ると、これらの背後には申命記の暗示があるのではないかと思わせられます。

申命記には、兵役免除の条件が４つ挙げられています（申20:1-9）。①新しく家を建てて奉献式を済ませていない者、②ぶどう園を作って最初の収穫を得ていない者、③婚約してまだ結婚していない者、④恐れて心ひるんでいる者、です。[18]

これを見ると、譬え話の３人の内２人の言いわけは兵役免除条件が暗示されているとも言えるでしょう。つまり農地を買った者は②と、結婚したばかりの者は③と、同じではなくても関連を感じさせるものです。

トマス福音書では、言いわけをするゲストが１人増やされて４人になっていますが、増やされた人の言いわけは新しく家を買ったということです。ですから４人の内３人は兵役免除条件が暗示されていることになります。

こうしてみると、先に招待されていたゲストたちは共謀して断わりを考え、その言いわけさえも面白がって申命記の兵役免除の条件をもじって使うことにしたのかも知れません。１人目と２人目のゲストが言いわけの最後に述べるお詫びの言葉は、慇懃無礼な態度だと受け取ることもできます。

こうして、家の主人は食事会に招待しておいたゲスト全員から、まさに見えすいた真っ赤なウソの言いわけで断られたのです。送り返されてきた

18　ここの兵役免除条件の④は「いいね！」と私は思いました。皆がこれを使ったら、戦争は成立しないでしょうから。

　ただし、「恐れる」ことを禁じる命令は、イスラエルの侵略・略奪による土地取得の戦争への言及で繰り返し述べられており（例：申 7:21; 20:3; 31:6、ヨシュア 1:9）、恐れることは神の戦いへの不服従とされているようです（渡邊さゆりさんの個人的交信から）。聖書の中のこういう教えが、戦争の正当化に利用されて来たと言えます。聖書を批判的に読んで、たとえ「神への不服従」と書かれていようと「恐れて心ひるむ」決断をする勇気が必要と思います。

第4章　断られた食事会　101

奴隷の背後から、共謀したゲストたちの、バカにした薄笑い、あるいは大笑いさえ聞こえて来そうな状況です。

　ゲストたちから主人へのメッセージは、つまりこういうことです。「あなたは私たちを食事会に招く仲間だと思っているかも知れませんが、私たちはそんなことは思っていませんよ」。この明白な拒絶のメッセージを、ゲストたちは誰にでも真っ赤なウソと分かるふざけた言いわけで、極めて侮辱的な態度で示したのです。

　ちなみに、招待されていたゲストは大勢なのに、断わりの言いわけは3人だけが語っています。これは、語り部の「3つ組」の法則で全体を語っているのです。ただ、通常3人目は先の2人とは異なる行動をとります（例：タラントの譬え話、サマリア人の譬え話）。それを聴衆は予想しているのに、パターンが壊されて3人目も同様に断ったという展開は驚きの展開であり、全員揃っての拒絶が強く印象づけられています。[19]

3.　拒絶された主人の行動

　聴衆は、侮辱され拒絶された主人が社会的侮辱で応酬して自分の名誉を回復することを期待したことでしょう。[20]

　そのような文化的な期待がある中で、この主人はどのような行動を取ったでしょうか？　この主人は、奴隷を送り出して、路上で見つけた人々を誰でもかまわず家に招き入れて、その人々に食事会のご馳走を提供するようにします。

　先に述べたように、奴隷を送り出すのはルカ版では2回ですが、オリジナル版では1回で、ルカ版の1回目はルカによる加筆と思われます。そこで、2回目に主人が奴隷に言う言葉（14:23b）を見ていきましょう。

　まずは「出て行きなさい、道へ、そして石垣へ」という言葉です。「道」

19　Scott, *Hear Then the Parable*, 170. Hultgren, *The Parables of Jesus*, 336.

20　Scott, *Hear Then the Parable*, 168.

すなわち「ホドス」(hodos) は、一般的に道路を指して使われる言葉で、村や町の外に出て行く道でもあります。[21]

　当時のほとんどの道は舗装されておらず、町の中では狭くてゴミだらけ。人々で混み合うだけでなく、食べ物をあさる動物もいました。そして道の細い窪みには排水だけでなく排泄物も流れていました。そのような路上に居る人々の多くは、町の壁のすぐ外側に住む人々も含めて、社会の除け者、乞食、障碍者、娼婦などを含む、貧しくさげすまれていた人々です。[22]

　「石垣」と訳した言葉「フラグモス」(phragmos) は、垣、垣根、生垣、石垣、仕切り、隔壁などを指し、その側道の意味でも使われる言葉です。大きなぶどう園や金持ちの邸宅の周りなどに作られる「垣」や「隔壁」に沿う側道です（マタイ 12:1 ぶどう園の周囲を巡らす「垣」）。

　そのような所にいつも居る人々は、仕事を求めて集まる日雇い労働者、路上生活者、乞食などです。また、町を取り囲む隔壁は、昼は町の中で働いても夜は町の門から外に出た所でしか住むことが出来なくされた、下層の人々を町から締め出す隔壁です。

　ですから主人が自分の家に連れてくるように奴隷に言ったのは、社会の下層や最下層で生きざるを得なくされた人々です。「ホドス」も「フラグモス」も複数形が使われていますから、主人は、奴隷が町の中のあちこちの道や小道、あちこちの色々な隔壁の側道に出て行くようにさせたのです。[23]

　ここで主人は、自分の家に「入ってくることを強いなさい」という表現をしています。なぜでしょうか？　当時の社会は、強固な身分社会です。

21　この言葉は、旅路、そして人生の歩み、生き方の「道」にも使われます。「出エジプト記」の英語「エクソダス」(Exodus 脱出← ex-hodos 道を出る）は、この「道」(hodos) に由来します。また、イエス（の生き方）に従った人々は、早い時期に「その道の人」と呼ばれました（使 9:2. cf. 18:25,26; 19:9,23; 24:22）。

22　Rohrbaugh, "Pre-Industrial City."

23　Rohrbaugh, "Pre-Industrial City."

第 4 章　断られた食事会　103

それも、中間層がほとんどいない、上層と下層に大きな隔たりが作られた
社会構造です。[24]

　こうして、身分の違いで人々が住む所も明確に分けられている社会で、
最下層の人々が金持ちの豪華な邸宅の中に入るのを遠慮したり、ものおじ
して入るのをしぶったりすることは、十分に想像できることでした。

　ですからこの主人の言葉には、グズグズする人々をせきたてて無理やり
にでも強いてドンドン家の中に入れなさい、という意味合いがあります。
そしてそれは、もう既に食事の用意が出来上がっている「私の家」が、そ
ういう貧しい人々によって「満たされるように」するためです。

　こうして、この人の家はいわば「招かれざる客」と言われるような人々、
金持ちの邸宅にはそぐわない、ボロボロの服の人々でいっぱいになったこ
とでしょう。そして集められた人々は、思いがけないご馳走を大喜びで食
べて飲んで笑っておしゃべりすることになったでしょう。貧しく腹ペコの
人々の笑い声があちこちで起きる賑やかな食事会、そんな想像をかきたて
て譬え話は終わります。[25]

　さて、この譬え話でイエスは何を伝えようとしたのでしょうか？　聴衆
はどんなメッセージを聞いたのでしょうか？

V．思いめぐらし

1. バル・マヤンの話

　譬え話の終わりで想像される光景は、「バル・マヤンの話」として知ら
れる話の食事会の場面に重なると、学者たちが指摘しています。「バル・
マヤンの話」は、およそ次のようなものです。[26]

24　山口雅弘『イエス誕生の夜明け』173。山口里子『新しい聖書の学び』106。

25　現代日本社会に住む人々の間では、「ゲストが食べなかったので誰でも良いから
　食べるようににと提供された食べ物を、プライドを捨てて喜んで食べるだろうか？」
　という疑問が持たれ得るようです。しかしその点は、次に述べる「バル・マヤンの
　話」に見られるように、時代・文化の違いによる感覚の違いがあると思われます。

26　エレミアス『イエスの譬え』196-197, 202。Scott, *Hear Then the Parable*,

アシュケロンという所に 2 人の敬虔なユダヤ人男性が一緒に住んでいました。一緒に食べ、飲み、トーラー（律法全体）を学びました。その 2 人の内の 1 人が死にましたが、葬儀には誰も来ませんでした。

しかし、その町の徴税人バル・マヤンが死んだ時には、皆が仕事を休んで葬儀に来ました。徴税人バル・マヤンは生涯に 1 度だけ良いことをしたのです。それは、彼が宴会を開いた時のことです。

彼は前もって町のお偉いさんたちを招待していたのですが、当日になると誰 1 人来ませんでした。そこで彼は、ご馳走が無駄にならないように町の貧しい人々を招いてごちそうしたのです。それで、彼が死んだ時、人々は感謝のしるしに彼の葬儀に参列しました。金持ちたちに拒絶された宴会のご馳走であっても、それを貧しい人々に提供したことは、とても良いこととして認められていたのです。[27]

---

171. Young, *Jesus and His Jewish Parables*, 178.「バル・マヤンの話」は、「エルサレム・タルムード」に残されている古い話の 1 つとして知られています。タルムードについて：第 3 章注 10。

27　この話には、以下のような続きがあります：バル・マヤンの葬儀が立派に行なわれたのを見て、敬虔なユダヤ人の友人は嘆きました。すると彼は夢で、敬虔なユダヤ人とバル・マヤンの死後の運命を見ることが出来ました。先に死んだ敬虔なユダヤ人は、生前に良いことを多くして、間違いを犯したのは 1 回だけでした。彼は死後、美しい花園で散歩をしていました。しかし、生前に良いことをしたのは 1 回だけだったバル・マヤンは、川の水辺で水を飲もうと必死に舌を伸ばしているのですが、水には届かないのです。

この「バル・マヤンの話」は、エジプトの「シ・オシリス」（Si-Osiris）の話が基にあったユダヤ版だとも言われます。ただ、「シ・オシリス」の話に限らず、この世で人々に認められて裕福な生活をした人と、この世で人々に認められずに貧しい生活をした人が、死後、生前にどれだけ正しいことを行ない、どれだけ過ちを犯したかが天秤にかけられて、来世の生活で逆転されるという話は、民族を越えて色々あります。そして「バル・マヤンの話」も、そのような道徳的な教えの話の 1 つと言えるでしょう。そこでは、たとえ拒絶された宴会のご馳走であっても、無駄にせずに貧しい人々に提供したことは、この世の人々によってだけでなく、神によっても良いことであると認められています。

このような話と、福音書の「金持ちとラザロの話」（ルカ 16:19-31）の関連について：エレミアス『イエスの譬え』201-202。Scott, *Hear Then the Parable*, 141-

さて、「バル・マヤンの話」と、この食事会の話とは、どれだけ似ているでしょうか？　少なくとも２つの点は共通しています。

①どちらも、前もって招待して承諾を得ていたゲストたちから、食事会の時になって完全に拒絶されました。

②どちらも、代わりに貧しい人など社会の底辺にいる人々を招いて食事を提供します。

このうち①の点については、ゲストが揃って拒絶した理由は、バル・マヤンの場合、想像がつきます。彼は徴税人でした。元々身分が高い富裕な家族の人間だったのではなく、むしろ汚い商売で金持ちになった「成り上がり者」というイメージが強くあります。

そうであれば、身分差別が非常に強い社会で、そんな彼がたとえ金持ちになって、身分の高い人々を食事会に招き、仲間入りさせてもらおうとしても、拒絶されてしまったということは、分からなくありません。[28]

159.

28　身分社会で、身分の高い人々が、身分の違いを越えて食事を共にすることに対してどれだけ拒絶的かということを示す、現代の１例があります。2014 年に、マララ・ユスフザイさんという少女と一緒にノーベル平和賞を受賞した、インド人のカイラシュ・サティヤルティさんの話です。彼は何度も投獄されながら、８万人以上の子どもたちを過酷な児童労働から救出し、国際的な連帯行動を起こして、ILO（国際労働機関）による児童労働禁止条約採択に導いた人権活動家です。

彼は身分の高い家の出身でしたが、或る時、インドのカースト制度に怒り、時代を変える前例を作ろうとして、或る企画を作りました。カースト制度に反対している地元の政治家たちを、カースト最下層の人々が用意する食事会に招くという企画です。この企画を聞いて、カースト最下層の不可触民の人々は、「考えが甘すぎる。あり得ない」と反対しました。しかしようやく説得できました。高い身分の地元の政治家たちを招くと、全員が承諾しました。そこで準備が進み、当日、女性３人、男性２人が食事を整えました。

食事会の午後７時には、全て新しい食器に食事が用意され、体に染みついた臭いを消すように何度も何度も体を洗って晴れ着を着た不可触民の人々が、マハトマ・ガンディー公園で客を待ちました。しかし誰も現れず、迎えに行くと、病気だの仕事で遅れるだの色々な言いわけを言われ、待ち続けてとうとう夜 10 時になりました。サティヤルティさんは、泣きながらその食事を食べ出しました。すると不可触民の女性が彼の肩をたたいて言いました。「私たちが作った食事をあなたが食べた。初め

けれども、イエスの譬え話の主人は、どのような身分や職業の人なのか、分かりません。最初に招待したのは富裕な人々でしたから、イエスの話を聞いていた聴衆は、この人も同様に富裕な人だと想像したことでしょう。

でも彼は、バル・マヤンのように「成り上がり者」だったから拒絶されたのでしょうか？ 或いは、彼はそれまで同等の「仲間」と見られていた人々から、何らかのことがきっかけになって、もはや仲間で居続けることは自分たちにとって利益にならないと判断されて、全員一致の共謀で拒絶されたのでしょうか？

イエスの譬え話は、拒絶の理由については説明なしで（つまり話の大事な要素とはしない語り方で）、聴衆の想像に任せています。しかしはっきりしているのは、バル・マヤンの話と同様に、ゲストたちは食事会に早くから招かれていて、承諾もしていたのに、結局、自分たちの意志で、応じないことにしたのです。

次に②の点についてですが、富裕な人々が村や町全体の貧しい人々に食事を提供すること自体は、想像できないことではありませんでした。

まず、ローマ皇帝は折々に「パンとサーカス」を民衆に提供しました。すなわち、パンや肉などの食事と、娯楽のための見世物とを提供しました。こうして皇帝は、いのちの必需品も人生の楽しみも恩恵として無償で与える、寛大でホスピタリティ（親切・厚遇・歓待・保護の精神と行為）に富ん

てのこと。私たちは勝ったのです」と。
　夜中の 12 時に彼は強い怒りと疲れを感じて帰宅しました。すると身分が高い長老たちが自宅に来ていて、母親が、自分たちの家族をカーストから追放しないように懇願していました。身分剥奪は最も厳しい社会制裁です。彼は、自分だけが制裁を受けて家族が受けないように願いました。結局、彼が家を出て身分放棄することで、なんとか家族は身分を維持できました。その時に彼はカースト身分を象徴する家の名字を捨てて新しい名字を作りました。それが「サティヤルティ」（「真理を探す人」の意味）です（TV. Super Presentation TED. 2015.10.7. Kailashi Satiyarthi, "How to Make Peace? Get Angry"：「いかにして平和を作るか？怒りなさい」）。
　紀元 1 世紀のガリラヤは同じ状況ではなかったでしょう。しかし、身分社会で身分の高い人が身分の非常に低い人と食事を共にすることが社会的自殺行為だったということは、このような実例からも想像できるのではないかと思います。

だ「国民の父」であることを示したのです。[29]

---

29 「**ホスピタリティ**」は、「見知らぬ人に対する厚遇」を基本にした広い意味を持ちます。ただ、現代の私たちが考える「親切」より複雑な面も含みます。すなわち、「厚遇で保護する」という行為から、それを提供する人が象徴的に「保護者＝主人」の立場になるという面もあります（山口里子『虹は私たちの間に』32-33, 37-40）。

「**パンとサーカス**」について：山口里子『いのちの糧の分かち合い』61-62。これは、貧窮していた多くの人々が、空腹を満たされ娯楽も与えられることで、喜び感謝したことは確かなようです。もちろん、中には喜ぶどころか反感や怒りを強めた人々も少なくなかったでしょう。「こんなことで恩恵だの寛大だの、ふざけるんじゃないよ！」と怒って、「恩恵」など拒絶した人々もいたでしょうし、怒りつつも餓死するよりは「恩恵」を受けることを選ばざるを得なかった人々もいたでしょう。けれども、このような「恩恵」に人々が慣らされていく社会は、結局は民衆を思考停止にさせてピラミッド社会を堅固にするものです。

これに関連して、私は現代の日本社会におけるメディアの役割を思わずにいられません。今の社会には未来のために根本的な所から取り組まなければならない深刻な課題が山積しています。しかしそれにも拘らず、例えばテレビ番組はニュース番組も含めて、問題から目を逸らさせて人々を思考停止に陥らせるようなものが多すぎると、痛感させられます。紀元1世紀と違って現代は、マスメディアとは異なるSNSの世界があります。これの悪用・情報操作に注意を向けつつ、意識的に活用して、いわば「思考停止促進情報」のようなものに操られないことが必須と思います。

更に、これに関連して私は、国家の情報操作に抵抗した「ウィキリークス」(Wikileaks)のエドワード・スノーデン（Edward Joseph Snowden 1983-）の言葉を思い起こします。彼は、NSA（アメリカ国家安全保障局）による違法で巨大な秘密監視機構の暗部を内部告発し、2013年9月にドイツで「内部告発者賞」が授与されました。表彰式の時には彼はロシアに亡命滞在中だったので代理者が声明を読み上げました。「内部告発という行為によって公益が生まれたことを認められ、大変光栄に思います。しかしもっと大きな褒賞や表彰に値するのは、言語や地理的な壁を打ち砕き、民衆の知る権利や我々のプライバシー価値を守るために一緒に立ち上がった世界中の無数の国々の人々や組織です。……しかし、私たちが今日まで辿ることになった道のりを思い起こせば……手放しで祝う気にはなれません。……権力に抵抗して真実を語ることにより、内部告発者は自らの自由、家族、あるいは国を失うことになります。……事実の探求や調査よりも脅迫や報復を優先させるとしたら、私たちは開かれた社会を謳歌することができるでしょうか？　……歴史の教訓を決して忘れてはなりません。……皆で力を合わせることで、これから続く世代の人々のために、安全と権利の両方を確保することが出来ます……」(Translators United for Peace, 2013.11)。

皇帝のこのような行為にならって、身分の高い人々、富裕な人々は、時々、町や村全体の貧しい人を招く食事会を開きました。このような行為は、身分の高い人々にとって名誉を増すことであり、貧しい人々から恩義を持たれて様々な感謝の奉仕を受けるきっかけ作りにもなります。[30]

　ですから、寛大さや、見知らぬ人への親切すなわちホスピタリティを尊重する伝統文化がある社会では、この主人が路上にいる貧窮者たちを誰でも構わず食事に招いた行動は、まさにホスピタリティの実践とみなされたでしょう。

　学者たちの中には、この主人の行動を、身分社会における自殺行為だと言う人々がいます。つまりこの主人は社会の最底辺にいるような人々を自分の家に招き入れて食事を共にしたので、この主人自身がそのような人々と同じ身分の仲間と見なされることになる、だから自殺行為だと言うのです。[31]

　確かに、一緒に食事をすることは同じ身分の仲間と見なされる行為です。だからこそイエスは、「徴税人」や「罪人」たちと一緒に食事することで非難されていたことが、福音書に書かれています（マルコ 2:5-16、マタイ 9:10-11; 11:19、ルカ 5:30; 7:34; 15:2）。

　しかしこの譬え話では、家の主人が路上から招き入れた人々と一緒に食事をしたかどうかは分かりません。想像できるのは、貧しい人々が主人に称賛と感謝の言葉を発しつつ大喜びでご馳走をいただいている、という

　話が、譬え話から脇道に大きく逸れてしまいました。けれども私は、権力が情報「操作」によって民衆を「思考停止」にさせて支配しようとする力、それに対して抵抗して真実を語る人々が直面させられる更なる大きな暴力という点では、時代・民族・地域を越えた共通するものがあると思います。まさに、歴史の教訓から、どのような知恵を分かち合って未来を拓いていくのかが問われているのではないでしょうか？

30　Schottroff, *The Parables of Jesus*, 40, 48, 53. 参照：山口里子『イエスの譬え話 1』102-103。

31　例：Scott, *Hear Then the Parable*, 172.

ことだけです。主人が一緒に食べたのかどうかは聴衆の想像に任されています。

　つまり、主人が貧しい人々に食事を提供しただけなら、善行として受け入れられます。しかしもし一緒に食事をしたなら、それは身分社会における自殺行為をしたということなのです。

　ただし、この主人が先に招待した人々全員一致で、非常に侮辱的な仕方で拒絶されたということは、この主人はもはや彼らの世界から排除されたということです。この意味において、主人が家に招き入れた貧しい人々と一緒に食べようと食べまいと、この人はそのような人々としか食事を一緒にできない状況に落とされたとも、言えます。

2.　知恵なる神の食事会への招き
　更にこの譬え話は、ガリラヤ民衆に、聖書に語られている神の食卓への招きを色々と思い起こさせたことでしょう。

　すべての人々が、主人の大きな家に招かれてご馳走にあずかるという光景は、イスラエルの古代から語られてきた、神による豊かな食卓への招きをも思い起こさせたと思われます。

　かなり古い詩の形でこのような招きのイメージが語られているものが、イザヤ書にあります。

　　万軍の主はこの山で祝宴を開き
　　すべての民に良い肉と古い酒を供される。
　　それは脂肪に富む良い肉とえり抜きの酒。
　　主はこの山で　**すべての民**の顔を包んでいた布と
　　すべての国を覆っていた布を滅ぼし
　　死を永久に滅ぼしてくださる。
　　主なる神は、**すべての顔**から涙をぬぐい
　　ご自分の民の恥を　地上からぬぐい去ってくださる。
　　これは主が語られたことである。

その日には、人は言う。

見よ、この方こそわたしたちの神。

わたしたちは待ち望んでいた。

この方がわたしたちを救ってくださる。

この方こそわたしたちが待ち望んでいた主。

その救いを祝って喜び躍ろう（イザヤ 25:6-9）。

　こうして、神が用意して与えてくださる食事は「神の国」を表わし、食事の席に着くことは永遠に「救われる」ことに結びついて行ったと考えられます。そしてここで忘れてならないのは、ここには「すべての民」「すべての民」「すべての国」「すべての顔」と、「すべて」が 4 回も繰り返されていることです。神が招く大きな開かれた食事の驚くべき包含性が示されています。[32]

　そして、これと同様の大きな包含性が、知恵なる神が招く食事のイメージにも明白に示されています。

　　知恵なる神は通りで呼びまわり、公共の広場で声をあげます。彼女はあ
　　ちこちの街角で叫び、町の門で語りかけます（箴 1:20-21. 私訳）。

32　例：Scott, *Hear Then the Parable*, 172. ここに思い描かれている、神が用意する宴会の大きな特徴である包含性が、その後の伝承では徐々にぼかされ失われていきます。エノクは「異邦人」を排除（1Enoch62:1-16）。クムラン教団は「異邦人、身体的に完全でない人、正しくない人」を排除（1QSa2:11-22）。ルカはそれを具体的に逆転させる表現を使っています。まず、イエスが宴会に招くべき人として「貧しい人々、肢体が損傷している人々、足の不自由な人々、目の見えない人々」を述べ（ルカ 14:13）、そのすぐ後にこの譬え話を述べる時に、ルカは奴隷の派遣を 2 回に増やして、その 1 回目にそれらの人々を招くように重ねて具体的に述べています（ルカ 14:21. cf. 4:18; 6:20-22; 7:22; 14:13、イザヤ 61:1-2）。ただしルカは、終末的な大宴会での包含性と共に、「外で歯ぎしりする」人々を述べる排他性も表わしています（cf. ルカ 13:29/ マタイ 8:11）。Bailey, *Through Peasant Eyes*, 89-91. Reid, *Parables for Preachers*, C.311-316. Hultgren, *The Parables of Jesus*, 336.

知恵なる神はご自分の家を建てました。彼女は 7 つの柱を据えました。
……
ワインを混ぜ、テーブルもセットしました。
知恵なる神はメッセンジャーとして女性たちを送り出しました。
町の一番高い所から、こう呼びかけるために。
「来て、私のパンを食べなさい。私が混ぜたワインを飲みなさい。未熟さを捨てて、生きなさい。
そして、知恵なる神の道を歩みなさい」（箴 9:1-3, 5-6. 私訳）。

　知恵なる神は、満足な食事も得られず労苦して疲れている人々に、自分のもとで憩いなさいと呼びかけ、罪人とされた人々を食事に招き、真実のいのちへの知恵をもって生きるように招く神です。
　この知恵なる神の食事への招きの伝承の特徴は、誰でも招く包含性に加えて、特に路上にいる人々、貧しく罪人とされた人々を、誰 1 人漏れなく招こうとする表現です。つまり低く小さくされた人々への特別な強い配慮を示す包含性の表現です。

　このような特徴は、例えば次のような点でも確認できます。先に述べたイザヤ書の預言や申命記の教えなどでは、神の前での集会で、贖罪を願い感謝を表わす立派な奉納がなされる慣習が思い描かれます（イザヤ 18:7; 60:4-7. cf. 申 26:1-11）。そういう伝承から想像されるのは、権力も富も持つ男性たちが前面に立つ形で、多くの人々がそれに続いて立ち、神の前で恐れ敬い、皆でひれ伏す、言わば当時の誰の目にも荘厳で立派な光景です。

　けれども、知恵なる神の食事への招きには、贖罪のための奉納など全く不要です。身分にも性別などにも関わりなく、労苦して疲れている人々がただやって来て、ご馳走を食べなさい、飲みなさいと、呼びかけられています。このような伝承から想像されるのは、権力も富も無い貧しい人々が、出身や職業にも性別や身体状況にも関わりなく混ざり合って思い描かれ

る光景、色々な背景や重荷を負う人々の間にほっと安心の笑顔が浮かぶ光景です。

　知恵なる神の食事への招きに見られるこの特徴のゆえに、ガリラヤ民衆がイエスの振舞いに接した時、つまりイエスが貧しい人々、徴税人、罪人とされた人々と一緒に食事をする姿に接した時に、人々は、イエスが知恵なる神から使わされた預言者だと理解したと考えられます。[33]

　知恵なる神は、食事の用意が出来たとき、路上の人々を招くように召使いの女性たちを送り出します。そして彼女自身も、通りで呼びまわり広場で呼びかけ、町の内と外を分ける隔壁の高い門の上から大きな声で呼びかけます。「みんな、食べにいらっしゃ〜い、おなかが空いている人、遠慮しないで食べにいらっしゃ〜い、私が用意した料理を食べにいらっしゃ〜い」と言っているような、温かい雰囲気があります。[34]

33　「知恵なる神」について：第2章注26。
　　私は、「貧しい人々、徴税人、罪人とされた人々」、社会の周縁や底辺で生きる人々が、みんな自動的に「良い人」だとは考えません。差別・抑圧の中で、屈折した人、自分も他人も信頼しない人、抑圧者の価値観を内面化させてしまった人、「どうにもならないダメな人」と思わざるを得ないような人など、色々な人々がいるでしょう。もしかしたらイエスは、人々のそういう面にこそ、差別・抑圧社会の大きな傷跡を見て、激しい憤りと共苦の思いを持ち、食事を一緒にして生きたのかも知れないと思います。参照：山口里子『イエスの譬え話1』第2章注6。

34　或る講座の参加者の中から、「温かいご飯は救いです」という応答がありました。ほんとにそうだなと思います。温かい飲み物や食べ物の差し入れや炊き出し……ホームレスにされた人々の所で、被災地で、難民キャンプで……。そして今あちこちで広がっている「子ども食堂」で。
　　このことは、「一緒に喜ぶ分かち合いの食事」を欠かせない「失くした羊」「失くした銀貨」の話にも繋がる面があるでしょう（山口里子『イエスの譬え話1』第7＆8章）。ただ、それらの章で、「当然そうする！」「当然のことが失われていないか？」というような表現を私が使ったことで、「『当たり前だよなあ』の呼びかけの怖さ」「当たり前を押し付けられてたまるか！」の声も聞かれました。全く同感です。そこでイエスの譬え話を改めて振り返ると、社会で「当然」とされてきたことへの根本的な問いかけ・挑戦と、何としても守ろうとすることとが、両方とも語られています。何をどう守り、何にどう抵抗するのか、常に問われているということなの

第 4 章　断られた食事会　113

　この知恵なる神の招きは、しかし代々の権力者たちから拒絶されてきました。こうした知恵なる神の伝承の一部は、イエス自身が語った言葉として福音書に書かれています。[35]

> 「私のところに来なさい。全て労苦し重荷を負っている人々よ、私はあなたがたに休息をあげましょう。私のくびきの荷は軽いからです」（マタイ 11:25-30 抜萃私訳。cf. 箴 3:13-18; 9:1-6、シラ 6:23-31; 51:23-26）。

> 「エルサレム、エルサレム、預言者たちを殺し自分たちに送られた人々に石を投げつける都よ！　めんどりが翼の下にひなたちを集めるように、何度、私はあなたの子どもたちを集めようと願ったことでしょう。それなのにあなたは聴こうとしなかったのです！」（マタイ 23:37 私訳、ルカ 13:34。cf. ルカ 7:35; 11:49）。

　ですから知恵なる神は、イスラエルの長い歴史を通して最初から全ての人々を招きましたが、代々の権力者たちから拒絶されてきました。それにも拘らず、あらゆる人々を自分の開かれた家に招き続けてきたのです。
　イエスの活動はどうだったでしょうか？　イエスはある程度金持ちの家での食事にも参加していたようです。ただ、彼自身は、最初から貧しく罪人とされた人々と一緒に食事をしました。
　これに対して、この譬え話の主人は、最初に招いた人々から拒絶された後で、路上の人々を自分の家での食事に招きました。それでも、当時の文化的背景を考えると、譬え話の主人の家の食卓には、貧しい人々の感謝と

でしょう。
　「温かい共食」の中で、互いの「欠け」を補いつつ知恵を寄せ合って考え、ゆるやかな繋がり合いの中で生きていけたら、困難な闘いが続く生活でも、勇気も希望も分かち合えるのではないでしょうか？

35　シュスラー・フィオレンツァ『彼女を記念して』207-213。Richard A. Horsley, *Jesus and Empire*, 91.

笑顔が溢れていたことでしょう。

3. イエスのコメディ？

　このように、様々に異なるイメージが少しずつ重なり合って思い起こされる譬え話で、イエスはガリラヤ民衆に、一体何を語ったのでしょうか？

　この譬え話は、バル・マヤンの話と同様に、最初に招いた身分の高い人々全員から断られて、食事会が惨めな失敗に終わってしまいそうになります。ところが状況は一転して、大勢の貧しい人々で家は一杯になって、大喜びの楽しい食事会として成功に終わったという雰囲気を持つ筋書きです。

　これは、典型的なコメディ（喜劇）の筋立てだと言われます。つまり、失敗に帰したかに見えた危機を乗り越えて、（家中ゲストでいっぱいの食事会にという）主人公の目的は達成された。予想された惨めな結末が逆転されて、家は賑やかな喜びと感謝に包まれたという筋立てのコメディです。そうです、当時の人々にはまさにコメディだったということです！[36]

36　「コメディ」（comedy: 喜劇）は、ギリシャ語の「kōmōidia」（催しで歌う人）に由来する言葉で、人を笑わせることを主体とした演劇・小作品などを指す言葉です。元来は「悲劇」（trajedy）の対照になる演劇です（参照：Wikipedia）。ついでに：「ジョーク」（joke）は、笑いを起こそうとするユーモラスな逸話・言葉です（参照：Wikipedia）。とは言え、これらの言葉の背景には様々な要素があり意味も多様なようですが、私はひとまず一般的な曖昧さの中でこれらの言葉を使います。参照：第3章注23。

　この譬え話の解釈では、招かれていたのに来なかった人々に注意が向けられて、警告のメッセージとして受け取るものが多くあります。しかし、「この譬え話には否定的な解釈より、神（の招き）は制限されないという肯定的な教えが合う……神の福音が中心にある」と言われます（例：Hultgren, *The Parables of Jesus*, 339-340）。「警告」や「脅し」より、肯定的なムードが強いという点では、私も同感です。この筋立てが典型的なコメディの筋立てで語られているということについて：川島重成『イエスの七つの譬え』85-86。

　実は私は、この譬え話がコメディだという見方に早い時期に接した時に、ほぼ無視して通り過ぎていました。そのような受けとめ方や発想が全く念頭になかったからでしょう。けれども今回、改めてこの譬え話に向かい合う中で、「あっ、そうだっ

この譬え話は、奴隷がゲストに言う言葉も、ゲストたちが次々に断る言葉も、家の主人の言葉も、直接話法で生き生きと語られています。聴衆は、劇を見ているような気分にされたことでしょう。

そして遂には、路上からゾロゾロと邸宅に引っぱり込まれてきた大勢の貧しい人々の姿や、よごれたボロボロの服を着た人々、「上層」の人々には眉をひそめられるような「マナーの悪い」人々でいっぱいになった立派なホールを、聴衆は想像したでしょう。

そんな食事会の場で、いっぱいのご馳走にありつけて貧しい人々の間に笑顔が広がっていく様子を想像して、ガリラヤの聴衆は、自分たちも連られて笑顔になり、ついにはゲラゲラ笑ってコメディの幕引きになったのではないでしょうか？

その後で、ふと、人々は思ったかも知れません。ていねいに招かれていたのに断った人々は誰？　その人々が皆断ったから貧しい人々が招かれたってこと？　じゃ、もし最初の人々が断らなかったら、貧しい人々は置き去りにされていたってこと？

でも、イエスの「食事会」はいつも始めから色んな貧しい人々の寄り集

たのか?!」と思い至った次第です。そうして思い返してみると、イエスの譬え話には、恐らく当時の聴衆にとって一服の清涼剤のようにちょこっとした笑いやほっとする光景が入れられている感じがします。

　笑いについて或る心理学者の言葉を聞いたことがあります。「人は絶望的な状況に居る時に、もし誰かと一緒に笑うことができたら、たとえそれがどんな小さなきっかけの笑いであっても、生きていける」と。記憶力の乏しい私は、それが誰の言葉か覚えていません。もしかしたら、これは正確な記憶ではなくて、私の心の片隅にそのような言葉で住みついたということかもしれません。けれど私は、これは本当だと思います。

　イエスの時代、ガリラヤの民衆は、暴力のスパイラルのような厳しい現実の中で苦闘して生活していました（cf. Richard A. Horsley, *Jesus and the Spiral of Violence*）。そんな中で民衆と共に生きたイエスは、笑いの大切さを実感していたのではないかと思います。

まり。それも、「金持ち」が「貧乏人」に提供する食事会ではなく、イエスが仲間として一緒に食べる食事会です。そのイエスは、人々から非難された時にこんなことを言っています。

> **力がある**（丈夫な）**人々は医者の必要を持たない。だが**（具合が）**悪い人々は**（必要を）**持つ。私が来たのは正しい人々ではなく罪人たちを呼ぶためだ**（マルコ 2:17ab/ ルカ 5:31-32a/ マタイ 9:12b, 13b. 私訳）。

> **しかし知恵なる神は、彼女の全ての子どもたちによって正しさが立証される**（ルカ 7:35. 私訳）。

　このように言うイエスは、自分を非難する人々を、本当に「正しい人々」だと思っているでしょうか？　そして、自分が一緒に食事をしたり話したりする人々を、本当に「罪人」だと思っているでしょうか？
　むしろイエスは、人々が「罪人」や「病人」だと決めつけて、あるいはそう思い込まされて、使っている表現を、使っているだけです。現代の私たちが一定の言葉を「　」付きで使うのと、似ています。
　人々が「罪人」という言葉を使うから、この言葉を使うけれど、そのことは、自分がそのように思っているということにはなりません。実際イエスは、人々が決めつけて使う言葉を使いつつ、その言葉の意味を根本的に問い直して逆転させたり、全く新しい発想に向かうきっかけにさせたりする、話し方をします。
　ここの箇所で言うならば、人々が或る人々を「丈夫な人」とか「正しい人」、「（具合の）悪い人」とか「罪人」と決めつけて言っているので、イエスもそのような言葉を使うけれども、人々の決めつけを受け入れているのではありません。むしろイエスの言葉は、決めつけ自体への問い直しを持っています。[37]

37　「罪人」の「**メタノイア**」について：イエスは、「罪人」を「**悔い改め**」させなけ

第4章　断られた食事会　117

　そうなると、この断られた食事会の譬え話では、最初に招かれていた人々も、後から呼びかけられて来た路上の人々も、人々が思い込んでいる表現や理解を使いつつ、実はそういう思い込み自体への問い直し、思い込まされたものの見方を覆させる発想を、持っているのではないでしょうか？

　これを踏まえて譬え話を「聴く」ようにすると、どうでしょう？　イエスの時代、貧しい農民の多くが、自分たちのような罪人は神の国に入れるのか、神が開かれる祝宴に入れていただけるのか、とても気になりながら、自信がありませんでした。そして、神の律法を正しく守り奉納を正しく行なう生き方をしている人々が真っ先に神に受け入れられる人々だと、思わせられていました。

　そのような多くの人々の「思い込み」を前提にして、この話は逆転のコ

ればならないと思っているでしょうか？　マルコの並行句ルカ 5:32 の終わりに「罪人たちをメタノイア（方向転換）させるため」という言葉を加えたのは、ルカです。イエスの言葉ではありません。他の幾つかの箇所でも同様です。確かに、イエス自身が「メタノイア」を述べたと考えられるテキストもあります（マルコ 1:14、マタイ 4:17）。しかし「メタノイア」は日本語では「悔い改め」と訳されていますが、それは適切な訳語とは言えません。「悔い改め」よりも「生き方の方向転換」と理解するほうが適切だと考えられます。

　ギリシャ語では「メタメロマイ」（metamemelomai ← meta+memelō: 個々の関心・配慮 [melei] を変える）が「心を入れ変える・悔いる」に近い表現です。それに対して「メタノイア」（metanoia ← metanoō ← meta+nous: 考え方の根本 [nous] を変える）は、「人生における考え方の根本を変える」という意味を持ちます。そこで私は「生き方の方向転換」と訳してきました（参照：山口里子『イエスの譬え話 1』18 注 12）。

　そして、イエスの生き方や譬え話を学ぶと、イエスは「罪人」とされた人々の「悔い改め」などを求めておらず、むしろ「メタノイア」を述べる時には、人々が「人生における考え方の根本を変える」ことを求めていると思います。そしてその根底にあるのは、当時の民衆の多くが貧しさの中で劣等感や自己否定を植えつけられるような形で教えられてきた神理解を、根本的なところから変えて、神を信頼して自信や希望を持って生きることへの呼びかけであるように、思います（参照：『イエスの譬え話 1』18 注 12）。

メディの形で語られているようです。つまり譬え話の食事会で先に招かれたのは、裕福な人々＝身分の高い人々です。でも結局、傲慢な人々のひどい態度で惨めな失敗に終わると思われる状況だったのに、ドンデン返しで楽しい食事会が実現しました。

　きっと、神の国も思いがけない形で実現する！　もうダメかなと思う状況があっても、きっと神の国はやってくる！　それも、招かれっこないと思い込んでいた自分たちが神の国に招き入れられる！　へぇ〜、そういうこと?!

　こうして人々が、何だかチグハグで賑やかな食事会を想像して、ゲラゲラ笑ってリフレッシュのひとときを持った後で、神の招きについて何か新しい感覚が持てたら、そして何だかほっと救われた思いになれたら、このコメディは「メデタシ、メデタシ！」。

　この譬え話はそんな話だったのではないかと、私は思います。あなたはいかがでしょうか？

ガリラヤ湖畔（山口雅弘撮影）

第5章　パン種

（ルカ 13:20-21）[1]

Ⅰ．テキスト

(20) そして再び（彼は）言った。何に比べようか（homoioō）、神の国を。
(21)（それは）似ている（homoia estin）、パン種に。それを取って女性が隠した、3サトンの粉の中に。その全体が発酵するまで。

Ⅱ．これまでの解釈

　この譬え話も寓喩的に解釈されてきました。パン種には「腐敗・悪」といった否定的なイメージが強かったため、それが神の国（basileia 神の統治・領域）に似ていると言われることが解釈上の大きな問題でした。そのような中でアンティオキアのイグナティオス（35頃-107頃）は、「古い悪いパン種」（Ⅰコリント 5:7）に取ってかわる対照的な働きとして「新しいパン種＝イエス・キリスト」という見方を示しました。[2]

　19世紀からは、道徳的解釈が行なわれるようになりました。「キリスト教は、クリスチャンが善を行なうことで、人格的な感化力によって静かに世界を変えていく。神は酵素のように働かれる」というようなものです。

　20世紀前半では、「ユダヤ教の死んだ塊の中に、神の力が内部から働いた」というような、反ユダヤ主義的な解釈も行なわれました。

　その後は、古代からのパン種の「腐敗・悪」という否定的なイメージが

1　この章は以下を土台に編集しました：恵泉女学園大学 2012年公開講座「イエスのたとえ話」。日本フェミニスト神学・宣教センター 2015年9月発足15周年記念セミナー「パン種の譬え話」（『日本フェミニスト神学・宣教センター通信』95号，12-24）。

2　Ignatius of Antioch, *Epistle to the Magnesians* 10.1. Bernard Brandon Scott, *Hear Then the Parable*, 325.

一般にはほぼ忘れられました。そして、わずかなパン種の働きで大きなパンが作られるという「小→大」の対照の解釈が、最も普及しています。[3]

更に、ごく最近まで、この譬え話の解釈は「パン種」（の発酵させる力）に集中しており、そこに行動する主体として関わる「女性」に対しては注意が向けられて来ませんでした。譬え話の中でパン生地にパン種を「隠した」女性は、解釈の中で「隠されたまま」になってきたのです。[4]

Ⅲ．オリジナル版に近い形で「聞く」ための考察

聖書に入れられているイエスの譬え話は、登場人物が圧倒的に「男性」（のイメージ）です。けれどもこれは「女性」が中心にいる数少ない譬え話です。そしてパン種の譬え話は、ルカ福音書、マタイ福音書（13:33）、外典のトマス福音書（96）にあります。[5]

この譬え話はイエスが語ったとされる譬え話の中でも、イエスの特徴

3　例：ドッド『神の国の譬』（原著 1935）256。A. M. ハンター『イエスの譬・その解釈』（原著 1960）155-156。参照：Barbara E. Reid, *Parables for Preachers*, C.298.

4　Holley Hearon & Antoinette Clark Wire, "Women's Work in the Realm of God."

5　聖書の中で「女性」が中心に思い描かれる譬え話は、「失くした銀貨」、「パン種」、「裁判官と寡婦」、「10 人の乙女たち」です。

トマス福音書 96：「イエスが [言った]、『父の国は [ある] 女のようなものである。彼女が少量のパン種を取って、粉の中に隠し、それを大きなパンにした。聞く耳のある者は聞くがよい』」（荒井献訳 [荒井献『トマスによる福音書』語録 96]）。以下のような訳もあります：「イエスが [言った]、『父の国は或る女性のようである。彼女は少量のパン種を取って、パン生地の中に [隠し]、それを大きなパンにした。聞く耳のある者は聞きなさい』」（Jesus Seminar, *The Parables of Jesus*, 34）。「イエスが [言った]、『父の国は「1 人の」女性のようである。彼女は少量のパン種を取って、パン生地の中に [隠し]、それを大きなパンにした。聞く耳のある者は聞きなさい』」（Marvin Meyer, *The Gospel of Thomas*, 32）。

以下の考察に関して：Jesus Seminar, *The Parables of Jesus*, 29. Herman Hendrickx, *The Parables of Jesus*, 45-47. Reid, *Parables for Preachers*, C.297-298。荒井『トマスによる福音書』語録 96。

が最もよく表れており、歴史のイエスのナマの声を最も鮮明に伝えていると、多くの聖書学者たちが合意しています。この譬え話には当時の（人々が語り伝えた）口頭伝承の特徴が良く表れており、短くまとまっていて余計な言葉がありません。その上、マタイ版もルカ版もほぼ完全に一語ずつ一致しており、どちらの著者も編集の手をほとんど入れなかったということを示しています。[6]

　ただ、ルカ版とマタイ版では、話の始まり部分が異なっていて、ルカ版がマタイ版よりオリジナルに近いと考えられます。ルカ版の始まりは「神の国を何に比べようか？」という疑問文です。マタイ版は「〜に似ている」という肯定文です。そして、いつものように「神の国」を「天の国」に変えています。

　トマス版では、「神の国」が「父の国」になっており、これはトマス福音書の特徴です。また、神の国を「パン種」ではなく（パンを作る）「女性」と比べるようになっています。譬え話で神の国の比較の対象を物ではなく人間に変更するのも、トマス版の特徴と言われます（語録 8, 107, 109 等）。

　またトマス版には、ルカ版とマタイ版にある「3 サトン（の粉）」という言葉がありません。代わりに「少量のパン種」「大きなパン」という表現

6　「パン種」の話にイエスの譬え話の特徴が最も良く表れているという点について：Funk, Scott, & Butts eds., *The Parables of Jesus*. 26, 98. 「歴史のイエス研究」で世界的に知られている学者グループ「ジーザス・セミナー」（Jesus Seminar）では、イエスの譬え話の中で、このパン種の譬え話が、歴史のイエスに遡る話の第 1 位にランク付けされています。「ジーザス・セミナー」（Jesus Seminar）の結論だから正しいと言えるわけではありませんが、多くの研究者たちによってそのように結論づけられたということは、或る程度信頼できると考えます。なお、「ほぼ確実に歴史のイエスに遡る譬え話」という点で、学者たちの間で合意が高い順に、1 番はダントツに高い合意の「パン種」、2 番は「サマリア人」、後は計算の仕方で順番が変わり得ますが、3 番は「不正な管理人」、4 番は「ぶどう園の日雇い労働者たち」、5 番は「からし種」、6 番は「失くした銀貨」です（Jesus Seminar, *The Parables of Jesus*, 98, 102）。なお、「不正な管理人」「ぶどう園の日雇い労働者たち」「失くした銀貨」は第 1 巻『イエスの譬え話 1』で取り上げてあります。

があり、「小→大」の対照が作られています（語録8, 30等）。

　ちなみにルカ版にもマタイ版にも、この話の中で「小→大」の対照はありません。「小→大」の対照があるからし種の譬え話に続けて書かれたので、解釈がその影響を受けたと考えることが出来ます。[7]

　パン種の譬え話は、ルカ福音書とマタイ福音書で、からし種の譬え話に続いて一緒に書かれています。マルコ福音書ではからし種の譬え話だけがあり、パン種の譬え話はありません。トマス福音書では、からし種の譬え話は語録20、パン種の譬え話は語録96と、別々の所に書かれています。ですから、2つは初めは別々に語られたのではないかと考えられます。

　ただ、2つは伝承の早い時期から一緒に語られていたと考えられます。マタイは譬え話のセクションにからし種とパン種の2つを入れています。これに対してルカは旅行話のセクションに移動させていますが、そこに2つ一緒に入れています。ですから、ルカとマタイが共通に資料として使った「Q福音書」の段階で、既にからし種とパン種の譬え話は一緒に並べられていたと考えられます。[8]

　以上の考察から、現存テキストでは、福音書の文脈から外したルカ版の譬え話がオリジナル版に近いと考えて、解釈します。

7　ヘンドリックスは、イエスは同じテーマや同じポイント（要点）の話をセットで教えるテクニックも用いていたことも併せて考えると、イエス自身が「小→大」の対照のペアとして、そのように話した可能性は十分にあり、この譬え話にも「少しの」（パン種）という言葉が入っていた可能性もあると見ています。「少しのパン種が（大きな）全体を発酵させる」ことも格言的な表現になっており（参照：Ⅰコリント 5:6、ガラテヤ 5:9）、「3サトン」は大変な量なので、からし種に並べられたパン種の譬え話でも「小→大」の対照はあるという見方です（Hendrickx, *The Parables of Jesus*, 45-47）。しかし譬え話の幾つかがセットで語られたのか後からそのように配置されたのかは、それぞれ吟味していく必要があります。参照：第3章注16。

8　「Q福音書」について：第3章注4。

Ⅳ. テキスト分析

1. パン作り

　神の国と比べて、すぐ述べられている言葉は、「パン種」です。「パン種」は、パンを焼く前のパン生地に入れて生地を発酵させて膨らませる酵母です。そこで、まず当時のパン作りについて少し学んでおきましょう。

　パン作りの素材は小麦粉と水と塩が基本です。小麦粉は、小麦を石うすで挽いてふるいにかけて作ります。小麦粉でなく大麦が使われることもありました。大麦パンは「貧乏人のパン」と言われたようです（cf. ヨハネ6:9）。大麦の他に、キビ、アワなどが使われることもありました。[9]

　こうして、「麦」を石うすで挽いてふるいにかけて作った粉に、水と塩を混ぜて、しっかりこねて、パン生地を作ります。そしてそこに少量のパン種を入れて発酵を待ちます。パン生地にはハーブ（香草）などを加えることもあります。このようなパン作りの基本は、昔から大きく変わることなく、ずっと引き継がれていました。

　パン作りは伝統的に女性の仕事と言われています。実際には女も男も担った仕事で、特に粉ひきの労働はたいがい奴隷の男女が従事しました。けれども奴隷がいない圧倒的多数の貧しい庶民家庭では、女性が担いました。数人の女性たちが共同作業をすることも多かったようです。庶民のパン焼きは、多くの場合、共同の中庭にある大きな壺のようなオーブンを使いました。

　共同体のみんなで一緒に食べるためのパン作りは、女性がリーダーシップを担ったとしても、みんなで協力したと考えられます。そしてパン焼きは基本的に週1回、安息日の前に行なわれたと言われます。[10]

9　パン作りに関して：Susan Maire Praeder, *The Word in Women's Worlds*, 11-19, 34, 75. Hearon & Wire, "Women's Work in the Realm of God."

10　参照：山口里子『マルタとマリア』90-92。Scott, *Hear Then the Parable*, 325. Safrai, S. "Home and Family." Hearon& Wire, "Women's Work in the Realm of God." パン焼きは毎日行なわれたという説もあります（例：Praeder, *The Word*

女性や、奴隷と思われる男女が共同で粉ひきやパン焼きをしている、紀元前 6-5 世紀頃のテラコッタ（素焼きの土で作られた彫像）が幾つも発掘されています。パン作り作業の周りには、男女がフルート演奏をしたり（奴隷たちの練習?）、子どもや犬がいるものもあります。[11]

この譬え話では、「3 サトン」（約 34kg）という大量の小麦粉が述べられています。これは共同体の集まりでみんなが一緒に食べる、特別な機会のパン作りを想像させます。

パン作りの女性は単数形で語られています。3 サトンの粉は 1 人の人がこねることが出来る最大量と言われます。ですからこの譬え話で人々が思い描いたのは、奴隷がいない割と貧しい庶民女性が、特別な機会に共同体みんなで食べられる大量のパンを 1 人で作っている姿かも知れません。

けれども譬え話で主語が単数形で語られていても、実際は複数の人々がその仕事を担ったという可能性もあります。譬え話を聞いた人々の中には、女性がリーダーシップを取って他の人々も参加した共同作業を思い浮べた人々のほうが、多かっただろうと思われます。共同体の中庭で 3 サトンもの大量の粉をこねたパン作りをしている光景です。[12]

---

in Women's Worlds, 34)。パン焼きに関して、或る貧しいラビの妻の話が有名です。ナザレの近くの町に住んでいたラビ・ハニナ・ベン・ドーサの妻は、貧しくて焼く物が無いので、安息日の前には、オーブンに小枝などを入れて燃やして、パン焼きの煙が出ているかのように見せかけていました。ところが或る日、奇跡が起きて、オーブンいっぱいのパンが焼けていました。神の恵みのシンボルとして語られる話でした（Hearon & Wire, 148）。

11　Praeder, *The Word in Women's Worlds*, 15. 雨の時には屋内で使えるポータブルの小オーブンもあったようです。

12　このすぐ後で述べるサラやギデオンなどの場合も、実際には、それぞれが 1 人でパン作りをしたのではなく、複数の人々の共同作業を人々は想像して聞いたと考えられます。また、これまでに学んできた譬え話でも、実際にその労働を担ったのは複数の人々であっても「或る人が……した」という語り方がされるのを私たちは見て来ました（山口里子『イエスの譬え話 1』33）。

2.「3 サトン」の粉が象徴したこと

「3 サトン」という言葉は、創世記の物語で、客人の姿を取った神の使い 3 人をアブラハムが迎え入れた時に、妻サラがパン作りに使った小麦粉「3 セア」を思い起こさせる言葉です（創 18:6）。どちらもほぼ同量と考えられ、約 34kg（50 ポンド）、約 100 人を養うことが出来るパンを作る時の、大量の小麦粉です。

「3 セア」は「1 エファ」とほぼ同量と考えられます。ヘブル語聖書（旧約聖書）では、神の使いがギデオンの所に来た時の話があります。神の使いは、神がギデオンと共に居てイスラエルをミディアン人から救うと伝えます。その時ギデオンは小麦粉 1 エファを用いてパンを作り神に奉納^{ほうのう}します（士 6:19）。

更に、ハンナが息子サムエルを神に仕^{つか}える者になるように神殿に献げた時、彼女は小麦粉 1 エファを神への奉納にします（サム上 1:24）。こうして「3 サトン」・「3 セア」・「1 エファ」の小麦粉は、ヘブル語聖書時代から、神の顕現^{けんげん}（エピファニー）すなわち神（の使い）が現^{あら}われることや、神への奉納^{そうき}を想起させる言葉です。[13]

ただし、族長の妻サラが使った小麦粉は上等な小麦粉（semidalis）ですが、この譬え話でパン焼き女性が使った小麦粉は、伝統的に使われていた普通の小麦粉（aleuron）です。ですから、ここでは庶民女性が主体となって働くパン作りが、神の顕現や神への奉納を想起させる形で語られています。

13　Warren Carter, *Matthew and the Margins*, 291. Reid, *Parables for Preachers*, C.303. Elaine Wainwright, "Hear then the Parable of the Seed." エイミー・ジル・レヴァイン「マタイ福音書」。ただし日本語新共同訳聖書「度量衡および通貨」リストでは、「1 サトン」（約 12.8 リットル）、「1 セア」（約 7.7 リットル）、「3 セア」＝「1 エファ」（約 23 リットル）となっています。度量衡は時代・地域によって変わり得ますし、現代感覚での正確な量は分かりません（参照：山口里子『イエスの譬え話 1』75 注 14; 178 注 7）。けれども、1 世紀のガリラヤの人々が「3 サトン」という言葉を聞く時には、ヘブル語聖書時代からのこれらの話を象徴的なイメージで重ね合わせて想起して聞いたと考えられます。

この譬え話では更に、パンを作る女性自身を神のイメージで提示しています。「女性がパン種を（粉の中に）隠した。全体が発酵するまで」という表現では、「発酵させる」（zumoō ← zumē パン種）の受動態が使われていますが、このような受動態は神の活動を表わす時に典型的に使われる表現だと言われます。

そうであれば、貧しい庶民女性が日常的に担う労働、そして女性たちだけでなく男女の奴隷たちも共同で参加するパン作りの労働が、神自身の働きの象徴として語られているのです。[14]

そしてこのパン作りのイメージの中心にいる庶民女性なる神は、パン種を「隠す」のです。ここで、「全体が発酵するまで」という言葉にも注目する必要があるでしょう。女性がパン種を「隠す」と、それは目に見えないけれども確実に変化が始まります。パン種を隠す行動はまさに決定的なもので、途中で止まることはありません。「全体」を変えるプロセスの始まりです。

神の国の決定的な始まり、「全体」を変える始まりは、現実の中に隠された少しばかりのものにあります。それは「女性」たちの行動、小さな取るに足らないような行動だけれど、注意深く隠された行動を通してこそ、神の大きな祝福と幸せをもたらす神の国は実現していくのです。言わば、神の国の「ポリティックス」（政策）はそういうものなのだと、示されているようです。[15]

---

14 Hendrickx, *The Parables of Jesus*, 47. Elisabeth Schüssler Fiorenza, *Sharing Her Word*, 181. Carter, *Matthew and the Margins*, 291. Reid, *Parables for Preachers*, C.301. レヴァイン「マタイ福音書」。神の働きを象徴的に庶民女性の働きに見るということは、女性差別よりも身分差別が更に強固だった社会において、人々の間に無意識のうちに染み込んでいた神概念に対してかなり挑戦的なことであったと言えます。ただし、ここは、神を庶民女性の姿で思い描くということを否定しませんが、それよりも庶民女性の日常の働きに神の働きを思い描くということの方に、焦点が合わされています。

15 "The Politics of the Kingdom." Hendrickx, *The Parables of Jesus*, 50.

3. パン種の腐敗したイメージ

　「神の国は似ている、パン種に」と述べられた「パン種」は、現代広く使われている「イースト菌」とは違います。イースト菌は腐りませんが、「パン種」（zumē）は発酵したパン生地の一部を取って暗い湿った所に置いて腐らせた物です。[16]

　このためか、パン種には腐敗のイメージがあり、少量のパン種が全体を台無しにすると見られていました。プルタルコス（46頃-120頃）によれば、ローマのジュピター神の祭司は腐敗したパン種に触れることを禁じられていました。[17]

　ユダヤ思想では、「出エジプト」の際にパン種を入れないパンを食べたことがきっかけになって、パン種が腐敗や祭儀的不浄という否定的なイメージに強く結び付けられるようになりました。

　ヘブル語聖書によれば、神は、エジプトの地で生活していたイスラエルの人々の苦しみをつぶさに見て、叫び声を聞き、痛みを知って、彼等を救い出すことにしました（出 3:7-8）。日本語で「出エジプト」と呼ばれる有名な物語です。この物語自体は、いわゆる「歴史」を語るものではありません。先祖の「歴史的な」経験が「核」になって、象徴的に語り継がれた物語です。

　けれどもこの「出エジプト」の物語は、イスラエルの人々のアイデンティティ（自己理解）形成の基礎となりました。すなわち、「奴隷の家」から「乳と蜜の流れる」自由の地へと神が導き出してくださった「歴史」として、覚えられることになったのです。[18]

16　例：Praeder, *The Word in Women's Worlds*, 34.

17　Plutarch, *Moralia* 289E-F, 659B. Praeder, *The Word in Women's Worlds*, 24. Reid, *Parables for Preachers*, C.99.

18　カナン（今のパレスチナ）の山地に、いわば開拓農民として定住して「イスラエル」を形成した人々は、実際にはナイル川の方から来た人々だけでなく、違う所から来た人々も、元々カナンの平地に居た人々も、混ざっていたと考えられます。けれども、「奴隷の家」から「乳と蜜の流れる」自由の地へと神が導き出してくださった「出エジプト」の物語は、様々な背景の人々にとっても象徴的に共有できる「歴

この「出エジプト」の物語では、人々がエジプトを脱出する直前に、神は2つのことを命じました。

①神がエジプト人を撃つ時に、イスラエルの家々を災いが「過越し」て人々が救われるように、羊の血を家々の入り口に塗ること（出12:6-14）。

②パン種を入れないパンを食べること（出12:8）。それも、いつでも旅立てるように、旅支度をして、靴も履いて、立って急いで食べること。パン生地の発酵を待つには時間がかかりますが、急ぎの旅立ちのために「ぐずぐずしていることは出来なかった」からでした（出12:11, 39）。

人々は「出エジプト」の歴史的出来事を記念して代々の子孫に伝えるために、神の命令として「過越しの祭り」「除酵祭」を年々守ります。その聖なる週には、全ての家からパン種が除かれました（出12:1-27, 13:3-10）。[19]

これに基づいて、パン種を入れないパンを食べることが、神の聖なる民のメンバーになることのしるしになり、「種入れぬパン」が「聖」と見なされるようになりました。その一方で、パン種は「祭儀的不浄・悪」に結

史物語」だったと理解できます。聖書に入れられている「出エジプト」物語は後の時代に加筆編集されていると考えられるので、当初の物語はもっと簡潔に、奴隷生活から自由へと神が導き出してくださったという象徴的なメッセージが、多くの人々に分かち合われやすかったかも知れません。「出エジプト」について詳しくは山口里子『いのちの糧の分かち合い』227-235.

ちなみに、私は1990年代後半に、ニューヨーク神学校とニューアーク神学校で講師をしていました。その時にアフリカ系アメリカ人の学生たちから聞いた話ですが、アフリカ系の人々は「出エジプト」に表されている、奴隷だった人々を自由へと導き出した神の歴史の物語に、自分たちの歴史を重ね合わせて読んできたということです。「出エジプト」物語は、そういう意味で様々な背景の人々に象徴的に理解された「歴史物語」だったと思います。

ただし、「出エジプト」の「物語」が「歴史」として読まれてきたことに、「解放」よりも「侵略」の恐怖を感じている人々も少なくありません。こういう点にも気を付ける必要があると思います（山口里子『新しい聖書の学び』74-75）。

19　パン種を「汚れ」に結びつけてパン種を入れないパンを奉納することは、3つの祭りに結びつけられています。「過越しの祭り」（出12:15-20; 13:3-10. 申16:3-4）、「除酵祭」（出23:18; 34:25）、「穀物の献げ物」（レビ2:11; 6:17; 10:12）。

第 5 章　パン種　129

びつけられるようになったのです（出 23:18. レビ 2:11）。[20]

　パン種が腐敗や悪を象徴する否定的なイメージで語られることは、キリスト教証言書でも数々見られます。福音書には、「ファリサイ派とヘロデのパン種」（マルコ 8:15）、「ファリサイ派とサドカイ派のパン種」（マタイ 16:6, 11）、「ファリサイ派のパン種」（ルカ 12:1）が、イエスの警告として書かれています。パウロの手紙には、共同体から取り除くべき物として「古いパン種や悪意と邪悪のパン種」（Iコリント 5:8. cf. ガラテヤ 5:9）が語られています。

　このように、パン種の否定的なイメージが定着していた文化の中で、イエスは神の国を「パン種に似ている」と、シンプルに一言で語ったのです。「神の国」は聖なるものという、言うまでもないほどの「常識」や「期待」をひっくり返す、驚きの逆転の発想です。

4.「女性」が「パン種」を「隠す」
　譬え話では、女性がパン生地の中にパン種を「隠す」という表現が使われています。粉を「こねる」（phyraō）、パン種を「入れる」が通常の表現なのに、パン種を粉の中に「隠す」（[eg]kryptō）というのは奇妙な表現です。

　料理のレシピで使われないだけでなく、ヘブル語文献にもギリシャ語文献にも、例のない表現です。それに、ここで「隠す」（egkryptō）は、通常の「隠す」（kryptō）より強い言葉です。そして「隠す」は、「おおいをかける」（kalyptō）よりも悪いニュアンスが強い言葉です。[21]

20　Scott, *Hear Then the Parable*, 324. Carter, *Matthew and the Margins*, 290. Reid, *Parables for Preachers*, C.299.

21　例：Scott, *Hear Then the Parable*, 325. Reid, *Parables for Preachers*, C.301. ここの「隠す」で通常の「kryptō」でなく「egkryptō ← en+kryptō」が使われているのは、サラが「神の使い」たちのために作った「パンケーキ」（enkrypsias）という言葉（創 18:6）の発音に似ているので、その影響を受けたのではないかとも言われます（Reid, *Parables for Preachers*, C.300）。もしかしたら、ここの「隠す」

ですから、神の国を語るのに、当時の一般的な文化的感覚では、3重のマイナス・イメージが使われています。①パン種、②女性、③隠す、です。

①「パン種」には腐敗・悪のイメージが強くありましたから、「神の国は腐敗の中から生まれるものだと言うのか？」という問いが出て来たでしょう。

②「女性」も不浄と弱さに結びつけられていました。その上、身分による差別が当然と見なされていた当時の社会で「貧しい庶民女性」となると、そのイメージはますます強化されたでしょう。ですから、「神の国は不浄な弱い者の行為から生まれるものだと言うのか？」という問いが出て来たでしょう。

③「隠す」という行為も「悪」のイメージに結びつけられていました。正々堂々と「男らしく」明らかに現わすという、やましさのない正しい行為とは対極（たいきょく）にある、「悪」のイメージです。「神の国は、悪を隠して時を待つような行為から生まれるものだと言うのか？」という問いが出て来たでしょう。

これらのことについて譬え話では何の説明もされていません。神の国がそんなものだって？　どうして？──多くの聴衆にとって納得するよりも混乱する問いを残して、この短い譬え話は終わります。

Ⅴ．思いめぐらし

1．神の国の不可解さ？

パン種の譬え話は、少量で全体を「腐敗」させるものを貧しい庶民「女性」が「隠す」という、3重のマイナス・イメージのことが、最後にはふっくらと膨らんだパンを共同体で食べるという、大きな祝いや恵みに繋（つな）がることを表わします。そしてこのことから神の国をイメージさせます。

ここでは、伝統的に女性のものとされてきた仕事を価値あるものとして

（egkryptō）という表現は、サラのパン作りを思い起こさせる語呂合わせの遊びの要素も入っているかも知れません。

提示しています。そればかりか、パンを作る庶民女性を神のイメージで提示しています。女性が山のような粉の中に少しの「腐敗した」パン種を隠し入れて、発酵するようにしておいたことが、多くの人々のいのちのパンを作ることになります。そしてこの譬え話は、神の国の実現はそれに「比べられる」（homoioō）、「似ている」（homoia estin）と言うのです。

　これは、１世紀の聴衆にはまさにビックリの話だったことでしょう。けれどもそこにこそ、この譬え話のチャレンジ（挑戦）があると言えます。

　何が聖で、何が不浄なのか？　何が正しく、何が悪なのか？　何が肯定されるもので、何が否定されるものなのか？　この譬え話は、社会で当然とされている価値観を、根底から覆す問いかけを示しています。[22]

　人々は、「神の国がそのようにして生まれるものだと言うなら、そもそも神の国とは一体どのようなものなのか？」という、根本的なところからの大きな問いに直面させられることになったでしょう。

　しかし譬え話は、この根本的な大きな問いかけを残すだけで、答えを示しません。ただ、イエス運動の人々が実践した生き方や、イエスが譬え話で残した数々の問いかけを色々と思いめぐらすことの中に、ヒントは「隠

22　Scott, *Hear Then the Parable*, 325. ルカ福音書で、ファリサイ派の「パン種」を警告するイエスの言葉として次の言葉が書かれています。「覆われているもので現わされないものはなく、隠されているもので知られずに済むものはない。だからあなたがたが暗闇で言ったことはみな、明るみで聞かれ、奥の間で耳にささやいたことは、屋根の上で言い広められる」（ルカ 12:2-3）。これをパン種の譬え話に当てはめると、女性が隠したパン種は「神の国」のように、決して隠されたままにはならず、きっと多くの人々に「知られる」ことになるでしょう。このことは、力ある者たちによって弱くおとしめられた「女性」を「神は高く引き上げてくださる」（ルカ 1:52「マリアの賛歌」）に響き合うとも、指摘されています（Hearon & Wire）。

　更に、クィア神学では、次のような主張もされています。すなわち、腐敗させる不浄なものと言われるパン種のように、「クィア」たちは、人間によって「ダメにされてきたものをかき混ぜ『ダメ』にすることで、固定観念の『腐敗』自体を『腐敗』させていく」と（Thomas Bohache, "Matthew," 505）。「クィア神学」について参照：第３章注 24。

されて」いるような気がします。

2. パン種の否定的イメージへの疑問

　最後に問題にしたいのは、パン種が、なぜ長い間、腐敗・悪といったマイナス・イメージにされていたのかということです。[23]

　元々、パン種を入れないペタンコの固いパンは、「出エジプト」という大事な時を象徴するパンでした。つまり、エジプトでの奴隷生活から脱出する時のために、食べたものでした。いつでも旅立てるような服装をして、靴も履いて、立って急いで食べた、緊急時を象徴するパンでした（出 12:15, 9, 13:3, 7、申 16:3）。

　それとは対照的に、パン種を入れて時間もかけて焼いたふっくらと膨らんだパンは、人々が座ってゆっくり食べられる幸せな生活と平和を象徴します。[24]

　確かに、自由を求めて「奴隷の家」から脱出した時のことを重要な歴史的な時として記念することは大切です。それによって、平和と自由な生活の尊さを共同体で再認識し続けていくのは大切なことです。

　けれどもこのことで、幸せを共有するパンにとって大切なパン種を否定的なイメージにしてしまうのは、狭い二元論的な発想です。これでは、いったい何のための緊急時だったのかという事さえも見失わせてしまいかねません。[25]

23　同様の問いかけとして：Reid, *Parables for Preachers*, C.305. Wainwright, "Hear then the Parable of the Seed."

24　Reid, *Parables for Preachers*, C.305. Elaine Wainwright, "Seed, Soil and Sower." なお、「ふっくら」という表現で私は、種入れぬペチャンコの固いパンと比較して、膨らんだパンを思い描いています。現代日本でよく言われる、「やわらか〜い、もちもちした」白いパンを想像していません。むしろそれと比べたら少し固めの黒っぽい全粒パンを想像します。1世紀の庶民にとって「ふっくらと膨らんだパン」はそのようなイメージに近かったのではないかと思います。

25　「二元論」とは、物事を二つの極に分け、それを上下に価値付ける「あれか、これか」の認識の仕方のことです。例えば、人間の様々な個性を無視して「男」と

第 5 章　パン種　133

　人々がふっくらとしたパンを一緒に安心して食べることができるように、平和と自由ないのちの尊さを実感できる世界を求めてこその「緊急時」であり「脱出」であったことを、見失ってはなりません。

　事実、ユダヤ思想の中では、パン種は悪いイメージで語られた時が多かったとは言え、いつも腐敗と悪のイメージで語られていたわけではありません。神への奉納という神聖な祭儀においても、パン種無しのパンだけでなく、パン種を入れたパンも用いられました。「感謝の献げ物」（レビ 7:13、アモス 4:5）や「新穀の献げ物」（レビ 23:17）などでは、パン種を入れたパンを神に献げたのです。

　そしてパン種の肯定的なイメージも保持されていました。ラビたちの言葉の中には、パン種を「トーラー」（律法全体の教え）や「平和」に例える、次のような主旨の言葉がありました。「たとえイスラエルの子らが神を捨てても、トーラーの学びを続けるなら、トーラーのパン種が人々を神に引き戻す」。「地の平和はパン生地の中のパン種。神が地に平和を与えなかったら、剣と獣が地を飲み込んだ。パン種がパン生地に浸透するように、平和は世界で大きな力を持つ。パン種は見えなくても働いているもの」などです。[26]

　しかしキリスト教証言書では、先に見たように、イエスの言葉として福音書に書かれている言葉でも、パウロの手紙の言葉でも、パン種は格言的に腐敗と悪のイメージで語られています。これは、二元論的思考に基づく一般的なものの見方をそのまま再生産する語り方です。二元論的なものの

「女」の二極に分け、男を上位、女を下位に位置付けます。更に、公私、優劣、強弱、霊肉、清浄と不浄などと、あらゆる事柄を二極・上下に分けて、上位のもの同士、下位のもの同士を関連づけて認識します。ですから、二元論は分断差別を生産・再生産する認識の仕方であって、共通性・多様性の認識に基づく平等関係の形成に敵対する認識論です。参照：山口里子『新しい聖書の学び』170。

26　Chiya bar Abba. R. Joshua bar Levi. Brad Young, *Jesus the Jewish Theologian*, 211-212.

見方は、根本的に人々の差別・分断を強化するものであることを考えると、このような語り方は問題だと言わざるを得ません。[27]

3. イエスのチャレンジ、私たちのチャレンジ

　キリスト教証言書では、イエスのこの譬え話だけで、パン種が「神の国」という「聖」に直接結びつける形で語られています。いわば社会一般に広がっていたパン種のマイナス・イメージをテコにして、それを転覆させる形で、肯定的に語られています。これは、人々が当たり前のように染み込ませている社会通念を転覆させてこそ神の国は生まれてくるのだと、人々の「常識」的な感情にチャレンジしているかのようです。

　イエスが描く神の国は、社会で「腐敗したパン種」のように見られていた人々、不浄・汚れ・堕落・悪・弱さ・罪に結びつけられていた、「罪人」、「女性」、「男でない男」、貧しい人、除け者、病気や障碍などのゆえに周縁に追われた人々との繋がりの中で、広がって行きます。そういう人々こそが、神の国の実現に不可欠の要素を提供する人々です。

　イエスがイメージした神の国、イエスが民衆に語った譬え話に表された神の国は、社会で価値が認められるどころか、むしろ否定されている人々の間でこそ、始まります。そしてそれは、全体を変質させていくもの、奴

27　キリスト教証言書では、なぜ、イエスのこの譬え話以外はパン種が否定的イメージだけで書かれているのか、イエス時代の人々は、ラビの言葉にあるように肯定的なイメージでも語っていたのに、聖書にはたまたま否定的イメージの物だけ入れられたのか、よく分かりません。私がこの譬え話を話した時、会場から複数あがった声は、「日々の生活で食べるパンを作るのに必要なパン種が『不浄』『悪』という否定的なイメージにされていたことに納得がいかない」ということでした。その通りです。けれども全く分からないことでもないと、私は思います。そもそも女性を「不浄」と見なした男性たちは、女性の体から生まれ出て、女性が作った料理を日々食べてきたのに、女性は不浄で男性は清いという考え方を持ち続けていたのですから。そしてこのような差別的偏見が無自覚に染み込んだ矛盾した感情は、現代でも無縁とは言えないように思います。

隷状況から自由と幸せと平和な状況への変質を促していく力があるのです。

　私たちが生きる現代世界は、種々の差別や経済格差が、ヘイト・スピーチ、無差別殺人、種々の暴力を引き起こし、政治的・経済的野心が核戦争の危機を益々増大させています。人の生活もいのちも、地球全体のいのちも、脅かされる世界です。

　現代に生きる私たちは、全てのいのちの自由と幸せと平和な世界に向かうために、どんな「パン種」が必要とされているのかを、考えたい。そして、小さなパン種を身の回りから仕掛けていきたいものです。貧しい庶民女性が隠したパン種が、パン生地「全体」に変化を起こして、共同体みんなが満たされるパンを生みだすことになったように。[28]

28　数年前になりますが、神学校での私のゼミの学生・聴講生たち有志が我が家に集まって、「パン作りのリタジー」をしました。ナツメヤシの実デーツを練り込んだパン生地を、それぞれ「天の女王」（エレミヤ 7:18）の色々なイメージ（像）に形作って焼きました。ところが、焼きあがったら、ほぼ同じような丸型やデコボコの長方形や十字形になってしまいました！　ともあれ、甘い香りが漂って、おいしいパンが出来上がりました。私たちは、共同体みなで協力してパン作りをした「天の女王」への礼拝を思い描いたり、貧しく疲れた人々を自分の食卓に招く「知恵なる神ソフィア」の食卓を思い描いたり、「罪人」と呼ばれた人々と一緒に食事をしたイエスの「共食」を思い描いたりしながら、出来たての温かいパンを分かち合う、癒しと幸せな「共食」を楽しみました。次の機会には、「パン焼き女性なる神」も一緒に思い描きたいと思います。みなさまも、それぞれの小さなサークルで実行してみてはいかがでしょうか？　（参照：「天の女王」と「知恵なる神」について：第2章注26。山口里子『マルタとマリア』90-95）。

第6章　10人の乙女たち

（マタイ 25:1-12）[1]

Ⅰ．テキスト

　(1) そこで天の国は 10 人の乙女たちに比べられるだろう。その人々はそれぞれのランプを持って新郎の出迎えに行った。(2) 彼女たちの 5 人は愚かだった。そして 5 人は賢かった。(3) なぜなら愚かな者たちは彼女たちのランプを持ったが、それぞれに油を持たなかった。(4) しかし賢い者たちはそれぞれのランプと共に容器の中に油を持った。(5) ところが新郎が遅れたので、皆がこっくりして眠ってしまった。(6) けれども真夜中に叫び声が起きた。「見よ！　新郎だ。（あなたがたは）出迎えに出て来なさい」。(7) そこでそこに居た乙女たち皆が起きて、それぞれのランプを整えた。(8) ところが愚か者たちは賢い者たちに言った。「私たちに与えてください、あなたがたの油から。なぜなら私たちのランプは消えてしまいます」。(9) けれども賢い者たちは答えて言った。「私たちとあなた方に足りなくなることが決してないように、むしろ商人たちの所へ（あなたがたは）行きなさい。そしてそれぞれに買いなさい」。(10) けれども彼女たちが出かけている間に、新郎が来た。そして用意が出来ていた人々は彼と共に結婚の祝宴に入った。そして戸は閉じられた。(11) あとで、残された乙女たちが来て言う。「だんなさま、だんなさま、私たちに（戸を）開けてください」。(12) けれどもその人は答えて言った。「あなたがたにはっきり（私は）言う。あなたがたを（私は）知らない」。(13) だから目覚めていなさい。なぜなら（あなたがたは）知らない。その日もその時間も。

1　この章は以下を土台に編集しました：恵泉女学園大学 2012 年度公開講座「イエスのたとえ話」。日本フェミニスト神学・宣教センター 2015 年 1 月定例セミナー「10 人の乙女たちの譬え話」（『日本フェミニスト神学・宣教センター通信』91 号，1-15）。

Ⅱ．これまでの解釈

オリゲネスは、新郎はキリストを表わすとして、天のキリストの再臨に対して準備しなさいという寓喩であると解釈しました。「新郎＝キリスト」という解釈は現代まで続いています。そこで言われるのは、イエス・キリストが話した時には、間近に迫った最後の審判に対して「準備せよ」という話であった。それが教会で教えられるようになった時には、キリストの再臨の時はいつやってくるか分からないけれども、その時は必ず来るのだから準備していなさいという教えになった、ということでした。

また、賢い乙女たちが意地悪のように見えることに対して、「油」は「信仰」「美徳」「良い行ない」のように他の人に分けてあげることが出来ないものなのだと説明されました。更に、キリスト再臨に対して人間は何も出来ないのだから、賢い乙女たちのようにただ「信仰」という「準備」をして静かに休んで待ち望みなさいとも言われて来ました。[2]

こうして、この話は結婚という喜びの時を題材に用いながら、「福音」というより「審判」のイメージや「脅迫」の響きが強いと指摘されてきました。そしてこの話はマタイ福音書だけに書かれており他の福音書と比較することも出来ないので解釈が困難として、聖書学界では余り取り上げられずに来ました。[3]

けれどもこの譬え話は、特に女性たちにとって遠い話ではありません。福音書の中で女性が主な登場人物として語られているたった４つの譬え

2　例：ドッド『神の国の譬』（原著 1935）226-230。ティーリケ『畑の中の宝』（原著 1957）192-212。ハンター『イエスの譬・その解釈』（原著 1960）23-25, 31。イエス・キリストの生涯と、キリスト再臨による最後の審判の時との、中間の時代における神の前に正しい在り方の教えは、一般に「中間時の倫理」と言われます。

3　「礼拝聖句集」では１年に１度だけ週日に、あるいは数年に１度だけ日曜に当てられており、礼拝で語られることも少ないと言われます（Marie-Eloise Rosenblatt, "Got into the Party after All"）。また、ローマ・カトリックの聖書朗読配分では３年周期の中でＡ年の年間第 32 主日に当てられています（日本カトリック典礼委員会編『朗読聖書の緒言』カトリック中央協議会、2005）。

話の１つだからです。そしてこの話は多くの女性たちにとって、「賢い乙女になりなさい。自分の役割をきちんと果たしなさい」という教えとして聞こえて来ました。これはまた、「愚かな乙女たちのように最後の審判の時に天国から閉め出されないように気を付けなさい」という、永遠の死の宣告という脅迫さえも感じられる話です。[4]

　実際、聖書や教会などでの教えから同様の印象を強く持たされてきた女性たちは少なくありません。そして特に「賢い乙女」にすんなり自分を重ね合わせられない女性や、「愚かな乙女」に自分を重ね合わせる女性にとっては、何とも好きになれない話です。けれども聖書に書かれていることで、この話は多くのクリスチャン女性たちにとって「好きになれない」では済まされない影響力を持ち続けてきたとも言えます。

　このような解釈が普及している中で、1998 年にエリザベス・シュスラー・フィオレンツァがそれまでの解釈とはかなり異なる角度からの解釈を提示しました。彼女は、この譬え話の乙女たちは「知恵なる神」の招きに応えて生きようとする女性たちだとして解釈します。そして、この世の不公正に抵抗して正義を求めて闘う運動に従事する者たちは、長い闘いの

4　Luise Schottroff, *The Parables of Jesus*, 31. 例えばドイツにあるゴシック建築の２つの寺院の彫刻が、このような理解を端的に表わした代表例のようです。１つの彫刻では、賢い女性たちは修道女のような質素な衣装で前を向いて並んで静かに黙想しています。愚かな女性たちは世俗的に着飾って互いにおしゃべりをしています。彼女たちの上には、再臨のキリスト像と、天国の鍵を持つペトロ像と、聖書を持つパウロ像があります。もう１つの彫刻では、賢い女性たちは質素な衣装で喜びの表情でランプを優雅に掲げています。愚かな女性たちは悲痛な顔で泣き崩れています。１つの彫刻は、ティムパヌム（入口のドアの上のアーチ型小壁）にあります。もう１つの彫刻は、入り口で人の頭の高さにあります。Rosenblatt, "Got into the Party after All."

　教会に行く度にこのような彫刻を目にして入り口を入るのであれば、この譬え話はまさに、「自分の役割を果たしなさい、良い行ないをして徳を積みなさい、そうでなければ永遠の審きを受けることになります」という、脅迫を伴う厳しい躾の教えとして聞こえたことでしょう。

　女性が主な登場人物の譬え話について：第 5 章注 5。

途中で燃え尽きてしまわないように、心して備えをする必要がある。この譬え話はそういう勧告をしていると、解釈したのです。[5]

　この解釈は私にとって、それまでの解釈より遥かに納得の行くメッセージを提示するものでした。確かに私たちは、長期戦を覚悟して共に熟慮と責任感を持って臨まなければ、正義に向かう闘いを持久できません。エリザベスの言う通りだと思います。

　けれども私は、そのメッセージがこの譬え話のメッセージだとして受け取ることには、何かストンと心に落ちない、もやもやした思いが残りました。つまり、エリザベスが言う、長期戦を覚悟して注意深く自覚的に生きることが必要だというメッセージには大賛成なのですが、それがこの譬え話のメッセージだとするには、この譬え話には不快な要素が多すぎる、なにかしっくりこない、という思いを抱えたままだったのです。

　その本が出されてから20年近い時が経ちました。その間に、イエスが生きた1世紀の時代背景に関する研究も、イエスの譬え話に関する研究も、かなり進みました。そこで、それらの新しい研究成果を踏まえて、エリザベス自身から学んだ「疑いの解釈学」を活用する形で、この譬え話の新しい解釈を試みたいと思います。[6]

Ⅲ．オリジナル版に近い形で「聞く」ための考察

　この譬え話は、多くの学者たちの間で、歴史上の人物としてのイエスに遡る可能性は低いと言われて来ました。その主な理由は、この譬え話には驚きやひねりが無く、結論は「賢い乙女になりなさい」という優者是認の常識的なものだということです。[7]

5　Elisabeth Schüssler Fiorenza, *Sharing Her Word*, 182.「知恵なる神」について第2章注26、第4章Ⅴ．2。

6　「疑いの解釈学」について：第2章注28。

7　「ジーザス・セミナー」ではイエスの譬え話を4つの色に区分しました。歴史のイエスに遡る話だと大方の学者が合意するものは「赤」、その可能性が高いと多くの学者が合意するものは「ピンク」、可能性は低いと判断されるものは「グレイ」、イエ

しかし近年、この譬え話の新しい解釈に基づいて、イエスに遡る話だという見方も出て来ています。ただし解釈が様々に異なる学者たちの間でも、最初の「天の国」という表現と、最後の言葉（25:13）は、確実にマタイの編集だという判断では一致しています。[8]

　私も歴史のイエス自身に遡る可能性が高いと考えます。なぜなら、①イエスに遡らないと判断されてきた理由そのものが、今から述べる新しい解釈では当てはまりません。むしろこの譬え話は、②イエス自身が語ったと判断されている他の譬え話の特徴を持ちます。すなわち民衆の日常生活に身近な素材を用いていながら、この世で「常識」とされているような物の見方・価値観への根本的な問いかけを持つものであるからです。

　そこで、この譬え話は「25:1-12」がオリジナル版に近い形だと推定して、テキストを読み直すことにします。

　スには遡らないと大方の学者が合意するものは「黒」です。この譬え話は「グレイ」と判断されましたが、その理由は、①話の展開に驚きやひねりが無く、②結論は「賢い乙女になりなさい」という当然予想されるものだということです。そして多くの学者たちは、これは古代近東の民話だったものを、福音書著者マタイが自分の神学に合わせて取り入れたと見ています（Jesus Seminar, *The Parables of Jesus*, 67）。

　　日本では荒井献が、この譬え話はイエスに遡る話ではなく原始教団が構成した話であると見ています。その理由は①終末の遅延が前提にあり、②平等に与えられた可能性を活かす「優者」が是認されて、活かさない「劣者」が批判されるという常識的な区別による教えで、「劣者」をそのまま是認するイエス自身の姿勢に合わないということです（荒井献『イエス・キリスト　下』133-134, 177）。

8　イエスに遡るとする最近の見方の中には、少なくとも２段階の伝承過程を想定して、初期の伝承では神の国の楽しい祝宴を語る話だったけれども、後から（恐らくマタイが）他の伝承と合わせて審判の話に編集したという説もあります（Rosenblatt, "Got into the Party after All"）。

　なお、「天の国」という表現は「神の国」をそのように置き換えるマタイの特徴として知られています（第３章III）。それと共に、最後の言葉がマタイの編集だという点では、様々な学者たちの間で異論がありません。この話では賢い乙女たちも含めて全ての乙女たちが眠ってしまったのですから、「目を覚ましていなさい……」（25:13）は話の内容とは合わない言葉です。けれどもこれはマタイの神学と文脈には合う言葉ですから（例：24:42）、マタイの編集と考えられます。

Ⅳ．テキスト分析

1．状況設定

　1世紀パレスチナの結婚の習慣はかなりの多様性があったようですが、ほぼ一定の共通項はあったと考えられます。結婚の儀式は成人男性2名が証人になって、2段階で行なわれました。[9]

　第1段階の儀式は新婦の父の家（あるいはそれに代わる場所）で行なわれ、新郎は結婚契約書と結納金（あるいは指輪のような価値のある物）を父に渡しました。その時点から2人は夫と妻と呼ばれる関係に入り、別れるには離婚の儀式が必要になります。ただしこの段階では、儀式の後も新婦は自分の父の家に留まって、1〜2年後に持たれる結婚式の完了と言われる第2段階の儀式を待ちました。[10]

　第2段階の時には、新郎が再び新婦の父の家（あるいはそれに代わる場所）に行き、新婦の父と結婚契約の交渉を完了させて、新婦を自分の父の家（あるいは近くの自分の家）に連れ帰ります。この時、結婚契約の最終交渉が長引くことは現実的なことでした。特に離婚や夫の死別による結婚解消の際に妻に支払われるべき金額に関して、双方の思惑で合意が得られない場合が多かったようです。[11]

　全ての交渉が最終的に納まった時、新郎（の父）の家での祝宴への行進

9　1世紀の結婚の習慣に関する情報は広くパレスチナにおいてもユダヤ人のものに関しても散在して断片的で多様なため、一つの形を特定することは困難なようです。エレミアス『イエスの譬え』191。Susan Maire Praeder, *The Word in Women's Worlds*, 73-85.

10　イエスの母マリアが妊娠したのは、第1の儀式（kiddushin）と第2の儀式（nisu'in）の間の時であったと考えられます。Frank Stern, *A Rabbi Looks at Jesus' Parables*, 159. ギリシャ語では「mnēsteuō」、日本語では「婚約する」と表現されていますが、2人は夫と妻と呼ばれています（マタイ 1:18-19）。参照：山口里子『新しい聖書の学び』107-120、『いのちの糧の分かち合い』93-120。

11　エレミアス『イエスの譬え』192。Barbara E. Reid, *Parables for Preachers*, A. 193.

が、新婦の父の家から新郎（の父）の家へと行なわれました。この譬え話
では、交渉が非常に長引いて真夜中の行進になりました。行進時には乙女
たちがランプやトーチ（たいまつ）を持って、歌とダンスが伴う行進の道
を明るく照らしました。この譬え話は、結婚の第２段階における、祝宴
を前にした行進にまつわる出来事という設定で語られています。[12]

　譬え話でまず述べられるのは「10 人の乙女たち」です。「10」は充
足・完全の象徴として良く用いられた数字です。「乙女」（parthenos）は、
いわゆる（結婚）適齢期の若い女性を指す言葉です。女性は 12 才で結婚
可能年齢になると考えられていましたから、ここでは 12 ～ 13 才ぐらい
の女性が思い浮べられたことでしょう。「10 人の乙女たち」は新婦の友人
たちで、新婦と一緒に彼女の家で行進の時を待つ、新婦の「付き添い」で
す。

　乙女たちにとって友人の結婚の時は、未来の良い妻として自分たちを
人々に示して見せる絶好のチャンスです。言わば乙女たちの未来の人生が
かかっている、大事な「婚活」のチャンスです。乙女たちは、自分たちが
美しいだけでなく、ランプの担い手としての大事な役割をきちんと果たせ
る女性であることを示そうと、必死になります。[13]

12　Stern, *A Rabbi Looks at Jesus' Parables*, 158-160. Praeder, *The Word in Women's Worlds*, 73-85. Reid, *Parables for Preachers*, A.189-199. Vicky Balabanski, "Opening the Closed Door."

13　行進の道を明るく照らす役割を担う者については色々な説があります。家の外で待っている隣人の子どもたち（ハンター『イエスの譬・その解釈』135）、新郎の家で待つ新郎の家の親戚や友人たち（Malina & Rourbough, *Social-Science Commentary*, 148。Schottroff, *Parables of Jesus*, 30. Reid, *Parables for Preachers*, A.193）など。しかし新郎の家で待つなら行進が到着する所で待っていることになります。祝宴はそこで行なわれるのですから、ランプの残り油が少なくても夜中の町に買いに行く必要はありません。私は、新婦の家で待つ新婦の友人である乙女たちという見解（Balabanski, "Opening the Closed Door." Rosenblatt, "Got into the Party after All"）が適切だと考えます。「乙女」（parthenos）について：山口里子『いのちの糧の分かち合い』101。

第6章　10人の乙女たち　143

　乙女たちは、それぞれのランプを持って（lambanō: 取って）来ています。
ここでランプに使われている言葉「ランパス」（lampas）は通常「トーチ」
（たいまつ）の意味で使われる言葉で、棒の先に巻きつけた布に油を浸して
燃やすトーチです（創 15:17、ヨハネ 18:3）。これに対して通常「ランプ」
の意味で使われる言葉は「リュクノス」（lychnos）で、油を入れた容器に
灯芯を差したものです（マタイ 5:15、マルコ 4:21、ルカ 8:16）。室内で燭台
（lychnia）の上に置いて使いますが、持ち運びもできました。容器の「ラ
ンプ」は数時間燃え続けますが、棒の「トーチ」は 1 回に燃え続けるの
は約 15 分です。

　ただ、「ランパス」と「リュクノス」という 2 つの用語の使い分けは必
ずしも一貫していませんでした（例：2 階の部屋に置かれていた沢山の「ランパ
ス」は「ランプ」の意味で使われています。使 20:8）。また、初期キリスト教文
献・芸術では、乙女たちが結婚の行進でトーチやランプを運ぶものが出て
来るので、どちらの可能性もあるようです。

　話の中で「愚かな」乙女たちは、起こされた時に自分たちのランプは
「消えてしまう」と言っています。つまり乙女たちは室内でランプの灯を
点けたまま眠っていたと考えられます。ですから、乙女たちが持っていた
「ランパス」は「トーチ」よりも「ランプ」だったと思われます。[14]

　口頭文化の世界（ストーリーテリングの世界）では、話を耳で聞く人々を楽
しませる要素の 1 つとして語呂合わせが良く使われるので、ここでは「ラ
ンパス」（lampas）を「ランバノー」（lambanō 取る・持つ）と、語呂合わせ
を 3 回重ねているのかも知れません（25:1, 3, 4）。[15]

2. 「愚かな」乙女たちと「賢い」乙女たち

　10 人の乙女たちは直ちに 5 人ずつに二分されます。「愚かな」乙女た
ちと「賢い」乙女たちです（25:2）。現実世界では誰も完全に賢いことも

14　Reid, *Parables for Preachers*, A.189-199. Praeder, *The Word in Women's Worlds*, 75-85。

15　「語呂合わせ」の例：第 5 章注 21、山口里子『イエスの譬え話 1』第 7 章注 11。

完全に愚かなこともありません。話の世界では要点を分かり易くするために極端な例が用いられることが多いので、そのように考えることが出来ます。

　しかし一方で、父権制社会では女性たちが「良い女」と「悪い女」に二分されて語られることが非常に多いということも、女性たちの経験です。そして「良い」「悪い」の基準は、結局のところ男性たちに都合が「良い女」か「悪い女」か、です。[16]

　ここで聴衆の中には、愚かな女たちを物笑いの種にするジョークやコメディの印象を持った人々が多かったかも知れません。[17]

　そして女性たちの中には、自分を賢い女に重ね合わせ、愚かな女たちには距離を置いて話を聞こうとした人々もいたでしょう。または、自分は愚かな女ではなく賢い女たちの中に入りたいと願って聞き耳を立てた人々もいたかも知れません。

　あるいは、始めから自分は賢い女たちの中には入れないと感じた女性たちもいたはずです。そのような女性たちの中には、またもや男性中心視点から女が二分されて躾けられることを予想して、何となく楽しくない印象を持った人々も少なくなかったでしょう。そして話が進むに連れてその予想は当たって行きます。

　賢い乙女たちはランプだけでなく油を入れた容器を持って来ましたが、愚かな乙女たちは予備の油を持って来ませんでした。ところが行進のために新郎が出て来るのが非常に遅れます。先に述べたように、新婦の父と新郎の交渉は、恐らく金銭に関することで最終合意がなかなか得られなかっ

16　参照：山口里子『いのちの糧の分かち合い』74-79。

17　一般に男性たちは、女の話だと聞いた途端に自分とは関係が無い話だと思って興味を失くす傾向があると言われます。ただし、女たちを物笑いの種にするような話にはジョークやコメディを聞くように気軽に聞く気になるとも言われます。ですから、話の始めで女性たちが「賢い」と「愚か」に二分された時、男性の聴衆の多くはそういう興味をそそられたかもしれません（Balabanski, "Opening the Closed Door"）。「ジョーク」「コメディ」について：第４章注36。

たのでしょう。どちらも様々な思惑が働いて、気持ちよくサッと契約完了にならなかったのです。待ちくたびれた乙女たちは皆が眠ってしまい、夜中になって叫び声で起こされます。そしてすぐ新郎を出迎えて行進をするように準備を始めます。

　乙女たちは「それぞれのランパスを整えた」（25:7）とあります。「整える」は、「ランパス」がもしも「トーチ」なら、棒の先に巻き付けてある布に油を更に浸して明るく燃えるように整えることです。あるいは「ランパス」が「ランプ」なら、芯の焼けた部分を取り除き新しい油を満たして明るく燃えるように整えることです。[18]

　ランプを整える時になって、愚かな乙女たちは予備の油が無くランプが消えそうだと気づきます。そこで賢い乙女たちに油を分け与えてくれるように頼みます。ところが賢い乙女たちは断ります。

　予備の油は持っているけれども「私たちとあなたがた」の両方の分には足りないかも知れないと言うのです。ここのギリシャ語は、「万が一にも足りなくなるようなことが決してないように」（mēpote ou mē arkesē）という意味合いの表現です。

　そして賢い乙女たちは、あなたがたは商人たちの所に行って自分たちの分を買いなさいと言います。夜中に店など開いていないでしょうし、結婚式のために晴れ着で着飾った乙女たちが夜中に町を走り回るなんて身の危険さえあるでしょう。それなのに賢い乙女たちは友人たちを暗い夜中の町に追い出すのです。[19]

18　Reid, *Parables for Preachers*, A.194. ちなみに、「整える」（kosmeō）は「秩序」（kosmos）に由来する言葉です。「kosmos」は、秩序ある整然としたものという意味で、宇宙・世界を指すと共に、身なりなどを整える装飾の意味もあります。現代の英語の「cosmos」（秩序・宇宙・コスモスの花）と、「cosmetic」（化粧品）と「cosmetology」（美容術）が、同じ言葉に由来しています。

19　結婚の祝宴は一晩中持たれるので、食糧と油を売る店が24時間開いていた可能性があるという説もあります（Aubrey W. Argyle, "Wedding Customs in the Time of Jesus," in *Expository Times* 86（1975）214-215. From Rosenblatt, "Got into the Party after All," 184）。

賢い乙女たちのこのような態度は、自分に与えられた役割を完全に行なうことが最優先すべき大切なことだという考え方を示しています。ですから賢い乙女たちは、世間で期待されている役割をしっかり行なう賢さを持つ女性たちです。言わば、お嫁さんに来てもらいたいと思われる女性になるように躾けられ、世間で称賛される妻になる生き方を堅実に歩み始めた女性たちです。

　しかしそういう役割優先の生き方に徹することは、競争社会の中で弱者にされる「愚かな」女性たちに思いやりを持たず切り捨てる生き方になります。これは若い女性たちに限りません。若い男性たちにも当てはまることです。いえ、これは若い人に限りません。人生の色々な段階にいる人々にも共通するでしょう。

　そのような生き方をする人々ばかりによって作られる社会は、失敗や欠けの無い居心地の良いものになるのでしょうか？

3.「あなたがたを私は知らない」

　愚かな乙女たちが油を買いに出ている間に、新婦の父の家から新郎（の父）の家に向かう結婚の行進が始まります。そして新郎（の父）の家に到着すると、賢い乙女たちは祝宴の場に入ります。そして戸が閉められます。その後で残された乙女たちがやって来て、戸を開けて中に入れてもらえるように「主人」に頼みます。けれども「主人」は、「あなたがたを（私は）知らない」と言って断ります。

　聖書で「ご主人さま」（Lord）と訳されている言葉は、ギリシャ語で「キュリオス」（kyrios）です。「主」「主人」の意味で、教会では「主イエス・キリスト」というような表現でいつも使われている言葉です。ただしこれは一般的には、「だんなさま」というような男性への敬意を表す呼びかけの表現として使われていた言葉です。ですから元々は一般的な表現として聞かれたと思われます。

　ところが「主人」は彼女たちを拒絶します。この時、愚かな乙女たちが油を得て来たかどうかについては、譬え話では語られていません。大方の

第6章　10人の乙女たち　147

学者たちは、何とかして油を得て来たのだと解釈しています。

しかし油を得たとしても得なかったとしても、彼女たちは祝宴に招かれていたゲストで、それも新婦の友人の中で選ばれた人々です。そのような人々に対して「あなたがたを（私は）知らない」と言って追い返すような拒絶の態度は、当時の人々には考えられないことでした。余りにも不寛容でホスピタリティ（もてなし・厚遇）の無い態度だからです。

パレスチナの世界において、ゲストに対するホスピタリティは、太古の昔から1世紀までも、更に現代に至るまでも続いている、非常に重要な文化的伝統です。古代世界では、旅人に宿泊場所と食事を提供しないことは、旅人が夜の寒さや飢えや野獣に襲われて死ぬ危険さえあり、たとえ見知らぬ人でも温かく迎え入れるホスピタリティは必要不可欠のものでした。1世紀、聖書といえばヘブル語聖書（旧約聖書）でしたが、そこには例えばアブラハムの話があります。彼は見知らぬ旅人にホスピタリティをもって接したことで神の祝福を受けます（創18:1-10a, 18）。このような昔から、見知らぬ人であろうと誰であろうと、ゲストに対するホスピタリティは神への信仰と正義の行ないに繋がる大切な伝統でした。[20]

ところがこの話の「主人」の態度には、ホスピタリティのかけらもありません。話を聞いていた人々は、女性たちはもちろんのこと、愚かな乙女たちを笑いの種にするようにして聞いていた男性たちでさえも、この主人の態度にはショックを受けて、「ジョーク」はいっぺんに色あせたことでしょう。聴衆は主人の拒絶に怒りを感じ、結婚の祝宴という大きな喜びのイメージは吹き飛んで、ゲストを締め出した主人に対する不快感を持たされます。[21]

しかし振り返ってみると、この譬え話で不可解で不快な要素はこれだけではありません。当時の女性にとって結婚は人生を左右する一生の一大事

20　ホスピタリティについて：第4章注29。

21　Balabanski, "Opening the Closed Door."

でした。女性が一生の内に華やかな脚光を浴びる数少ない機会の中でも、第1と言える時でもありました。それなのに、この話では新婦が1度も述べられていません。新婦に選ばれた友人たちで新婦に付き添っている乙女たちが話の中心を占めているにも拘わらず、新婦は登場しません。彼女の姿は見えなくされ、声は聞かれなくされています。[22]

　また、結婚の行進を照らす名誉ある役割に選ばれた新婦の友人たちは、全く助け合っていません。賢い乙女たちは、油を分けてほしいという愚かな乙女たちの頼みを断り、夜中の町に追い出してしまいます。

　当時の民衆の間では、生活用品でも食料品でも、困った時には互いに貸し借りするのが常でした。日常の小さな助け合いがあったからこそ、ローマ帝国植民地支配下で借金苦が蔓延したような厳しい生活の中でサバイバルしていたのです。その意味で、庶民女性たちの間では、「ホスピタリティ」に象徴される精神こそが、何よりも高く評価されていたと言われます。[23]

　ところが譬え話の中では、賢い乙女たちの冷淡な態度は、自分たちに与えられた役割をきちんと果たしたということで承認を得たようで、彼女たちは祝宴に入れられています。

　更に、残された乙女たちが祝宴の会場に来て中に入れてもらえるように頼んだ時、「主人」が拒絶するだけではありません。新婦も、賢い乙女たちも、友人として何の介入もしていません。

　招かれていた友人たちが結婚の祝宴に一緒に入れるのか入れないのかという大事な時に、新婦も含めて女性たちは全く無力にされています。あるいは、女性たちの助け合いや連帯の行動は全く見られません。こうして、皆で一緒に祝う喜びの時、中でも女性たちにとって特に大切な喜びの時で

22　写本の中には「新郎の出迎えに」（25:1）を「新郎と新婦の出迎えに」として「新婦」という言葉を補っているものもあります。これは、結婚の話で新婦が全く述べられないことに違和感を持った写字生たちがいたということを暗示していると言われます。Balabansky, "Opening the Closed Door."

23　山口里子『マルタとマリア』46-47。

ある結婚の話は、女性たちが無力で分断されたまま終わります。[24]

　喜びのムードは消え去り、「なぜ？」という不可解さと不快さが残ります。一体これは何という主人なんだ？　こんな不寛容な主人なら、自分も祝宴に入れないんじゃないか？　いったい誰が祝宴に入れるのか？　それに、主人だけでなく新婦に選ばれた友人たちもがこんなに冷たい人々なら、自分はそんな祝宴に本当に入りたいだろうか？　こんな疑問の中で話は終わります。[25]

　一体イエスは何を問いかけようとしたのでしょうか？

Ⅴ．思いめぐらし

1．賢い女性になりなさい？

　この譬え話でこれまで教えられて来たのは、賢い乙女たちになりなさいということでした。それはまず、譬え話の始めにある言葉が「（天の国は）このようなものだ」と翻訳されて、「主人＝キリスト」と理解されてきたためでしょう。

　しかし元のギリシャ語は、「（神の国を）これと比べてみなさい」という意味にもなります。そうすると、「神の国（basileia 神の統治・領域）もこういうものだと思いますか？　比べて考えてみましょう」と、問いかけられていることになります。そして、マタイの編集部分を除くと明確に、これまでの理解に根本的な疑問が出されるのです。[26]

　譬え話にあるように、この世の在り方では、人々を「愚かな人」と「賢い人」という風に分けて、「愚かな」人々をバカにしたり除け者にしたり

24　女性たちの無力は、誰１人目覚めていることが出来ず（男性の？）叫び声で目覚めさせられるという点にも表わされているという指摘もあります（Rosenblatt, "Got into the Party after All"）。

25　Balabanski, "Opening the Closed Door." Schottroff, *The Parables of Jesus*, 31.

26　譬え話で「このようなものだ」とも「これと比べてみなさい」とも訳されるギリシャ語について：「はじめに」。

する傾向があります。そこで少女たちは、不注意な愚か者と言われないように躾けられます。勤勉で従順な妻になるように、躾けられるのです。

譬え話の愚かな乙女たちは、確かに不注意で思慮が足らず「愚か」かも知れません。けれども、賢い乙女たちは本当に見ならうべき女性たちでしょうか？　この賢い乙女たちは、友人たちに対して意地悪で冷たいと思いませんか？　油は両方のランプには足りなくなるかもしれません。他人に分けたりしないで自分のことだけしっかり守っているほうが、安全確実で賢いやり方かも知れません。

しかし、賢い乙女たちのようには出来ない人々を切り捨てるのは、やむを得ないことでしょうか？　友人たちを外に追い出すのではない、他の方法はなかったでしょうか？　例えば、新婦の家には予備の油がなかったのでしょうか？　おそらく一緒に祝宴に招かれていた近隣の家ではどうでしょうか？

あるいは、どうしても予備の油を得られなかった場合の次善策は無かったでしょうか？　例えば、５人ずつペアになって、油の不足分を補うように一層華やかに歌い踊る工夫をして１０人そろって行進したら、ランプを持つ乙女たちが５人だけの行進よりも、ずっと温かく楽しい祝福のムードが溢れた行進に出来たのではないでしょうか？　そんな工夫を「賢い」乙女たちは考えつかなかったのでしょうか？　つまりは、親身になって一緒に考える気が無かったということではないでしょうか？

ここで注意したいのは、「賢い」（phronimos）という言葉です。ここでは、「知恵」ではなく「利口」という言葉から来た形容詞が使われています。

「知恵」（sophia: wisdom）は、生きるために必要な実際的な賢さや利口さを含む広い意味を持つ言葉ですが、まず第一に、真理の探究・真実のいのちに向かう根本的な知恵を指します。本当の神を知って真実のいのちに至る道を歩むようにと、聖書で示される知恵です。

それに対して利口な「賢さ」（phronēs: clever）という言葉は、役割をこなして世の中で認められるために役立つ、実際的な思慮分別、実践的に

賢明で利口なことを意味します。

　確かに、実際的な思慮分別を持ち賢明で利口なことは、人が生きる上で必要です。しかしこの現実的な賢明さは、時に、他の人を出し抜くずる賢さ・抜け目なさに成り得ます。この譬え話で使われている「賢い」という言葉は、そういう実際的な賢明さ・利口さを表わすものです（マタイ 7:24; 10:16; 24:45）。

　譬え話で、「愚かな」（mōros）乙女たちは予備の油を持っていませんでした。なぜでしょう？　その人々は経験が浅くて考えが甘かったのかも知れません。または、失敗を重ねても不注意で思慮が足らず気が利かない人々や、頭がまわらない人々だったかも知れません。

　けれども当時の庶民が置かれた状況を考えると、そういう人々だけではなかったと思われます。つまり、貧しくて予備の油を用意するほどの経済的なゆとりがなかった人々、あるいは色々な事情で予備の油を用意する時間的なゆとりが無かった人々もいただろうと考えられます。[27]

　ともかく、「愚かな」乙女たちの背景には、社会の弱者にされている人々の様々な事情があったことでしょう。そういう人々に対して思いやりを持たず、あくまでも自分の人生を賢く生きるのが、ここで語られている「賢い」乙女たちの姿です。確かにこの世界ではそのような「賢い」生き方をする人々が称賛され、成功人生が約束されることが通常です。けれどもこの譬え話でイエスは、そういう賢い女性たちに見ならうことを勧めたのでしょうか？

　話の終りで、愚かな乙女たちは恐らく精いっぱい頑張って何とか油を得

27　予備の油を持って来なかった「愚かな」乙女たちの背景について、「不注意」「無思慮」というような面だけでなく、「貧しさ」の面がある可能性を、私は想像しました。このような可能性を明確に述べている注解は、私の知る限りではありませんでした。しかし、当時のガリラヤ庶民生活を考えると、これは単なる空想ではない「歴史的想像力」の範囲だと思います。ガリラヤ庶民の生活に関して：山口雅弘『イエス誕生の夜明け』129-233。山口里子『イエスの譬え話 1』19-27。「歴史的想像力」に関して：山口里子『マルタとマリア』21, 31。

て、あるいは油を得られなくても、友人の結婚を祝うという大事な祝宴の場に駆けつけました。愚かな乙女たちは、たとえ愚かでも、ひとまずランプを持って新婦の家に来て行進を待っていた友人たちです。そして夜中まで待たされたあげくに、夜中の道を走り回って努力した乙女たちです。

　しかし主人は、行進の道を照らす役割を果たさなかったという結果に基づいて、彼女たちを役に立たない者たちとして拒絶します。この主人は人が役に立つかどうかだけで人を裁く冷たい人物ではないでしょうか？　そんな主人の祝宴に、私たちは心から喜んで参加したいでしょうか？

　ですから譬え話で民衆に問いかけられていたのは次のようなことではないかと、私は思います。

　「ご覧なさい、あなたがたは主人の不寛容やホスピタリティの精神の無さに驚き呆れて怒りを感じているでしょう。賢い乙女たちが友人たちを切り捨てて自分たちの役割に徹する態度に不快を感じているでしょう。結婚の出来事で新婦の声が聞こえない事にも不可解さを感じているかも知れない。

　けれども、この世の在り方は結局のところはこういうことではないですか？　神の国はこれと同じだと思いますか？　神はそんなふうに賢い者を受け入れて愚かな者を拒絶するでしょうか？　神が喜ばれる賢さは、このような賢い乙女たちの賢さだと思いますか？　そして神の国の祝宴はそのようなものでしょうか？」と。

　こう理解すると、この譬え話は、神の国は賢い乙女たちが入る所という神の国理解に対して根本的な問いかけをしています。ですからこの譬え話は、「愚かな」人々を切り捨てる賢さ、社会で役に立つかどうかで賢いか愚かかを決める、この世界の二元論的な人間観、そういう言わば「常識」的な価値観の転換をこそ、求めているのではないでしょうか？[28]

28　Balabanski, "Opening the Closed Door." Schottroff, *The Parables of Jesus*,

第6章 10人の乙女たち 153

2. 「賢さ」と「知恵」

私たちは今、自分に与えられた役割を優先させて「愚か」とされる人々を切り捨てて成功する、利口な「賢さ」を越えて行くことを考えました。このことを踏まえた上で、利口な「賢さ」について改めて問いたいと思います。

利口な「賢さ」は、他の人を出し抜いてでも自分が有利な立場に立つようにする、ずる賢さ・悪知恵・抜け目なさ・策略・欺きなどの意味合いを持ちます。そこで言わば、真実のいのちに至る「本当の知恵」とは対極に置かれることにもなります。

しかしそのような二分法的な見方にも、私たちは注意したいと思います。実際的な利口な「賢さ」は、特に現実社会の不公正な力関係の中で圧倒的な弱者にされた人々が生きるため、サバイバルするために、欠かせないものでもあるからです。

聖書の中には、生きるため、サバイバルするために、この利口な賢さを最大限に用いた人々の物語が幾つもあります。

女性たちの話の1例として、紀元前12世紀の出来事を語る「出エジプト記」の始まりで、エジプトの助産師たちの話があります（出1:15-21）。エジプトのファラオがヘブル人の男の子が生まれたら殺すように命じた時、助産師の代表と思われるシフラとプアはファラオの命令を無視して、いのちがけで赤ちゃんたちのいのちを救いました。このことでファラオの尋問を受けた時、彼女たちは「ヘブル女性たちは丈夫で助産師が行く前に産んでしまう」と答えます。

彼女たちは、「奴隷は丈夫で肉体労働に向いている」というような、支配者たちに都合が良い偏見、「強者の論理」を逆手に取って、ファラオを欺いたのです。こうして助産師たちは、ヘブルの男の子たちのいのちを救うだけでなく自分たちも処刑を免れてサバイバルしました。[29]

---

33. 「二元論」について：第5章注25。

29　ドローラ・オウドンネル・セテル「出エジプト記」特に62-63。山口里子『マルタとマリア』178。『虹は私たちの間に』63-64。

このような話で見られるのは、社会の不公正な力関係の中で、いわゆる正々堂々とした抵抗が不可能な状況に置かれた社会的弱者たちが、泣き寝入りで諦めるのではなく、何とかして「実」を取って生きぬく知恵です。社会の偏見や「強者の論理」を逆手に取って、強者である相手を出し抜く策略を用いてサバイバルの道を見出す知恵です。

このような利口な賢さの知恵・策略を用いて生き残る話が、社会の弱者にされてきた女性たちの話に多いのは偶然ではありません。また、イスラエル民族全体が、実質的に弱い立場に置かれた民族としての歴史が長くあり、そのために聖書には人々が利口な賢さの知恵を用いてサバイバルを勝ち得た話が少なくないと思われます。ヘブル語聖書全体も、このような賢さ自体を「悪」とするような考え方を示していません。

イエスの譬え話の中では、「不正な管理者」の話で、彼の「賢さ」（ルカ16:8）にもこの言葉が使われています。主人からあらぬ疑いで断罪された

また、およそ紀元前5世紀頃の物語設定で紀元前2世紀頃に書かれたと思われる「エステル記」の物語があります。民間からペルシャの王妃に選ばれたエステルは、自分がヘブル人であることを隠して生活していましたが、大臣ハマンがヘブル人全滅を計っていると知ります。そこでユヌコス（宦官）たちの協力を得てハマンの策略に対抗し、彼を滅ぼして、自分のアイデンティティも明らかにして、自分も民も救います（シドニー・ホワイト「エステル記」。山口里子『虹は私たちの間に』231-232）。

もう1つ例を挙げると、おそらく紀元前5世紀頃の物語設定で紀元前2～1世紀頃に書かれたと思われる「ユディト書」の物語があります。イスラエルの民が圧倒的な強敵に狙われ全滅の危機に直面して、指導者たちが恐れおののいていた時のことです。ユディトは侍女を従えて女性2人だけで敵陣に入っていきます。美しく敬虔な女性という男たちの身勝手な偏見と幻想を逆手に取って、軍隊と征服者を欺き、征服者を滅ぼし、自分と侍女のいのちも民族全体のいのちも救うのです（アイリーン M. シュラー「旧約外典」特に410-415。エリザベス・シュスラー・フィオレンツァ『彼女を記念して』182-186。山口里子『マルタとマリア』180-181）。

これらとは少し異なりますが社会的弱者のサバイバルの話として、紀元前11世紀頃の物語設定で紀元前5世紀頃までに編集されたと思われる「ルツ記」の物語があります。無力の象徴と見られる2人の寡婦ナオミとルツが知恵と策略を用いてボアズも巻き込み、皆でハッピーエンドに到達します（エイミー・ジル・レヴァイン「ルツ記」。山口里子『虹は私たちの間に』192-221）。

財産管理者は、策略を用いて主人の負債者たちも自分も助かるサバイバルの道を開くのです。[30]

　ですから、利口・ずる賢さ・悪知恵・抜け目なさ・策略・欺きなどの否定的なイメージに結びつけられた「賢さ」も、それ自体を「悪」として「本当の知恵」の反対と決めつけてしまうべきではないでしょう。[31]

　この譬え話でも、「賢い」乙女たちの「賢さ」それ自体が全面否定されているのではないと、私は考えます。彼女たちが予備の油を用意しなかったら、暗い道を照らす光がなくて行進が台無しになってしまったでしょう。むしろ問題は、彼女たちが「愚かな」乙女たちに対して取った態度です。

30　山口里子『イエスの譬え話１』92-110。

31　私は小さい時から、「正直」は良いこと、「嘘つき」は悪いことと教えられて、それが無意識レベルにまで染み込んでしまったためか、あるいは性格的なものなのか、バカ正直な面が強くあります。それでずいぶん損をしてきたとも思います。けれども、私がそのようにして生活して来れたのは、いわゆる「欺きの武器」のようなものを使わなくても何とかサバイバルできる環境にいたという面も否定できません。何のために欺き、何のために嘘をつくのかが問われるべきであって、「正直」とか「正々堂々」とかを手放しで一方的に肯定するのは「強者の論理」という面があることも自覚しておきたいと思います。
　私たちの身近な現実では、例えば、「性的少数者」の人や被差別部落出身の人などが、教会や社会で本当の自分を正直に表わすことが出来ず、必要に応じて嘘をついて生活しなければならないなら、それはその人が「嘘つき」で問題なのではなく、そのようにしてサバイバルしなければならない状況を作っている社会と教会こそが問題です（山口里子『虹は私たちの間に』216-221）。
　このこととの関連で、様々に異なる状況で生活している人々への無配慮・不注意による「愚かな」言動には、私たちは互いに心して対処する必要があると思います。例えば、挨拶代わりのような「結婚しないの？」「赤ちゃんはまだ？」というような言葉でどれほど多くの人々が深く傷つけられているか知れません。
　また、誰かが非常に厳しい状況で生活している時に、あるいは誰かが非常にセンシティブな事柄に取り組んでいる時に、そういう状況への配慮欠如・注意欠如の「愚かな」言動は、たとえ「善意」「親切心」からのものであっても、まさに致命的な打撃になる事も少なくありません。そのような「愚かさ」は、いわゆる頭脳明晰とか賢さとは無関係にあり得ます。ここでも「賢さ」と「愚かさ」は二元論で捉えるべきものではないと思われます。

相手が困っている状況を前にして、自分たちの役割を果たすことのみを優先させ、相手を犠牲にしない方法を考えたり、共に問題に対処することに賢い知恵を用いようとはしなかった、その姿勢です。

先に、「知恵」（sophia）は広い意味を持つ言葉だと述べました。真実のいのちへの道を歩む知恵と共に、生活に具体的に役立つ実際的な知恵をも包含する言葉です。利口な「賢さ」（phronēs）は、自分の利益のために他者・弱者を貶め犠牲にする形で用いられる時、いのちの知恵に対立するものになります。

しかし様々な事情を持つ人々が、犠牲者のままにされたり泣き寝入りさせられていないようにするために役立てられる生活の知恵、現実世界に働く抑圧的な力に抵抗して生きるための「弱者の武器」になる知恵として用いられる時、実践的で利口な策略の「賢さ」も、本当の「知恵」の一部になるでしょう。ここでも「あれかこれか」の二元論ではないのです。

3. 共に生きることに向かう知恵を

この世界は、役に立つかどうか、賢明かどうかで、人を分け隔てます。この譬え話の「主人」のように、この世の「主人」たちが支配する世界では、役に立たないと思われる人々、「愚かな」人々が切り捨てられます。

また、現実世界に働く不正な構造的暴力や抑圧的な力関係を無視して、いわゆる正々堂々とした正直な行動が肯定されます。そして、社会で弱い立場に置かれた人々のサバイバルのための策略・利口な賢さ、「弱者の武器」には、否定的なレッテル貼りが行なわれます。

しかし人は誰もいつでも役立つ者として生きられるわけではありませんし、愚か者とレッテルを貼られる道を敢えて選ばざるを得ない状況も少なくないでしょう。更に、人はいつでも正々堂々と正直に生きていくことが可能な立場に居られるとは限りません。ここで問われているのは、二元論的な見方ではない「知恵」を用いて共に生きる姿勢ではないでしょうか?[32]

---

32 人間を、賢い者・愚かな者、正しい者・間違っている者、良い者・悪い者と二分

人々が待望する神の国の祝宴は、この世で「愚か」とされる人々、様々な事情で弱者にされる人々を、決して排除しない祝宴ではないでしょうか？そして、たとえ世の中で「役立たず」と見なされても、そのような社会で小さくされた一人一人が、神の子どもたちとして大切にされる世界に向けて変革を願う生き方こそが、神に喜ばれるのではないでしょうか？

　そうであれば私たちは、この世界の複雑に絡まり合った力関係の只中で、世間の常識的な期待の中で分断されないように注意して生きたい。むしろ主体的な共生のサバイバルに向けて知恵を持って生きたい。誰1人不公正に苦しむままにされず、人としての尊厳を踏みにじられたままにされない世界に向けて、色々に異なる人々がそれぞれに与えられている様々な知恵を用いたい。

　その知恵は、いわゆる頭が切れるとか頭脳明晰というような、頭が良い悪いで決まるものではありません。正義と平和と希望の世界を作り出していくことに向けて、一生懸命、共に生きようとする時に一緒に与えられていく知恵です。様々な困難があるなかで、共に考えながら実践しながら生きていく時に、気がついたら、真実のいのちへの道を一緒に歩んでいた、いのちの知恵を一緒に育てられていたという、知恵です。

　私たちはそのような賢さ・知恵を分かち合うようにして、共に繋がり合いながら生きていくことで、本当に意味のある人生、魂の安らぎも与えられる幸せな人生を、生きていこうではありませんか。私たちは、そんな

して二者択一の人間観と生き方を常識にする社会は、古代であろうと現代であろうと、社会的「弱者」が踏みつけられ切り捨てられるだけではありません。「賢い者」「良い者」として生きる「強者」も、差別・競争・排除の社会構造の歯車にされて自分の首を絞めることになる社会です。このような社会で、大人たちの心も関係も荒れていく時、その「弱い者いじめ」の社会の在り様が、障碍者・高齢者・児童の貧困・排除・虐待や、子ども間のいじめに反映されて行きます。人々が、二元論的な価値観でなく、色々な人々の中にある多様な「個性」「能力」を見出し引き出しながら共に生きる知恵を育てる時にこそ、社会にも温かい優しさと豊かさが育てられていくと思います。

人生に向かう闘(たたか)いの場、知恵の分かち合いの場を作りつつ、様々に異なる人々から互いに学び合い共に成長して、しなやかに、したたかに、楽しく、仲間と繋がり合う輪を豊かに広げていこうではありませんか。

　グループを作ってトーラーを学びなさい。他の人々と共に学ぶことによってのみ、トーラーの知識は得られるのです。[33]

ガリラヤ群生の菜の花（著者撮影）

33　タルムードの言葉 "Make yourself into groups to study the Torah, since the knowledge of the Torah can be acquired only in association with others" (*Berekoth* 63b) from Elisabeth Schüssler Fiorenza, *Wisdom Ways*, 12; *Democratizing Biblical Studies*, 48.

第 7 章　裁判官と寡婦の譬え話　159

第 7 章　裁判官と寡婦の譬え話

（ルカ 18:2-5）[1]

Ⅰ．テキスト

(1) そして彼等に譬え話を（彼は）言った。いつも祈ること、そして決して気を落とさないことが必要であることのために。(2) （彼は）言っていた。或る裁判官が、或る町にいた。（彼は）神を決して恐れず人を決して敬わない。(3) そしてその町に寡婦がいた。そして彼（の所）に来続けていた。「私の敵に私を立証してください」と言って。(4) そして（彼は）望まずにい続けた、しばらくの間。けれどもこれらのことの後で（彼は）自分自身に言った。「たとえ（私は）神を恐れず人を敬わないにしても、(5) 実にこの寡婦が私に煩いを起こさせることの故に、彼女を（私は）立証しよう。（彼女が）最後まで来続けて、私を顔面殴打することが決して無いように」。(6) それで主は言った。不正な裁判官が何を言うか（あなたがたは）聞きなさい。(7) しかし神は、彼に昼も夜も叫んでいる、彼の選ばれた人々の立証を決して行なわないで、彼等に対してずっと（行動せずに）辛抱していることはないだろう。(8) あなたがたに（私は）言う。（彼は）彼等の立証を速やかに行なうだろう。ただし、人の息子が来るだろう時に、地上に信仰を（彼は）見出すだろうか。

Ⅱ．これまでの解釈

福音書に書かれているイエスの譬え話は、圧倒的に権力を持つ男性イメージの「主人＝神」のメタファー（隠喩）として解釈されてきました。この譬え話でも、権力を持つ男性である「裁判官＝神」のメタファーという理解がされてきました。

そして、ラビたち（ユダヤ教教師）の教えの慣習法「小→大」を使って、

1　この章は以下を土台に編集しました：日本フェミニスト神学・宣教センター 2016年 1 月定例セミナー「裁判官と寡婦の譬え話」（『日本フェミニスト神学・宣教センター通信』97 号, 1-18）。

もし悪い裁判官が寡婦の粘り強さによって動かされるなら、神はどれほど多く、たゆまない敬虔な祈りに応えてくださることかという教えとされました。つまり祈り続けることの大切さの教えとして解釈されて来ました。[2]

しかしこのような教えは、不正に苦しむ女性たちに、抵抗するよりも霊的な諦めと受容、そして強い男性の助けを待つ典型的な「女らしさ」を育てることに、貢献してきました。同様に、権力による抑圧・不正に苦しむ様々な弱者にも、抵抗して行動することではなく受容して祈ることを勧める教えになってきました。[3]

2　例：エレミアス『イエスの譬え』（原著 1966）171。Kenneth E. Bailey, *Through Peasant Eyes*（1980）137-141. Herman Hendrickx, *The Parables of Jesus*（1983）229-230. このような解釈とは対照的なものとして、1988 年に、プレーダーは、「裁判官＝神」のこれまでの解釈は神理解の上で問題がありすぎると指摘しています（Sussan Maire Praeder, *The Word In Women's Worlds*, 70-71）。一方ブルトマンは 1968 年に、この譬え話をオリジナルの意味が回復不可能だというパラブルのリストに入れています（Rudolf Bultmann, *The History of the Synoptic Tradition*, 199）。「メタファー」について：山口里子『新しい聖書の学び』84。

　「小→大」の語り方について：第 3 章注 2。

　なお、「寡婦」については、新共同訳聖書では「やもめ」という言葉が使われています。「やまとことば」としての「やもめ」は男女の区別の無い言葉で、区別するには「男やもめ」「女やもめ」だったそうです。「寡婦」は「寡夫」の対語で、どちらも性差別的な意味は持っていないとのことです（彦坂諦さんの個人的交信から）。ただ、私が日常会話で聞いて来たのは、「やもめ」（女）と「男やもめ」という使い分けです。言葉の標準形が女性をイメージさせるのは、夫と妻のうち後に残されるのは圧倒的に妻だったという現実が反映されているのでしょう。そして「やもめ」には、（夫亡き後に）「家を守る女」の意味があります。一方「寡婦」は、「寡」（少ない）に由来し、「夫を亡くした女」の意味があります。

　聖書のヘブル語「'almānā」（アルマーナー）は、「口がきけない」から来る、（外の公的な場で代弁してくれる夫を失い）「沈黙している者・黙っている者」の意味があります。ギリシャ語「chēra」（ケーラ）は「奪われて・失われて」から来る「夫亡き女」の意味があります。どちらも「家を守る」こととは無関係です。そこで、日本語では「寡婦」のほうが意味が近いと考えて、これを使います。

3　Elisabeth Schüssler Fiorenza, *Sharing Her Word*, 154. なお、「赤ずきんちゃん」

第 7 章　裁判官と寡婦の譬え話　161

果たしてイエスは、ガリラヤ民衆にそういうことを教えようとしたのでしょうか？

Ⅲ．オリジナル版に近い形で「聞く」ための考察

この譬え話はルカ福音書だけに書かれていますが、歴史のイエスに遡る譬え話だと考えられています。そして「ルカ 18:2-5」が元々イエスが語ったもので、「18:1, 6-8」はルカの特徴である祈りの教えとしてルカが編集したものだと、ほとんどの聖書学者たちが合意しています。[4]

また、短い話で幾つもの言葉が繰り返し使われているのは口頭伝承の反映であると言われます。[5]

そこで、「ルカ 18:2-5」がオリジナル版に近いと考えて、テキストに向かいましょう。

Ⅳ．テキスト分析

1．裁判官のイメージと現実

始めに述べられるのは「或る裁判官」という言葉です。ヘブル語聖書では「神は正しい裁判官」として語られています。神は、弱い立場の人を苦しめる者に対して怒り、貧しい人を救う裁きを行ないます（例：創 15:14、サムエル上 2:20、詩 50:6; 68:6-7; 76:10; 110:6）。

これに基づき、「正しい裁判官」とは、神を恐れ、公平で正しく、賄賂に応じない人です。その反対が堕落した裁判官です。ヘブル語聖書には、裁判官の堕落に対する警告がずっと続いています（例：出 22:20-23、申

の話が、女性の主体的な果敢な行動を促す話から、強い男性への依存・従順を教える話に変えられていったことに関して：山口里子『マルタとマリア』192-193。

4　例：Jesus Seminar, *The Parables of Jesus*, 41. Scott, *Hear Then the Parable*, 176. William R. Herzog, *Parables As Subversive Speech*, 215-216. Schüssler Fiorenza, *Sharing Her Word*, 154. Reid, *Parables for Preachers*, C.228-230. 荒井献『イエス・キリスト　下』120。

5　Scott, *Hear Then the Parable*, 178.

10:17-19; 16:18-19; 27:19、歴代下 19:4-7、イザヤ 1:17, 26、アモス 5:10-12、ゼファニア 3:3-5、マラキ 3:5、シラ 35:14-26）[6]。

　あなたたちの神、ヤハウェは神々の中の神、主なる者の中の主、偉大にして勇ましく畏（おそ）るべき神、人を偏（かたよ）り見ず、賄賂を取ることをせず、孤児と寡婦の権利を守り、寄留者（きりゅうしゃ）を愛して食物と衣服を与えられる。あなたたちは寄留者を愛しなさい。あなたたちもエジプトの国で寄留者であった（申 10:17-19）。

　とこしえにまことを守られるヤハウェは　虐（しいた）げられている人のために裁きをし……寄留の民を守り　みなしごとやもめを励まされる（詩 146:6b-7, 9）。

　お前たちの咎（とが）がどれほど多いか　その罪がどれほど重いか、わたしは知っている。お前たちは正しい者に敵対し、賄賂を取り　町の門で貧しい者の訴（うった）えを退（しりぞ）けている（アモス 5:12）。

　善を行うことを学び　裁きをどこまでも実行して　搾取（さくしゅ）する者を懲（こ）らし、孤児の権利を守り　やもめの訴えを弁護せよ（イザヤ 1:17）。

6　譬え話以外の聖書引用は新共同訳聖書によりますが、日本語ではヘブル語聖書の「ヤハウェ」（「いのち」の神）と「アドナイ」（主）が両方とも「主」と訳されています。ここでは両方が一緒に出てきますので、「ヤハウェ」は「ヤハウェ」と訳しています（「ヤハウェ」について：山口里子『新しい聖書の学び』89-90）。
　以下の引用句に出て来る「**寄留者**」はヘブル語の「ゲール」の訳語で、「在留外人」(resident alien)・「よそ者」などと見なされる人のことです。なお、「外人」という言葉は差別的な表現なので最近では「外国人」と言い換えられるようになっていますが、聖書の時代「ゲール」は必ずしも「外国」の人に限りませんでしたし、差別はされていた人なので、「外人」という表現のほうが近いと思い、以下、必要に応じて「　」付きで使います。また、出エジプトの指導者モーセが「ゲール」と自認していたことについて：山口里子『新しい聖書の学び』71。

寄留者、孤児、寡婦の権利をゆがめる者は呪われる（申 27:19）。

裁きのために、わたしはあなたたちに近づき　直ちに告発する。……寡婦、孤児、寄留者を苦しめる者　わたしを畏れぬ者らを、と万軍の主は言われる（マラキ 3:5）。

キリスト教証言書の時代になっても、裁判官の堕落は周知のことでした。タルムードには、「村の裁判官は一皿の食事のために正義を曲げる」という言葉もあります。これは後の時代に書かれたものですが、時代を越えた裁判官の堕落状況を象徴的に表わしていると言えるでしょう。[7]

しかし、なぜそのような「恥知らず」の堕落した人が裁判官になったのでしょうか？　それには当時の裁判官任命システムが関わっています。

譬え話で、「或る裁判官」に続く言葉は「或る町」です。この裁判官は「町の裁判官」です。これは基本的に都市のエリートを示す名誉の言葉です。ただ、「町」（polis）という言葉は、エルサレム、セッフォリス、ティベリアスなどの大きな町にも、周辺の小さな市場町にも使われました。また、「町」という言葉のルカの使い方は厳密なものではないので、どの程度の町なのかは不明です。[8]

この譬え話では、寡婦が彼のところにじかに訴えに来続けて彼を悩まし続けます。ですから、そういう人と距離を置いて直接の接触を避けることができる「都市エリート」というよりは、貧しい庶民の生活の場に近い、裁判官が 1 人しかいない村のような小さな町の裁判官、という印象にな

7　また、エルサレムの裁判官の堕落は余りにひどかったので、「禁令の裁判官」（Dayyaney Gezeloth）の代わりに「強盗裁判官」（Dayyaney Gezeroth）と呼ばれる状況でした。Bailey, *Through Peasant Eyes*, 131.
　　「ミシュナー」と「タルムード」について：第 3 章注 10。
8　Scott, *Hear Then the Parable*, 178. Richard L. Rohrbaugh, "The Pre-industrial City in Luke-Acts."

ります。[9]

　当時、ローマ帝国植民地支配下にあったパレスチナでは、裁判官制度は複雑でした。ただローマは、たいがいのことを地元に任せていました。それで聴衆は、この譬え話でも、ローマ法に基づいて裁きを行なう一般の裁判官ではなく、「トーラー」（律法全体）に基づいて民事の裁判を行なう「トーラー裁判官」を想像したことでしょう。

　ミシュナーによれば、金銭・財産に関することは３人の裁判官が担当すると規定されていました。ただし特定の民事では、原告・被告が承認すれば、経験のある裁判官は１人で裁判を行なえるとされました。現実には、記述律法と口伝律法に精通した長老を確保するのは困難で、たとえ１人でもトーラーに基づいて裁判を行なえる裁判官が居るほうがマシとされたと考えられます。[10]

　裁判システムにおいて理想と現実が掛け離れていたように、裁判官の実際の役割も理想と現実がかけ離れていました。「トーラー裁判官」の役割は、本来、トーラーに基づいて神から求められる正義が行なわれるように裁きを行なうことです。

　しかし現実には、律法の規定に基づいて裁きを実行していると見えるような表向きの説明を作り、正当な手続きの外観を装うことが行なわれていました。つまり、律法解釈によって、律法順守の正義の擁護の見せかけを

9　Charles W. Hedrick, *Parables As Poetic Fictions*, 193.

10　ミシュナーによれば、人口が 120 人以上の村では７人の裁判官による法廷が必要とされていました。けれどもそれは理想で、現実にはほとんどの場合、１人の裁判官による（町の門での）広聴で、裁判が行なわれました。Scott, *Hear Then the Parable*, 183. Praeder, *The Word In Women's Worlds*, 56-57. Herzog, *Parables As Subversive Speech*, 222-224. ヨセフスは、ガリラヤの行政・司法兼任の知事（magistrates/archotas）として 70 人の長老が任命されたと述べていますが、ミシュナーの教え（Sanhedrin 1:1-31）は元々エルサレムに関するもので、ガリラヤでは３人任命でした（Herzog, *Parables As Subversive Speech*, 222-224）。

作ることが、往々にして実際の仕事になっていました。

　要するに、裁判官は支配エリート層・富裕層の利益・権力拡大に奉仕するように、選ばれ任命されていたのです。そして、律法に精通した長老が確保できず、ともかく町の著名な長老を選んで裁判官を1人だけ任命するということは、権力者・富裕層にとって増々有利なシステム活用の状況を作りました。

　1人を賄賂で動かすほうが安くついて楽ですし、そもそも裁判官自身が、基本的に権力者・富裕層と利害関係が共通する階級の人間だったからです。こうして、裁判官の働きに対する「率直なお礼」でシステムは動かされていました。

2.「神を恐れず人を敬わない」

　「或る裁判官」が「町」の裁判官であると述べられたすぐ次に来る言葉は、「神を恐れず人を敬わない」です。これは、名誉どころか、堕落を象徴する格言的な表現です。同様の表現はヘレニズム世界でも広く用いられていました。ここで複数形の「神々を恐れず」ではなく単数形の「神を恐れず」と言われていることは、この裁判官がユダヤ人として特徴づけられているということでもあります。[11]

　「神は正しい裁判官」という概念が根本にあり、そこから「正しい裁判官」の第1条件は、先に見たように、神を「恐れる」者、すなわち神を信じて従う者だということです。そして神の前に正しい人は、権力や賄賂

11　Herzog, *Parables As Subversive Speech*, 221. Schüssler Fiorenza, *Sharing Her Word*, 156. なお、新共同訳では「恐れる」という言葉を神に対しては「畏れる」、人に対しては「恐れる」というように漢字の使い分けをしています。ここのテキストも「神を畏れず」です。しかしここで使われているギリシャ語「phobeomai」は「恐れ」一般を指す言葉です（参照：おおむね、「deilia → deiliō/deilaō」は臆病で怖がる。「eulabeia → eulabeomai」は注意深い、敬虔な畏怖を持つ、畏れる）。ですから私は、一般的な「恐れる」という漢字を使います。

に屈せず、弱くされた人の尊厳を敬い配慮する、公平な人です。ですから、「神を恐れず人を敬わない」は、1人の人間としても堕落した者を表わす表現になりますが、それが人を裁く権力を持つ裁判官に使われたら、まさに堕落と不正の裁判官の象徴になるでしょう。

　ここのテキストでは、「神を恐れず人を敬わない」という表現に、「決して」（mē）という強調の言葉が二重につけられています。更に、この格言的表現が、裁判官自身の独（ひと）り言（ごと）として、「私は神を恐れず人を敬わない」と繰り返されています。彼が格言的な「恥知らず」の堕落し切った人間であることが、重ねて確認されているのです。

　先に、当時の裁判官について次のように述べました。「トーラー裁判官」の役割は、本来、律法に基づいて神から求められる正義が行なわれるように裁きを行なうことでした。ところが現実には、そのような外観を装うことが実際の役割として蔓延していました。

　こうした状況において、町の裁判官が「神を恐れず人を敬わない」と特徴づけられるということは、この裁判官はもはやそのような外観を取り繕（つくろ）うことさえ気にかけず、露骨（ろこつ）に権力側に同調する、賄賂を多く払った側に有利な裁判を行なう裁判官であるということです。[12]

　ですからイエスの聴衆は、ヘブル語聖書の時代から繰り返し警告されてきた、堕落した裁判官のイメージを思い起こし、更に自分たちにとっても遠い話ではない、裁判官の堕落状況を思い描いたことでしょう。この話の裁判官は、正義や名誉に訴えても、優しさや苦しみに訴えても、何の効果もない人だということ、効果があるのは賄賂だけだということを、聴衆は話の始まりで理解し、更にそれを確認したのです。

12　Scott, *Hear Then the Parable*, 178, 183, 185. Praeder, *The Word In Women's Worlds*, 58. Herzog, *Parables As Subversive Speech*, 221. Hendrickx, *The Parables of Jesus*, 219-220. Arland J. Hultgren, *The Parables of Jesus*, 253.

3. 寡婦のイメージと現実

裁判官の次に述べられるのは寡婦です。この言葉を聞いた時、人々はどのような女性を思い浮かべたでしょう？

ヘブル語聖書では、寡婦は孤児・寄留者と共に社会的弱者の象徴で、抑圧された者・保護されるべき者として繰り返し述べられています。寡婦・孤児・寄留者に対しては、イスラエルがかつてエジプトで寄留者であったこと、そして神によって助けられたことを想起して、特別に保護するようにと、教えられているのです。そして神は寡婦の保護者であると理解されました。ですから、寡婦を困窮させることは神に背反することとされました（例：出 22:20-23、申 10:16-18; 14:28-29; 24:17-22; 26:12-13、ヨブ 22:9; 24:3, 21、詩 68:6-7; 94:6、箴 15:25、イザヤ 1:17, 23; 10:1-2、エレミヤ 7:5-7; 22:3、エゼキエル 22:6-7、ゼカリヤ 7:8-12、知恵 2:10、シラ 35:16-19）。

> 寄留者を虐待したり、圧迫したりしてはならない。あなたたちはエジプトの国で寄留者であったからである。寡婦や孤児はすべて苦しめてはならない。もし、あなたが彼を苦しめ、彼がわたしに向かって叫ぶ場合は、わたしは必ずその叫びを聞く（出 22:20-22）。

> 畑で穀物を刈り入れるとき、一束畑に忘れても、取りに戻ってはならない。それは寄留者、孤児、寡婦のものとしなさい。……オリーブの実を打ち落とすときは、後で枝をくまなく捜してはならない。それは寄留者、孤児、寡婦のものとしなさい。ぶどうの取り入れをするときは、後で摘み尽くしてはならない。それは寄留者、孤児、寡婦のものとしなさい（申 24:19-21）。

> お前の中に住む他国人は虐げられ、孤児や寡婦はお前の中で苦しめられている（エゼキエル 22:7）。

このような理解を背景に、古代イスラエルでは、寡婦は特別な保護を受

けられることになっていました。夫の死後、結婚契約書や遺言^{ゆいごん}によって、夫の不動産など一定の財産を得て生活できるようにされていたのです。[13]

　それと共に、寡婦は法的には自立した女性であり得る者とされていました。ラビたちが言うように、「女性が自由を得るのは離婚書か夫の死によってである」ということでした。[14]

　ヘブル語聖書続編に入れられている「ユディト記」のユディトは、まさにそのような、裕福で自立して自由な生き方を実践した、当時の理想的な女性像を象徴しています。[15]

13　参照：注16。

14　3つのタイプの女性たち、すなわち（所有者・管理者から）解放された娘たち（非婚女性たち）、離婚者、寡婦は、法的に1人の人間として扱われたのです。これは、女性を所有・管理する男性がいない場合、言いかえると「女性のセクシュアリティに関して法的な権利を持つ男性が誰もいない」場合、そのような時にのみ、古代イスラエルの法システムは、女性を自律した1人の人間として扱ったからです。Schüssler Fiorenza, *Sharing Her Word*, 155-156. 参照：Levine, *Short Stories*, 229-231.

15　ユディトに関して：エリザベス・シュスラー・フィオレンツァ『彼女を記念して』182-186。山口里子『マルタとマリア』180-181。レヴァインによると、ユディトに限らずヘブル語聖書に登場する寡婦たちは、固定観念の中に留まっておらず、目的の良し悪しは別として、自身の力と賢明さを持って行動しています。例えば、タマル（創 38:11）、ナオミとルツとオルパ（ルツ）、アビゲイル（サムエル上 27:3; 30:5、サムエル下 2:2; 3:3）、テコアの賢女（サムエル下 14:5）、サレプタの寡婦（王上 17）などです（Levine, *Short Stories*, 221-222）。

　デイヴィースは、外典行伝は寡婦たちの抵抗の行動の物語だと述べています（Stevan L. Davies, *The Revolt of the Widows*, 114）。確かに、外典行伝の登場人物に代表される女性たちは抵抗の行動をしていました。けれども彼女たちは皆が自立した裕福な寡婦たちとは限らず、様々な背景の女性たちがいたと、私は理解します（参照：山口里子『マルタとマリア』156-159, 189）。

　なお、1世紀の最初期キリスト教時代には、助け合いの共同生活をする寡婦たちのグループがあったと思われます。また、教会の職制の一部に組み込まれて、経済的な保障を得て種々の伝道活動に従事していた、称号としての「寡婦」や「寡婦共同体」もありました。しかしそれらは、後のキリスト教の父権制化の歴史の中で抑圧され潰されていきました（エリザベス・シュスラー・フィオレンツァ『彼女を記念して』432-440。山口里子『マルタとマリア』43-44, 66-70, 103-104, 171-

第 7 章　裁判官と寡婦の譬え話　169

　しかし現実には、圧倒的多数の寡婦が、まさに困窮し切って死にさえも直面させられることが少なくなかったと考えられます。何故でしょうか？
　まず想像されるのは、遺産すなわち土地・家屋などの相続を巡る争いです。圧倒的多数が農民だった社会で、たとえ貧しくても、あるいは貧しいから余計に、土地の相続は死活問題になります。ところが夫の死と同時に、あらゆる親族が遺産への権利を主張して、まさに無力にされた寡婦は不当に家を追い出されて路頭に迷い、餓死に直面させられるような現実が溢れていました。[16]

　ヘブル語聖書のエリシャの奇跡の話では、エリシャは寡婦とその子どもたちのために幾つもの壺に油と穀物をいっぱいにします。それ無しには餓死という現実がありました（王下 4:1-7）。一方、ラビの書物には、そのような奇跡の助けを得られず餓死した寡婦とその子どもたちの話がありますが、それは氷山の一角と言えるでしょう。[17]
　このように、寡婦の保護が神への信仰と切り離せないものとして繰り返し語られる教えと、それとはかけ離れた寡婦の困窮の現実は、古代イスラエルの時代を通してずっと続くものでした。見方を変えれば、寡婦の状況が余りに悲惨なまま改善されなかったからこそ、寡婦の保護への教えや警告が繰り返され続けたと言えるでしょう。

173、『新しい聖書の学び』154-155, 163-166。Nadia M. Lahutsky, "Widows")。

16　通常、寡婦は結婚契約書や遺言に基づいて、亡くなった夫の不動産や一定の財産を受け取ることになっていました。また、結婚の時に彼女が土地や金銭の財産を持って来たのであれば、婚姻中は夫が権利行使しますが、死別（または離別）の時には彼女が取り戻せることになっていました。ただし、父の家に帰ったり再婚したら相続できませんでした。しかし寡婦が亡くなった夫の家に留まるなら、従属と辱めの生活が続くことになります。もし亡夫の未婚の兄弟との「レビラート婚」（申 25:5-6）を主張したら、家庭内の緊張を高めることになります。いずれにせよ再婚が強く勧められる場合が多く、寡婦と子どもは居場所の無い状況に置かれました。Scott, *Hear Then the Parable*, 180. Herzog, *Parables As Subversive Speech*, 223-224. Praeder, *The Word In Women's Worlds*, 57.

17　Scott, *Hear Then the Parable*, 182.

そのような状況は、イエスの時代にも変わっていませんでした。このことは福音書のイエスの「奇跡」と呼ばれる話にも反映されています。イエスがナインという町に行くと、町の門の所で寡婦の１人息子の棺が出される場面に行きあたります（ルカ 7:11-15）。

イエスは寡婦を見て、はらわたがちぎれる思いをさせられました（7:13）。新共同訳聖書では「憐れに思い」と訳されていますが、ここでは「スプランクニゾマイ」（splagchnizomai ← splagchnon 内臓）という言葉が使われています。はらわたがちぎれるような痛み、内臓まで突き動かされるような激しい共感共苦の感情でいっぱいになったのです。「断腸の想い」や、深く共に痛むという意味合いを持つ沖縄の「肝苦りさ（ちむぐりさ）」という言葉に近い表現です。

そしてイエスは、息子を「起こした」というのです。誰にとっても子どもの死は辛いでしょうが、１人息子が死んだ後の寡婦の生活がどれほど困窮した悲惨なものになるかが目に見えたからこそ、イエスは激しい共苦の思いをしたのでしょう。[18]

また別の話でイエスは、神殿の境内で福音を語っている時、神の戒めを教える律法学者たちが「寡婦の家を食い物にしている」と、激しい非難の言葉を述べます（マルコ 12:40、ルカ 20:47）。そして、貧しい寡婦が神殿の賽銭箱に「レプトン銅貨２枚」を入れるのを見て、「この人は生活費全部

18　この話は、イエスが寡婦の息子を「生き返らせた」と一般に理解されています。ここで使われているギリシャ語では、イエスが若者に「起きなさい」（egeirō）と言い、「死人は起き上がって座った」（anakathizō）、そしてイエスは彼を彼の母親に「与えた」（didōmi）です。イエスはここで若者を蘇生させる奇跡を行なったのでしょうか？　私自身は、そのような読み方はしません。福音書も含めて、古代口頭文化の世界の話は、心に深く残る印象的な事柄が象徴的に語られました（山口里子『新しい聖書の学び』18-20）。ですから、先に述べた預言者の「奇跡」の話も、このイエスの「奇跡」の話も、実際にはどのような行動がなされ、どのような事柄が起きたのかは分かりません。しかし、生きる希望も手段も失わない絶望的な状況にあった寡婦が、まるで彼女の人生に息子が回復されたかのように、生きていく意志と力を与えられる、人生における決定的な事柄が起こされた、そのような出来事が反映された話だと理解します。

第 7 章　裁判官と寡婦の譬え話　171

を入れた」と言います（マルコ 12:41-44、ルカ 21:1-4）。

　「レプトン」は 1 日の平均賃金と言われる「1 デナリ」の「128 分の
1」で最少のコインです（現代に換算するとレプトン 2 枚で 50 円余りでしょう
か）。「生活費」と訳されている言葉「ビオス」（bios）は「いのち」「生涯」
の意味を持ちます。その寡婦にとってレプトン 2 枚が「生活費」「いのち」
の全てだという困窮生活を指摘しています。彼女の餓死を暗示させる言葉
です。[19]

4.　寡婦は黙って忘れられるべき者？

　寡婦の窮状に更なる追い打ちをかけていた大きな要因の 1 つに、「嘆
きの歌」の抑制がありました。[20]

　葬儀の時に、「嘆きの歌」が主に女性たちによって歌われるのは、地中
海周辺の古代世界に広く共通する文化でした。また、葬儀は大切なことで、
それを疎かにすることは、ていねいに葬られるべき死者の「権利」と「尊
厳」を奪う事であり、それゆえに神々の怒りを買うことであると理解され

19　この話は、イエスが寡婦の信仰を褒めたかのように解釈されてきました。しかし
　これは、イエスの激しい共苦と憤りを表わしていると私は理解します。寡婦の困窮
　を放置し、そうした弱者に最後のレプトンまで献金させるような負い目感を負わせ
　ている、神殿体制への憤りです（参照：第 1 章注 37）。
　　さて、その上で、更なる問いが残ります。この寡婦は、まともに奉納できないこ
　とに負い目感を深く内面化して、自己犠牲で全てを「喜捨」したのでしょうか？
　彼女は、万策尽きて生き延びる道を見つけられない状況で、神殿体制に疑問を持ち
　つつ妥協したのでしょうか？　それとも、そのような神殿体制に対して最後の「抗
　議」として行動したのでしょうか？（Elizabeth Ellis はこの最後の可能性を指摘し
　ています。Ellis, "The Poor Widow"）　確かに、圧倒的に多くの寡婦は困窮状況に
　置かれたと思いますが、彼女たち 1 人 1 人の考え方は十人十色だと言えるでしょう。
　私たちは、男性福音書著者たちの編集による記述に基づいて、この寡婦についても
　他の寡婦についても（さらに他の色々な女性たちに関しても）、固定観念の中に閉じ
　込めてしまうことがないように、想像力を拡げて考えたいと思います。
20　この箇所について：Robert Garland, "The Well-Ordered Corpse." Gail Holst-
　Warhaft, *Dangerous Voices*, 1-12, 98-99, 103-122, 170. 山口里子『マルタとマリ
　ア』169-173。『いのちの糧の分かち合い』222-223。

ていました。[21]

　ところが紀元前7世紀頃から紀元前3世紀頃にかけて、この文化に反した葬儀に関する法規があちこちで発布・改定されました。それらは形式も内容も様々でしたが、驚くべき共通点がありました。それは、葬儀における女性たちの参加の制限と「嘆きの歌」の制限です。

　法規では一様に、死者は嘆かれるのではなく称賛されるべきであり、女性たちによって歌われる「嘆きの歌」は、男性たちによって述べられる公的な「賛辞」（ユーロジー）に置き換えられるべきだとされます。そして特に戦争で死んだ兵士たちの葬儀では、国家を代表する人物が死者の勇敢な光栄を称える演説をすることにされます。

　古典文献の言葉の推移に、死や「嘆きの歌」に対する思潮の変化を見ることができます。大切なもの、良いものとされていた「嘆きの歌」が、徐々に否定され拒否されていくのです。

　紀元前8世紀のホメロスは、「冷たい嘆きの歌から善いものは生まれない」と言って、心が込められていない冷たい嘆きの歌ではなく、熱い思いを込めて歌われる「嘆きの歌」の大切さを、述べています。

　しかし葬儀の法規が変えられていく時と重なるかたちで、紀元前6世紀のソロンは、女性が公的な場に出ることを規制し、女性たちが葬儀で「嘆きの歌」を歌うことを禁じました。そして、この禁令に従わずに「嘆きの歌」を歌った女性は、「男らしくない行動」を行なったと罰せられました。

　そして紀元前4世紀のプラトンは「死は恐ろしいものではない」と述べ、

21　「嘆きの歌」には次のような共通要素があります。まず神に呼びかけ、苦境を訴え、死者を記憶・記念し、死者の苦痛に同情し、敵を嘲り、助けなかった同胞の男たちを非難し、遺族のために祈りました。女性たちは、耐え難い死の痛みを分かち合い、力強い詩に表現して、絶望に終わらせるのではなく、死者を共同体の公的な記憶の中に刻み付けたと言われます（Gail Holst-Warhaft, *Dangerous Voices*, 119-120）。
　死者は丁重に葬られるべき権利を持ち、人々は死者への敬意と埋葬の義務を持つという理解に関して参照：第8章注16。

第 7 章　裁判官と寡婦の譬え話　173

紀元 1 世紀のプルタルコスは「弔いは女々しく弱々しく不名誉なものである」と述べます。[22]

　このような変化の中で、ユダヤ共同体においても女性たちの「嘆きの歌」を規制する法規が出されました。ただ、ユダヤ共同体内ではかなりの多様性の共存があり、単一の規則に全体が従うことへの抵抗感が強くあったと考えられます。しかし周辺世界の思潮の大きな変化の影響は、ユダヤ共同体も徐々に受けるようになりました。[23]

　女性たちの「嘆きの歌」が男性たちの「賛辞」に置き換えられていくと、人の死は嘆かれることではなく称えられるべきことになります。女性が葬儀で重要な役割を担うことは古代文化に共通していたことでしたが、その伝統から女性たちは追放され、葬儀の参加自体も厳しく制限されていきます。特に戦死者の葬儀は、公的な葬儀として全面的に男性が役割を担って、男らしい光栄な死を称えるものになりました。

　それと共に、寡婦たちは、夫を弔ったからには寡婦自身も去るべきであ

22　引用は Holst-Warhaft, *Dangerous Voices*, 1-12, 98-99。これらの規制や言葉の背景には、古代から宗教的行事と家族の事柄では女性が大きな権力を持っていたという伝統があります。これに対して、女性の権力を制限し、宗教的行事を含めて公的性格を持つ領域から完全に排除して、女性たちを私的領域での役割だけに閉じ込める、広範な政治的動きがありました。

23　ユダヤ社会も周辺世界も、このような規制は始めは余り効果が無く、女性たちの「嘆きの歌」は続いたと言われます。しかし何世紀もの間に徐々にですが、女性たちの「嘆きの歌」は「危険」→「狂乱」→「病的」と、非難され無視され排斥されていった歴史があります（Holst-Warhaft, *Dangerous Voices*, 119）。
　このような「嘆きの歌」と、ヘブル語聖書にある「哀歌」の都や民の「死」を悼む歌とは、同じ文学類型だと考えられます。そして、ヘブル語聖書で男性預言者のものとして記述されている「哀歌」の背後には、女性預言者たちによる「嘆きの歌」や「哀歌」の口頭伝承が多々あるのではないかと思われます（参照：山口里子『マルタとマリア』169-170, 132-134）。また、福音書の「受難物語」と「嘆きの歌」の関係について参照：山口里子『いのちの糧の分かち合い』221-224。

ると言われました。寡婦は静かに人目につかず忘れ去られることがふさわしいとされたのです。つまり、国家が大事なことと見なしたのは、男は勇敢な死で語られること、寡婦は誰にも語られず、いわば「生」の只中の「死」を生きることでした。寡婦はまさに「未亡人」（未だ亡くならない人）とされたのです。

　この変化は寡婦を増々弱い立場に追いやりました。古代から、弔いでの参加の仕方と相続の仕方は繋がっていました。ですから葬儀への女性の参加制限は、女性の相続権の制限に繋がりました。

　つまり、相続権の取り決めも男性たちだけに牛耳られて、女性が一方的に不利な立場に追放されていったのです。そのうえ、寡婦は人目につかず沈黙の内に忘れ去られるのが美徳とされたのですから、どのように不正な仕打ちをされても、黙って泣き寝入りして忘れられて死になさいと言われているようなものです。

　イエスの譬え話で「寡婦」という言葉を聞いた時、人々は、身近にも見聞きしてきた、圧倒的に貧しく虐げられた女性たち、その悲惨さを、思い浮べたのではないかと想像できます。

5.「私を立証してください」

　この譬え話の寡婦は、しかし、沈黙の文化の中に留まっていません。静かに祈り続けて人目につくことなく忘れ去られるという、寡婦の「美徳」の中に留まっていません。むしろ、弱者を増々完全な犠牲者にさせる文化と公的システムに対して、断じて抵抗して闘う行動を起こします。

　彼女は、裁判官の所に「来続けていた」と語られています。「来る」(erchomai) の未完了形が使われていますから、ずっと来続けていたということです。おそらく、ここで聴衆が思い浮べたのは、彼女には代わりに行動してくれる男性がおらず、男の領域とされている公的な世界に自分自身で出て行かざるを得ない状況だったということでしょう。

　そして彼女が必死に訴えても、あるいは訴えようとしても、男たちだけ

第7章　裁判官と寡婦の譬え話　175

でコントロールする領域で、裁判官に聞く耳を持ってもらえず、寡婦の声は無視されたままだったということです。それでも声を挙げて訴える以外に頼る手段の無い彼女は、しつこく来続けるほかなかったのです。[24]

　そうやって裁判官の所に通い続けて、彼女が言っていたのは、「私の敵に対して、私を立証してください」ということです。「私の敵」の「敵」（antidikos）は法廷用語で、訴訟関係者、原告であろうと被告であろうと、裁判で争う相手側を指す言葉です。[25]

　ここで「立証してください」と訳したギリシャ語「エクディケオー」（ekdikeō）は、広い意味・含蓄を持つ言葉です。類語の「ディカイオオー」（dikaioō）は「正しいと証明する」を意味します。それに対して「エクディケオー」は、「正しさを証明する、問題を解決する、示談にする」という意味と共に、「報復する、仇を打つ、仕返しする、懲らしめる」という意味もあります。[26]

24　Scott, *Hear Then the Parable*, 182, 226-228. Schüssler Fiorenza, *Sharing Her Word*, 155. Herzog, *Parables As Subversive Speech*, 228. Hultgren, *The Parables of Jesus*, 255. 参照：Boring, Berger & Colpe eds., *Hellenistic Commentary*, 230-231.

25　Scott, *Hear Then the Parable*, 182.

26　「エクディケオー」は広い意味を持つので、訳語をどうするか悩みました。「立証してください」は、ひとまずの訳です。「エクディケオー」は「ディケー」（dikē）という言葉に由来しますが、「ディケー」は「権利、正義、公判、判決、刑罰」などの広い意味を持つと共に、「正義の女神」の名前でもあります。この語に由来する「ディカイオス」（dikaios）は、「正しい、（神の目から見て）義しい、公正な」という意味です。更にこの語に由来する名詞「ディカイオスネー」（dikaiosunē）は「正しさ・正義」を表わし、動詞「ディカイオオー」（dikaioō）は「正しいと証明する、義とみなして弁護・宣言する」を意味します。
　同じ「ディケー」に由来してここで使われている「エクディケオー」（ekdikeō）は、「正しさを証明する、問題を解決する、示談にする」というような意味と共に、「報復する、仇を打つ、仕返しする、懲らしめる」という意味もあります。そしてこの語から派生する「エクディケーシス」（ekdikēsis）は、「人の立場を釈明して正しさを証明すること、弁護すること」という意味と共に、「復讐、仕返し、徹底的な処

このように広い含蓄の繋がりを持つ「エクディケオー」を、どう解釈したら良いでしょう？

寡婦はおそらく、夫の死後、寡婦が受け取るべき不動産や財産などを渡してもらえず奪われている状態で、正当な権利を与えられることは文字通り死活問題。それで、彼女の要求が正しいことを公的に立証して欲しいと求めていたという理解が、時代背景からみて妥当だと、私は考えます。

ごく短く語られている話で、寡婦が裁判官のところに「来た」ではなく「来続けていた」ということから、聴衆の多くが思い浮べたのは、余りに不当に扱われて必死に正義を求めている困窮した寡婦の姿だったでしょう。[27]

そしてもしかしたら、この寡婦には仇を討ちたいという気持ちもあったかも知れません。夫の死によって極めて弱い立場に置かれた彼女の正当な相続を奪おうとしている相手は、裁判官に賄賂を払うゆとりのある生活をしていながら、寡婦が餓死しかねないような苦境に追いやっている、余りに横暴・傲慢な親族でしょう。寡婦には、そのような相手にかたきを討ちたいという思いが入り混じっていたかも知れません。

かたきを討つことの要求は律法に反することです（レビ19:18、申32:35, 43）。けれども彼女の入り混じった思いは、聴衆にも共感を呼ぶものだったのではないかと思います。ドロドロした現実世界において、弱者として著しく蔑まれ踏みつけられる生活の只中での、人間味に溢れた思いです。

それでも、彼女が断固として諦めずにしつこく裁判官のところに「来続けて」いるのは、何としても、何よりも、正義が欲しいからだと、聴衆は

罰」という意味もあります。一方、派生語の１つである「エクディコス」（ekdikos）は、「報復する、処罰する、報復者、処罰者」の意味を持ちます。

27　同様の解釈：Schüssler Fiorenza, *Sharing Her Word*, 155. Hendrickx, *The Parables of Jesus*, 220-221. この話がごく短くて寡婦の訴えの内容が語られていないことは、聴衆が寡婦に対する当時の一般的なイメージで話を聞くことを前提（または承認）していると、理解できます。スコットによれば、この譬え話で裁判の内容も訴訟の内容も省略されているのは、話の焦点が別のところ、つまり裁判官と寡婦の相互関係と対決にあるからです（Scott, *Hear Then the Parable*, 183）。

理解したのではないでしょうか？[28]

28　「正義」という言葉は、現代の日本語では、特定のイデオロギーに結び付けられた印象があり、この言葉を使うことに違和感を持つ人々が少なくないようです。そして「正義」を「欲しい」「勝ち取る」というような表現は、「自分の正しさばかりを主張して正義を所有できるもののように勘違いしている」ように使われたり、そのように受け取られたりすることもあるようです。

　このため、「正義」という言葉を避けて、例えば「人間として扱ってほしい」「自分の権利を認めてほしい」とか、個々の状況に合わせてもっと具体的に「パンをよこせ」「基地は要らない」というような表現を使うほうが、敵味方の二分法を決定的にさせず相対化の中で問題に向かい合えるとも言われます。このようなことを考慮すると、確かに「正義」という言葉は注意して使う必要があると感じます。

　しかし私は、それでも「正義」という言葉が敬遠されて使いにくくされることのほうに大きな問題を感じます。「正義」という言葉を使えなくされる社会では、誰が苦しむことになるでしょうか？　誰よりもまず「不正」に苦しめられている人々ではないでしょうか？　そして「不正」に苦しめられる人々が「正義」という言葉を使って訴えられず、個々の具体的な表現、バラバラな表現しか使えないと、どうなるでしょうか？　社会の構造悪の中で色々な形で「不正」を作り出す根っこにあるもの、根底で繋がる問題を、見えにくくさせてしまうのではないでしょうか？　そしてこのことは、個々の現場での暴力が再生産されやすい状況が作られるだけでなく、構造的な暴力・不正がそのままにされる状況が、根本的に取り組まれずに強化されやすいことにもなるでしょう。

　また、「正義を勝ち取る」という表現も、必ずしも「正義」を「所有」できるものという考えから来るのではなく、人権が踏みにじられたままにならないように社会の不正と裁判で闘ってきた人々が「勝利を勝ち取る」と言うような意味でも使われ得ます（例えば、日本では恐ろしいほど数多くある冤罪に関して、本当に困難な状況で希望を失わず闘い続けてきた裁判闘争では、まさに「正義を勝ち取る」という表現がふさわしいと私は思います）。

　確かに、私たちの世界では、「戦争主義」を進めるために「積極的平和主義」という言葉が使われ、国家的不正を隠すために「正義」が主張され、「支援」の名で搾取が行なわれます。だからと言って、「平和」「正義」「支援」という言葉を放棄するわけにはいきません。むしろ、言葉がどのような意味で使われているかをチェックして、本来の意味を回復するように使うべきでしょう。

　ですから私たちは、否定的なイメージを付けられた「正義」という言葉を、社会の諸々の不正と闘う人々の繋がり合いの中で、言葉の意味を確認し合いつつ、自分たちの言葉として回復していく必要があると考えます（参照：山口里子『虹は私たちの間に』13）。

6.「彼女を立証しよう」

　裁判官が無視し続けても一向に諦める気配もなく「来続けていた」寡婦
のしつこさ・しぶとさ・粘り強さを痛感して、裁判官は遂に彼女の訴えを
聞き入れることにします。彼は独り言でこう言います。「彼女を立証しよ
う。彼女が最後まで来続けて、私を顔面殴打することが決して無いように」。

　1世紀のイエスの時代の人々にとって「聖書」はヘブル語聖書でしたが、そのヘ
ブル語聖書で使われる「正義」という言葉は、元々アッカド語の2つの別々な語根
（sptとdyn）に由来する2つのヘブル語から来ています。前者は広い意味で使われ、
後者は法廷用語として使われますが、両方に共通する元来の意味は「公正と平和を
進める状況の回復」で、それが「正義」であるとして使われる言葉です。ヘブル語
の「裁く」「裁く人」も同じ2つの語根から2種の言葉がありますが、ここでも元
来の意味は共通して「神から与えられた裁きの権威を実行すること（人）」として、
「裁く」ことは「正義をつかさどる」「正しさを立証する」「救う」「解放する」など
の意味を持ちます（Temba L. J. Mafico, "Judge, Judging" *ABD* 3.1104-1106）。

　更に、「正義」と「慈しみ」は切り離せない言葉で、しばしば互換的に使われます。
つまり「正義」は、神の慈しみに基づき、相互関係の中で共に生きようとする共生・
連帯の姿勢と切り離せないものです。そしてこうした理解はヘブル語でもギリシャ
語でも共通しています（山口里子『イエスの譬え話1』54）。聖書の「正義」とい
う言葉には、このような意味が基にあることを留意しておきたいと思います。

　なお現代のキリスト教においては、**「裁き」**や**「裁く」**ことが、恐れや否定的なイ
メージに結びつけられている傾向があります。キリスト教証言書の中で「人を裁く
な」という言葉が多く語られていることも影響しているのでしょう（例：マタイ
7:1、ルカ 6:37、ロマ 14:10, 13、Iコリント 4:5、ヤコブ 4:12）。このため、「裁
き」や「裁くこと」を恐れて、ひたすら「良い人」であろうとしたり、強者の横暴
や不正に対しても、怒ったり非難したりすることさえ否定的に見たりするクリスチ
ャンも、少なくありません。しかし「うわべだけで裁くのをやめ、正しい裁きをし
なさい」（ヨハネ 7:24）のような言葉もあるように、本来「裁く」ことは、「公正と
平和」を進め、不正に苦しむ人を「解放する」行動であり、社会的弱者を前にして
避けるべきことではなく、求められている行動です（参照：本田哲郎『小さくされ
た者の側に立つ神　続』91-112、『小さくされた人々のための福音』23-24）。

　ちなみに日本語も、元々「捌く」（→「裁く」）は、絡まったものを「解きほぐす」
「解き明かす」という解放的な意味合いを持つ言葉で、社会の不正に苦しむ人々にと
って大切な言葉だと言えます（参照：『広辞苑』、『大辞林』）。「正義」も「裁く」も、
「公正と平和を進める状況の回復」に向けて、私たちの間で取り戻していきたい言葉
です。

第 7 章 裁判官と寡婦の譬え話　179

　「最後まで」（eis telos）は、「終りの時まで」「究 極の目標を達成するまで、徹底的に、トコトンまで」という意味合いを持ちます。この寡婦は決して諦めない、トコトン来続けると、裁判官は確信させられたのでしょう。そして、このまま無視し続けたら「私を顔面殴打する」だろうという恐れさえも、彼は抱いたのです。

　ここで「顔面殴打する」と訳した言葉はボクシング用語で、「目の下を打つ」（hypōpiazō ← hypōpion 目の下の部分← hypō 下 +ōph 目）です。目の下に黒いアザが付くほど顔面を強く殴る行為を表わします。ここから、「ひどく打ちたたく」「頭痛を与える」「疲労困憊させる」「ほとほと困らせる」「顔を黒くする（面目をつぶす）」という象徴的な意味でも使われます。
　ここで、このボクシング用語は、身体的な「殴る」という行為を意味しているのでしょうか？　それとも象徴的な意味で使われているのでしょうか？　寡婦が裁判官の顔を殴って目の下にアザを付けるということは実際にあり得るでしょうか？
　どんな弱者でも、トコトン追いつめられた時には、不意打ちで文字通り顔面を殴りつけることはあり得ると思います。もしかしたら裁判官は、このしぶとく「恥知らず」の寡婦に、目の下にアザが付くほど、いきなり強く殴られた痛さを、夢に見て恐れたかも知れません。あるいはこの裁判官は、彼女のしつこさが度を越して昼も夜も眠れなくさせられ、頭痛で苦しみ疲労困憊させられるに違いないと恐れた、とも理解できます。[29]
　裁判官は、そんな恐れを抱くほどに、彼女が目標を達成するまで決して諦めない、彼女はトコトン来続けて訴え続けると、確信させられたのです。
　裁判官は、寡婦の訴えを聞き入れて彼女が正しいことを立証することにします。この決断はどこまでも自分の便宜のためです。ここまで来ると、これから先もずっと彼女の訴えを無視し続けるほうが大変だと痛感させら

29　例：Praeder, *The Word In Women's Worlds*, 61-63. Scott, *Hear Then the Parable*, 185. Bailey, *Through Peasant Eyes*, 136. Herzog, *Parables As Subversive Speech*, 230. Hendrickx, *The Parables of Jesus*, 222. Hultgren, *The Parables of Jesus*, 255-256.

れたのです。そして余りに煩わしいから、この状態を終りにさせたいと考えたのです。

　彼は人にどう思われても構わないにしても、今後のための打算も十分に成り立ちます。神は寡婦の保護者であり、寡婦を保護することは正しい裁判官に求められているという、宗教的下地が堅固にある社会です。

　これほどしつこく、寡婦が裁判官のところに来続けて訴え続けている以上、これはもはや周知の事柄になっています。ここで彼が寡婦を「保護」することは、彼にとって何一つリスクはありません。彼がこれ以上「悪者」になることはありませんし、彼に賄賂を払った人に対しても十分に言い訳が成り立ちます。裁判官は、それまでの「無視」を翻して決断を行ないます。[30]

　こうして、賄賂しか効果が無い不正な堕落し切った裁判官に、この寡婦は勝ちました。彼女は、泣き寝入りに終わらず、正義を獲得したのです。

　ここの大きな皮肉は、それなりの権力を持ち神をも恐れない男が、弱者の象徴である寡婦を恐れている言葉です。譬え話のオリジナル版の語順では、最後の言葉は「（彼女は）顔面殴打するだろう、私を」です。

　傲慢な裁判官の最後の言葉は、譬え話を聞いていた人々に笑いを起こして終わったことでしょう。そしてその笑いは、イエスの他の譬え話でのいっときの笑いと同様に、何か新しいものの見方を促すきっかけになったのではないでしょうか？[31]

30　Herzog, *Parables As Subversive Speech*, 230.

31　同様な見方：Reid, *Parables for Preachers*, C.233.
　ところで、この裁判官の人柄を全く反対方向に理解する解釈もあります。この解釈では、「神を恐れず人を敬わない」（18:2, 4）という格言的表現を、人の評価を全く気にかけず、神の前の自分にだけ完全に正直な人間であると見ます。この場合、「神を恐れず」は、伝統的なユダヤ教の敬虔さの意味で神に従う「宗教的」な人間ではないことを表わし、「人を敬わない」は、人間の力関係や評価で左右されないで、町の門での裁判での証言だけに基づいて裁く、完全に正義を行なう公正な裁判官です。
　そして裁判官のところに足しげく通って訴える寡婦は、公正な裁判を望むよりも

自分の身勝手な要求を聴いてもらい、自分の「敵」を苦しめることを願っています。この譬え話で、この寡婦が困窮していたとは語られていません。もしかしたらこの寡婦は経済的なゆとりのある女性でありながら、単に自分の「敵」にかたきを討ちたかっただけかも知れません。だからこそ、この裁判官は良心に従って公正を保つために、彼女に耳を貸さずに頑張っていたのです。しかし彼はついに彼女のしつこさ・煩わしさから逃れるために妥協して折れて決断をしてしまいます。このことが彼の不正であり、復讐のシステムの再生産になる問題だということになります（Hedrick, *Poetic Fictions*, 188, 195-199. Levine, *Short Stories*, 220-221, 229-233）。

これは大変興味深い解釈だと思います。実際、「神を恐れず人を敬わない」という格言的表現を、見かけによる人々の評価と考える時、真実に神の前の自分にだけ正直であろうとして生きる人がこのようなレッテル貼りをされて侮られることは、現実世界では十分にあり得るからです。

もしそうであれば、イエスがこの譬え話を語った時、一般に言われている「神を恐れず人を敬わない」を、皮肉を込めて使ったということになります。この裁判官は、当然ながら賄賂を受け取るような人ではありません。原告・被告・証人が身分が高い人であれ低い人であれ、権力や富を持つ人であれ無力で貧しい人であれ、評判の高い人であれ低い人であれ、そういうことには一切動かされない人です。そして、裏取引を完全に退けて、裁判での証言だけに基づいて裁判を行なう人です。もしそうであるならば、聴衆は、始めは「神を恐れず人を敬わない」という格言を一般的な意味で理解し、最後に格言の意味するところを問い直すように、ハッとさせられることになるでしょう。

確かに、このような解釈は不可能ではないでしょう。しかしこの譬え話を、1世紀のガリラヤでイエスが語った譬え話として見る時、そのような解釈が当てはまるのでしょうか？　そのような解釈だと、1世紀のガリラヤで伝道活動をしたイエスは、どのような人々に何を問いかけようとしてこの譬え話を語ったのでしょうか？

不正な裁判官が横行する社会で、例外的に神の前での正義に徹しようとする裁判官のような人々に、社会的弱者と見られる寡婦などに騙されたり妥協したりするなと語った、ということでしょうか？　けれども、この裁判官と寡婦が例外的な人物であったという形では、この譬え話は語られていません。

むしろ詳細が省略されていることは、聴衆が身近な一般的なイメージで、つまり「不公正な裁判官と困窮させられた寡婦」のイメージで、話を聴くように語られています。それでいて、話は思いがけない逆転の展開を見せます。そして何よりも、これによって弱くされ踏みつけられている人々に希望の光を提示し、諦めずに勇気を持って行動するように背中を押すメッセージを残します。私は、ここにイエスの譬え話の特徴が現われているのではないかと思います。この意味で私は、上記のよう

Ⅴ．思いめぐらし

1．犠牲者ではなくサバイバーへ

　この譬え話は、まず裁判官が登場し、話の3分の2は裁判官に焦点を合わせて語られ、最後の言葉も裁判官のものです。話の構成からも裁判官が中心人物であり、寡婦に第1の注意を向ける解釈は不適切だという指摘があります。しかし譬え話の中で実際に行動するのは寡婦です。語り手の関心は寡婦に向けられており、寡婦が中心人物であると言うこともできます。[32]

　私は、中心人物は行動する寡婦だと理解します。堕落した不正な権力システムの象徴と言える裁判官が最初に登場するのは、そのような現実がまずあるということ。その上での話だということを、示していると言えるでしょう。

　この不正の現実が前提となって次に登場するのは、そのシステムによる犠牲者・弱者の象徴と言える寡婦です。しかし彼女は、犠牲者として泣き寝入りして終わることを断固拒否して行動し続けます。その結果、権力行為者の裁判官が「受身」になって屈するという、逆説的な弱者の勝利で終わります。このように見ると、中心人物は寡婦だと理解できます。

　まず、頼るべき公的システムが腐敗し切っている現実があります。その巨大な不正のシステムを前に、無力を痛感させられる庶民の現実があります。その現実の只中で、弱者はどのようにして犠牲者に終わらずサバイバー（逆境を克服して生き抜く者）になることが出来るのか？　この譬え話は、弱者の象徴である1人の寡婦が、自分自身の行動で「実」を取り、いの

　な「正義の裁判官と身勝手な寡婦」という解釈には、ガリラヤのイエスの譬え話の解釈としては、賛成できません（参照：「はじめに」注5）。

32　裁判官が中心と解釈する例：Hedrick, *Parables As Poetic Fictions*, 187, 193-201. 寡婦が中心と解釈する例：Schüssler Fiorenza, *Sharing Her Word*, 156-157.

ちの道を切り拓いたことを語ります。

　なぜ寡婦は裁判官に勝ったのでしょうか？　それは、「彼女はトコトン来続ける。正義を勝ち取るまで決して諦めない」と、裁判官に確信させたからです。その寡婦の抵抗を無視し続けるよりも妥協するほうがマシだと、裁判官に身をもって痛感させた、それほどに彼女はしぶとく粘り強かったからです。

　しぶとく粘り強く、彼女は何をしたでしょうか？　困窮に追いやられる中で、頼れる人が私的にも公的にも全く無い絶望的な状況で、彼女は絶望することを拒否しました。そして行動を起こしました。

　この寡婦が取った行動は、実質的にどのようなものだったでしょうか？それは、「敵」の策戦の応用・逆用でした。[33]

　公的なシステムは、社会的弱者を保護し正義を実行させるはずなのにも拘わらず、正規の機能を完全に逸脱していました。そして、弱者を更に貶め不正を横行させていました。この状況に対して、寡婦は何をしたでしょうか？

　彼女も、社会の文化的規範を完全に逸脱しました。つまり、寡婦は静かに黙って人目につかずに忘れ去られるべきとされた文化の中で、彼女はその規範を完全に逸脱しました。そして、男の領域とされる外の公的な世界に出て行き続け、声を挙げ続けて、忘却の中の死に追放されることを拒否しました。

　裁判官は、神を恐れ人を敬って名誉ある振舞いをするはずなのに、堕落し切って名誉のかけらもなく、「恥知らず」の振舞いに徹していました。

33　参照：Scott, *Hear Then the Parable*, 183. Schüssler Fiorenza, *Sharing Her Word*, 155. Mary W. Matthews, Carter Shelley and Barbara Scheele, "Proclaiming the Parable of the Persistent Widow (Lk.18.2-5)." Herzog, *Parables As Subversive Speech*, 232.

この状況に対して、寡婦は何をしたでしょうか？

　彼女も、「恥知らず」の振舞いに徹することを選び取りました。名誉のかけらもない裁判官に対しては、慣習を拒否して、敬称なしで要求をぶつけました。そして抑圧のシステムの便利な道具になっている、沈黙と服従という女性の美徳も放棄して、敢然と執拗に自分の要求を主張し続けました。

　寡婦の「敵」は、自分に好都合の判決を得るために、裏で「率直なお礼」という暗黙の裏取引を、裁判官にじかに行なっていました。この状況に対して、そんな経済力など全く無い立場に置かれた寡婦は、何をしたでしょうか？

　彼女も、自分が得たい判決を得るために、裁判官とじかに取引を行なうことにしました。ただし、裏でではなく表から公然と、最も人目につく形で、談判をし続けました。こうして寡婦は、抑圧のシステムの鋳型を突き破ったのです。

　この短い譬え話は、巨大なシステムの只中で苦しみながら生きる人々が持つ、弱さの中で働く逆説的な力を示しています。そのような、弱さの中で働く逆説的な力に信頼して行動を起こして生きることこそ、社会の暴力的な現実の只中で、受身の犠牲者にされたままにならず、サバイバーとして生きる道を開きます。

　この話をイエスがガリラヤの民衆に語った時、それは、女性たちが抑圧的な社会のシステムや文化規範にチャレンジして行動することに対して、すでに実践し苦闘している女性たちに対しても、ためらいがちだった女性たちに対しても、大きな肯定、「Yes!」を呼びかけるものだったのでは、ないでしょうか？

2.「神の国」の思い描き方

　イエスの譬え話をこのように読み解くと、イエス自身の話と、編集された福音書の話の間に大きなギャップがあることが明らかになります。

　イエスがガリラヤ民衆に語った時、この譬え話は、巨大な不正のシステムの只中で弱く貧しくされた人々に、諦めずに権力に抵抗して正義を勝ち取る、力と勇気を与える話だったでしょう。

　中でも寡婦を始めとする女性たちには、抑圧のシステムに便利に使われてきた伝統的な文化規範にチャレンジすること、たとえ「恥知らず」とされた行動でも、差別・抑圧の壁を突き破って正義を実現させていくことへと、勇気を与え背中を大きく押してくれるものだったことでしょう。

　ところが、この譬え話がルカ福音書の枠組で書かれた時、イエスのチャレンジが根本的に無効にされました。そして男中心の伝統的な女性の美徳、祈りつつ沈黙の中で服従するという美徳の中に、女性を再び閉じ込める教えに使われたのです。

　ルカだけではありません。その後のキリスト教も同様です。ヘブル語聖書に繰り返し語られている正しい裁判官、寡婦の保護者としての神のイメージとは真逆の裁判官を、神のメタファー（隠喩）として教えてきました。こうしてイエスのチャレンジは完全に骨抜きにされて来ました。

　言いかえると、イエスは、弱者が泣き寝入りしない・弱者を泣き寝入りさせないことを呼びかけたのに、福音書とその後のキリスト教は、赦して祈り続けることを教え、つまりは現実には諦めて泣き寝入りすること・させることを、イエスの教えとして奨励してきたのです。聖書の話を、先達の信仰証言として尊重して学ぶと共に、批判的にも学ぶことの大切さは、こういう所にもあると改めて思います。[34]

34　「泣き寝入りしない・させない」キリスト教に向けて聖書のテキストを批判的に読む例として：山口里子『いのちの糧の分かち合い』第6章。

この譬え話の裁判官は権力による不正システムの象徴です。ヘブル語聖書が語る正義と慈しみの神のイメージとは全く相いれない人物像です。それにも拘わらず、キリスト教は、話の中に登場する「裁判官」「主人」のような男の権力者を、ほぼ自動的に神のメタファーとして解釈してきました。このような神理解は非常に問題だと言わざるを得ません。[35]

　最近ではこのような読み方に反対して、「裁判官」ではなく「寡婦」を神のメタファーとする解釈もあります。貧しく弱くされた者を踏みつける不義の力に対抗して、決して諦めずに闘い続けて正義を勝ち取る女性の姿に、神の姿を重ねます。

　それはヘブル語聖書の中で女性イメージで語られていることが多い神の姿です（つまり、自分たちにとって唯一の神を、様々な表現やイメージを使って語る伝統の中での、幾つかの女性イメージです）。例えば、自らの子宮が熱くなる思いを持って慈しむ神（ホセア 11:1-9）、弱くされた貧しい人々をこそ招き続ける「知恵なる神」（箴 9:5-6）です。[36]

　余りにも長い間、「主」というような、この世の権力者の呼び名を神に用いてきた、キリスト教の教えの影響を考えると、神のメタファーを裁判官ではなく寡婦の姿に見ようとすることは、一つの有効なレメディ（改善策）だと思います。

35　教会での祈りなどにおいて、神をいつも「主」「父」など権力を握る男性への呼称で呼びかける、身分と性別において偏った習慣は、神理解の上で、更にそこから影響を受ける人間理解の上で、重大な問題を持ちます（山口里子『新しい聖書の学び』78-80, 102-103）。

36　Reid, *Parables for Preachers*, C.233-236. Matthews, Shelley & Scheele, "Proclaiming the Parable." シュスラー・フィオレンツァは言います。「不義の状況は、正義のために力強く主張し続ける知恵なる神ソフィアの娘たちによってこそ変わる。この譬え話の寡婦は、悪を正すために正義に向けて闘い続ける、知恵なる神と彼女に従う者たちを代表する」と（Schüssler Fiorenza, *Sharing Her Word*, 156-157）。女性イメージで描かれる聖書の神について：山口里子『新しい聖書の学び』87-91, 93-99。

第7章 裁判官と寡婦の譬え話　187

　そして例えば祈る時に、習慣的に「主なる神」「父なる神」と権力を持つ男性のイメージばかりで呼びかけるのではなく、真実のいのちへの知恵を持って生きるように招く、女性イメージを持つ「いのちの神」「知恵なる神」などと呼びかけるのは、私たちの神理解を豊かに広げるために大切な実践だと思います。

　そして私は、更にもう少し違ったニュアンスで、「神の国」（basileia 神の統治・領域）の実現を思い描きたいと思います。

　この譬え話は、ラビたちの「小→大」の伝統的な語り方を基に、「悪い裁判官でさえ……するなら、ましてや神は必ず……してくださる」という祈りの教えだと、解釈されてきました。

　その「小→大」の語り方を、私はむしろ次のように見ます。無力の象徴の寡婦がたった１人の闘いで正義を勝ち取ったなら、ましてや弱者にされている人々が知恵を集めて繋がり合って行動し続けたら、どんな不義にも敗れはしない。きっといつか正義を実現させていける、と。[37]

　ジェイムズ・ダグラスは言いました。寡婦の不服・訴えは、飢えとそれを蔓延させるシステムと闘う人々と同じもの。権力支配の予測に反して、しぶとく諦めない寡婦が勝利する。まさに、「貧しい者は幸い。神の国はあなたがたのもの」（ルカ 6:20）。

　ブランドン・スコットは言いました。神の国は来続ける。「名誉」や

37　祈りの教えは、教会では往々にして忍耐・赦し・和解の姿勢に結び付けられ、怒り・行動・闘いの対極に置かれて来ました。しかし私は、「祈り」と「行動」を対置させる考え方はしません。どんな苦境にも負けずに、絶望せずに諦めずに闘い続ける人々の心の中には、宗教のいかんに拘わらず「祈り」があると、私は思います。
　なお、不正が横行し社会的弱者が切り捨てられたままにしない闘いの道筋における「怒り」「憤り」の大切さについて：本田哲郎『小さくされた者の側に立つ神　続』40-46. 本田哲郎・浜矩子・宮台真司・山口里子・M. マタタ『本田哲郎対談集』58-60, 110-113.

「正義」も打ちこわし、「恥知らず」の装いでさえも、やってくる。[38]

　そして私は、日本という国家と、沖縄という地方自治体の関係を思わずにいられません。これは、圧倒的な権力格差・経済力格差の中でのDVの関係に重なる面を持つからです。このような状況にあって沖縄の人々が諦めないことに、私は希望を見出します。

　長い年月にわたり、戦争への「協力者」にさせられることを拒否して闘い続けている、沖縄の女性たちが言う言葉を教えていただきました。「必ず勝つ方法はある。勝つまで続けることさあ！」[39]

　私には、この譬え話の寡婦の闘いと、沖縄の女性たち（そして男性たち）の闘いが、繋がって見えます。私も、微力ながら、その端っこに繋がり続ける1人でありたいと願います。

　私たちの周りには、世界や国家のような大きな規模でも、グループや個人のような小さな規模でも、この寡婦の闘いに繋がるものが様々にあると思います。[40]

38　James W. Douglass, *The Nonviolent Coming of God*, 105. Scott, *Hear Then the Parable*, 187. また、スコットは、「神は寡婦の弁護者」（詩68:5）というメタファー・システムの中で、この譬え話の裁判官は、神のメタファーではなく、アンティ・メタファーである。むしろこの譬え話では、正義を求めて「恥知らず」に「来続ける」行動が神の国のメタファーになっている、と述べています（同上175-176）。

39　沖縄には、何十年も基地に反対して抵抗し続けている人々が大勢いらっしゃいます。その中の或る女性から、こんなことを伺いました。「座り込みしていて強制排除される時に、乱暴に運ばれたり、下に堅い物がある所で急に手を放されたりして、腰をひどく痛めつけられる。けれども、そっと腰をかばう手を当てて運んでくれる沖縄県警の人たちに出会うこともある」と。この一言からも、遠くにいる者たちの思い及ばないことが現場にはどれほど色々と数多くあるだろうかと、痛みを持って思わせられます。

40　友人たちからの、裁判に関する多くの話の中から、3つだけ紹介します。
　①［ハンセン病国賠訴訟の原告の玉城しげさんを思い出します。彼女の行動は世間の常識に真っ向から逆らうものでした。「国の世話になっているので、おとなしく

感謝して生きる」のが常識になっているなかで、国を訴えるという世間的には「恥」とされる行動を起こしたからです。イエスが指し示した「神の国」では、それは恥ではなくサバイバルの行動でした。裁判のあとの報告集会で、林力さんは「恥でないことを恥とすることが本当の恥となる」と語って四面楚歌で針の筵状態の原告たちを鼓舞しました。教師として被差別部落の生徒たちと関わっているのに、父親がハンセン病療養所にいることを隠していることの矛盾に気づき、『「癩者」の息子として』（明石書店 1988 年）という本を出した人です。しげさんはこの林力さんからのメッセージに勇気づけられ裁判を戦い抜くことができたと語っていました］（浜崎眞實さんから）。

　②［ハンセン病療養所に通い、女性の回復者の人たちから聞き取りをしていた女性たちのお一人から聞いた話です。2003 年に国のハンセン病問題検証会議によって胎児標本が発見され、報告書が作成されました（2005 年）。自分の子どもかもしれないと幾人かの女性たちが名乗り出ました。そして自らの（強制堕胎の）経験を証言し、告発しました。ホルマリンづけにされた胎児を自分の手で供養して葬りたいので、返してほしいとの要求もしました。厚労省は調査もせずに一斉に焼却する方針を決めましたが、女性の当事者が声を挙げ、それに呼応した多くの人々の署名も集められ、撤回されました。療養所で、初めて女性が独自に声を挙げたのです。ですが、声を挙げた女性たちは「騒ぎを起こす女性たち」「療養所を乱す女たち」と療養所内で批判されました。療養所の中も男性中心の世界です。声を挙げる女性と他の女性が二分されました。その後、胎児標本については人権被害の最たるものとして取り上げられるようになりました。それでも少数の女性たちが声を挙げ、証言したことについてあまり大きく取り上げられることがありません。国立療養所の資料館においても展示されることは、ほとんどありません。たとえ、その胎児たちが検証会議で発見された以降、丁寧に葬られたとしても、そのような強制堕胎や生まれてすぐに命を葬り去られた事実を風化させられ、無かったことのようにしては断じていけないのです。声を挙げた女性たちと共に不正義から目を背けずにいたいと思います］（小林幸子さんから）。

　③［1970 年の日立就職差別闘争を思い出します。新井鐘司としか自分の本名も知らない在日２世の朴鐘碩（ぱくじょんそく）は、貧しさのため大学進学を断念して高校卒業後に日立製作所戸塚工場を受験しました。一旦は採用通知を受けましたが、戸籍謄本の提出を求められて、外国人登録証しか無いことを知らせたら、採用取り消しになりました。裁判で会社側は、彼が本名でなく通名で受験し本籍も居住地にしたことで、「朴鐘碩は性格的に嘘つきで、従業員として信用できない」と主張。これは日本の植民地主義政策によって、在日コリアンが自分が何者であるかも分からないままに在日している実情でした。1974 年の横浜地裁は、在日コリアンが置かれた差別の状況と、日本企業の採用差別の実態を重視して、朴鐘碩に全面勝訴の判

あなたは、どのような人々の、どのような闘いを、どのように思いめぐらすでしょうか？

ゲツセマネの園のオリーブ古木（山口雅弘撮影）

決を下しました。異例の速さの決着の背後には、彼を支援して立ち上がった大学生たちと、日本・韓国・米国などの教会女性たちの働きがありました。ただ、この闘争は「美談」で終わり、彼の入社後 40 年間の闘いは注意が向けられませんでした。彼は、大企業の中で利益優先主義の下、労使一体となって労働者にものを言わせない、不義・不正・沈黙させる体制に対して、沈黙せずに孤独な闘いを続けました。そして退職後、非正規嘱託社員として残った彼は、「第 2 の日立闘争」と呼ばれる原発メーカー訴訟で、支援者たちと闘い続けたのです］（申英子さんから）。

第8章　サマリア人　191

第8章　サマリア人

（ルカ 10:30b-35）[1]

Ⅰ．テキスト

(25) すると見よ、或る律法家が立った。彼を試みて言って。「先生、何を行なったら、永遠のいのちを受け継ぐでしょうか？」(26) 彼に向かって（彼は）言った。「律法には何と書かれていますか？　どのように（あなたは）読みますか？」(27) （彼は）応えて言った。「主なるあなたの神を（あなたは）愛しなさい。あなたの心すべてから、そして、あなたの魂すべてにおいて、そして、あなたの力すべてにおいて、そして、あなたの精神すべてにおいて。そして、あなたの隣人をあなた自身のように」。(28) 彼に（彼は）言った。「正しく（あなたは）応えました。これを（あなたは）行ないなさい。そして（あなたは）生きるでしょう」。(29) 自身を義とすることを（彼は）望んで、イエスに向かって（彼は）言った。「誰ですか、私の隣人は？」。(30) （それを）取り上げてイエスは言った。「或る人が、エルサレムからエリコへとくだって来ていた。そして強盗たちに（彼は）出会った。そして彼等は彼を脱がせて、殴りつけて、倒して、去った。半殺しにしたまま。(31) 偶然、或る祭司がその道をくだって来ていた。そして彼を見て、（彼は）反対側を通り過ぎた。(32) 同様に、レビ人もその所にやって来て、そして見て、（彼は）反対側を通り過ぎた。(33) 或るサマリア人が旅をしていて、彼（の所）にやって来た。そして見て、（彼は）はらわたがちぎれる思いをさせられた。(34) そして（彼は）近寄って来て、彼の傷を（包帯で）巻いた、油とワインを注いで。彼を自分自身の家畜の上に（彼は）乗せて、彼を宿屋へと連れて行った。そして彼の世話をした。(35) そして翌日に、（彼は）2デナリを取り出して、宿屋の主人に与えた。そして（彼は）言った。「彼の世話をしてください。何であろうと、更に費用がかかったら、私が帰りがけにあなたに返します」。(36) これら3人の内の誰が、強盗たちに出会った人の隣人

1　この章は以下を土台に編集しました：恵泉女学園大学 2012 年公開講座「イエスのたとえ話」。

になったと、あなたに見えますか？」。(37) （彼は）言った。「彼に慈しみを行なった人です」。彼にイエスは言った。「行って、あなたも同様に行ないなさい」。

Ⅱ．これまでの解釈

この譬え話も寓喩的に解釈されてきました。オリゲネスは、強盗に襲われた人＝アダム、エルサレム＝天、エリコ＝世界、強盗＝悪魔と手先、祭司＝律法、レビ人＝預言者、良きサマリヤ人＝キリスト、傷ついた男が乗せられた獣＝堕落したアダムを負うキリストの体、宿屋＝教会、デナリ２つ＝父なる神と御子、サマリア人の再訪＝キリストの再臨、を示すと解釈しました。

20世紀中頃の解釈では、「私の隣人は誰か」の問いから「私は誰に対して隣人になったか」への転換が要点であると、指摘されるようになりました。また、私たちは祭司やレビ人と同じだと知って悔い改めることが求められており、最も憐れみ深いサマリア人はキリストだと、解釈されました。更に、イエスは当時のユダヤ教指導者を批判し、「混血の異教徒」のほうがユダヤ人より神の律法を実践していると示して、永遠のいのちを望むなら神はこのような隣人愛を行なうことをあなたに求めていると教えたとも、解釈されました。[2]

2　オリゲネスと同様の寓喩的解釈として、アウグスチヌス（359-430）は、或る人＝アダム、エルサレム＝天にある平和の都、エリコ＝人の死ぬべき性質（そこへアダムは堕落）、強盗＝悪魔とその使い、着物＝人の不死性、打ち叩く＝罪を犯すように説得、半殺し状態＝罪によって弱められた状態、祭司とレビ人＝旧約聖書の祭司職と教職で、救いのためには何ら益が無い者、サマリア人＝守護天使（又はキリスト）、包帯をする＝罪を抑制、オリーブ油＝望み（による慰め）、ぶどう酒＝熱い霊（に満たされて働くようにとの勧め）、家畜＝肉（家畜に乗るのはキリストの受肉を信じる事）、宿屋＝教会、翌日＝復活の後、2デナリ＝愛の2つの訓戒（又はこの世の生命とあの世の生命の約束）、宿屋の主人＝パウロ、余分の支払い＝独身の勧め（又は使徒が自分の手で働いたという事実）を示すと教えました。
　4世紀に寓喩的な解釈に反対したクリュソストモス（347-407）は、細部にこだわらず本質的な要素を解釈して目的を探すように教えました。その後、中世の神学

Ⅲ．オリジナル版に近い形で「聞く」ための考察

　この譬え話はルカ福音書だけに書かれていますが、ほぼ確実に歴史のイエスに遡（さかのぼ）る譬え話だと、ほとんどの学者が合意しています。[3]

　ただし、他の譬え話と同様に、枠組（わくぐみ）と状況設定はルカの編集によるものです。まず「永遠のいのちを受け継ぐ」ための律法の専門家とイエスの問答（ルカ 10:25-28）は、とても良く似たものが「最も重要な掟（おきて）」に関する問答としてマルコ（12:28-34）とマタイ（22:34-40）にもあります。しかし、どちらにも譬え話はありません。

　そこでルカは、「隣人とは誰ですか？」（10:29）を創作して、元々は別々の伝承であった問答と譬え話を「隣人」という共通テーマで合成し、譬え話の後に更なる問答（10:36-37）を加筆したと考えられます。以上のことから、イエスが語った譬え話自体は「ルカ 10:30b-35」であると、ほと

者ジュアン・マルドナド（1533-1583）も、個々の事柄にこだわる必要は無いとして、エルサレムからエリコへの旅は、ローマからナポリへの旅でも良いと教えました。

　これまでの解釈について：ドッド『神の国の譬』13-15。ティーリケ『畑の中の宝』159-162。ハンター『イエスの譬』34-35, 114。

　なお、現代日本の解釈の中には、次のような対照的なものもあります。

　荒井献：サマリア人はユダヤ人にとって「被差別民」だった。イエスは、困窮にあるユダヤ人が他ならぬ被差別者によって生かされたことを示唆しながら、差別を宗教的に正当化する宗教的エリートを強烈に批判しつつ、聴衆に自ら「隣人」となることにより、差別・被差別の垣根を越える「共生」の道筋を暗示したのではないか。イエスは自分自身、被差別者と同一化して生きた（荒井献『聖書の中の差別と共生』8）。

　加藤隆：盗賊は通常では半殺しなどにしないが、そんなひどい目にあったのは、村八分に遭ったような人だったからだろう。そういう人を介抱して助けるのは村の掟を破ることであり、自分も同じ立場になりかねない。「良い」サマリア人と言うべきでなく、助けなかった祭司たちを悪人にすべきではない。「隣人愛を実践できる人は神を全身全霊で愛していない人である」（81）。つまるところ、神への愛が隣人愛より大事である（加藤隆『「新約聖書」の「たとえ」を解く』69-99）。

3　Jesus Seminar, *The Parables of Jesus*, 98. 参照：第 5 章注 6。

んどの学者たちが結論づけています。[4]

しかしごく少数ですが、話の終わりに付けられたイエスの問い（10:36）は譬え話の中に入れられていた、という見方もあります。

例えばクロッサンは、イエスの譬え話の幾つかは聞き手への問いで終わり、ここの問いは譬え話の優れた結語になると考えられるとして、オリジナルの譬え話を「10:30b-36」と結論づけています。ヘンドリックスは、ルカが問いの中に「あなたに見える」を加筆して編集したけれども、譬え話はイエスの問いで終わっていた、つまりオリジナルの譬え話は「10:30b-36」であったと結論づけています。[5]

私も、最後のイエスの問いは、ヘンドリックスが言うようにルカの加筆編集部分を除いた形で、「これら３人のうちの誰が、強盗たちに出会った人の隣人になりましたか？」という聴衆への問いかけとして、オリジナルの譬え話に入っていたのではないかと思います。そこで、「10:30b-36」が譬え話のオリジナル版に近いものであったと想定して、テキストを分析吟味していきます。

Ⅳ．テキスト分析

1．強盗に襲われた人

始まりの言葉は「或る人」です。[6] その人は、エルサレムからエリコへと「くだって来ていました」。「エルサレムからエリコへ」という言葉を聞いた途端に、イエスの聴衆は「あの危険な道！」と思ったことでしょう。

4　例：Jesus Seminar, *The Parables of Jesus*, 30-31. クロッサン等は、「イエスの逆転の譬え話がルカによって例話に変えられた」と言います（例：John Dominic Crossan, *In Parables*, 55）。特に、ルカの編集による「あなたも同様に行ないなさい」（10:37b）の命令は、様々な問いかけを残す譬え話を、もう１つの倫理的な命令を与える「例話」に変質させてしまったと言えます。「譬え話」と「例話」の違いについて：山口里子『イエスの譬え話１』13。

5　Crossan, *In Parables*, 59-60. Hendrickx, *The Parables of Jesus*, 77.

6　「人」と「彼」について：「はじめに」。

第8章　サマリア人　195

強盗の溜まり場として有名だったからです。[7]

　エルサレムへの道は「のぼる」（anabainō）、エルサレムからの道は「くだる」（katabainō）という表現が用いられました。

　エルサレムからエリコまでは、全体で約30キロメートル弱の、海抜750メートルの高地から海面下250メートルまで約1000メートル下降する道でした。曲がりくねって急な坂道や岩や洞窟がある、砂漠の中の道です。ここでは、「くだる」の未完了形が使われています。危険で大変な道を、長々とくだってくる雰囲気が出されているようです。

　エリコは、ヨルダン川にも死海にも近く、暖かく肥沃な土地で、ヘブル語聖書の時代から「しゅろの町」と呼ばれていました（申34:3; 士1:16; 3:13; 歴代下28:15）。そして「ヘロデ王」はエリコに宮殿を建て、冬の首都として使いました。そのためエルサレムのエリート層の人々はエリコに冬の住居を持ち、この道を行き来しました。[8]

　それでこの道は、強盗たちにとって特に実りのある稼ぎ場になっており、歴史を通して格言的に危険な道と語られています。紀元1世紀、重税で貧窮した農民と、借金を返せずに先祖からの土地を奪われた人々の増加で、強盗はパレスチナ全体に広がっていましたが、その中でもエルサレムからエリコまでの道は、強盗が多い道だったのです。

　そして聴衆の予想通り、すぐ次に語られるのは、その人が「強盗たちに出会った」つまり、強盗たちに襲われたということです。[9]

7　この道は、ダビデが息子アブサロムの謀反から逃げた道（サムエル下15:23-16:14）、ゼデキア王がカルデア人の追手から逃げた道（王下25:4）でもあります（Amy-Jill Levine, *Short Stories of Jesus*, 87-88）。

8　Herman Hendrickx, *The Parables of Jesus*, 84. Kenneth E. Bailey, *Through Peasant Eyes*, 41. John R. S. J. Donahue, *The Gospel in Parable*, 30. Barbara E. Reid, *Parables for Preachers*, C.111-112. Frank Stern, *A Rabbi Looks at Jesus' Parables*, 220.「ヨルダン川」は「ヨレッド（落ちる・くだる）＋ダン⇒ダンからくだり落ちる流れ」の意味。「ヘロデ王」について：山口里子『イエスの譬え話1』24注22。

9　「強盗」には「レーステース」（lēstēs）の複数形が使われています。ヨセフスは、

196

　人々は、その道で友人・知人が強盗に襲われた時の話を思い出したり、自分自身が危ない思いをした経験を思い出したりしたかも知れません。こうしてこの譬え話は、最初に登場して強盗に襲われた人に聴衆が自分を重ね合わせて、その人が自分たちと同じ「イスラエル人」すなわち「ユダヤ人」だと想像して話を聞くことになるような、語られ方をしています。[10]

　農民たちの生活を崩壊させていく支配エリート層の搾取に対して、彼等をターゲットにした「レーステース」たちの社会・政治的強盗行為が多発していたと述べています。けれども、もちろん全ての「レーステース」が政治的「反逆者」とは言えませんし、彼等に襲われる人々がエリートの金持ちたちに限られたとは言えません。誰でもが襲われる可能性があったでしょう（ヨセフス『ユダヤ戦記』2:228-230. Reid, *Parables for Preachers*, C.111. Arland J. Hultgren, *The Parables of Jesus*, 95-96）。また、「レーステース」は通常、裸にはさせないけれども、この「或る人」が激しく戦ったのでそこまで攻撃されたのだろうという見方もあります（Bailey, *Through Peasant Eyes*, 42. Bernard Brandon Scott, *Hear Then the Parable*, 194）。「レーステース」に関して：第1章注37。山口里子『イエスの譬え話1』20。

10　この話は、聴衆が強盗の被害者に自分を重ね合わせる視点、「路傍の溝からの眺め」（the view from the ditch; Robert Funk, *Parables and Presence*, 32）から語られているという点について：J. Ian H. McDonald, "Alien Grace," 44. Hendrickx, *The Parables of Jesus*, 85. Levine, *Short Stories of Jesus*, 87. 川島重成『イエスの七つの譬え』54-55。荒井『聖書の中の差別と共生』4-6。滝沢武人『イエスの現場』180。

　一方、スコットは、聴衆は襲われた人に自分を重ね合わせたいとは思わず、ヒーローの登場を待っただろうと、言います。ところが3人目に登場するのがサマリア人になると、その人に自分を重ね合わせるのは全く不可能なので、被害者に自分を重ね合わせられると、言います（Scott, *Hear Then the Parable*, 194-199）。

　どんな語り方であっても自分を被害者ではなくヒーローに重ね合わせたい人はいるでしょう。けれども、この譬え話の語り方は、多くの学者たちが指摘するように、聴衆が初めから被害者に自分を重ね合わせて、その人が自分たちと同じ「ユダヤ人」だと想像して聴く語り方をされていると、私は思います。

　イエスのオリジナルな聴衆のほとんどは「ガリラヤ人」だったでしょう。けれども「エルサレムからエリコ」という南方の地名を聞いて、北方の「ガリラヤ人」に限らない「イスラエル人」、つまり広い意味での「ユダヤ人」を思い浮かべたと考えられます。

　なお、当時「ユダヤ人」という言葉は明白な定義づけ無しに多様な意味で使われていました。基本的にユダヤ地方出身の人が「ユダヤ人」ですが、そこ以外の地域

強盗たちは、その人の服をはぎ取り、殴りつけて、倒して、半殺しにして去りました。つまりその人は、裸で意識不明の、生きているか死んでいるか分からないような状態で、道端に倒れていることになったのです。

1世紀のパレスチナでは驚くほど数多くの言語・方言が使われており、服装も民族・身分・村などによって異なっていましたから、話し言葉や服装で、その人がどういう人なのか基本的なことを知ることができました。けれども裸で意識不明では誰なのかを知る手がかりがありません。

何者か分からない状態で道端に倒れたままにされた人は、言い換えると誰でもあり得る人です。聴衆はその人に自分を重ね合わせて、助けてくれる人が来るのを期待したことでしょう。[11]

2. 祭司とレビ人の行動

半殺しのまま置き去りにされた人はどうなるのでしょうか？　次に語られる言葉は、「偶然に」(kata sugkurian) です。短い簡潔な話でわざわざ語られる言葉は、意図があってのことで、それは恐らく神のご計画通りとか神の介入でとか言うのではない語り方だと、考えられます。[12]

倒れている人が息絶えてしまう前に、あるいは獣の餌食にされてしまう前に、偶然にも「或る祭司」が来ました。最初に「或る人」がエルサレムから「くだって来ていた」のと同様に、その祭司もその道を「くだって来

を含めて「イスラエルの地」（パレスチナ）に住む「イスラエル人」全体に「ユダヤ人」という言葉が使われていました。更にイスラエルの宗教に改宗した人にも、故郷を遠く離れて生活する（ディアスポラの）「イスラエル人」にも「ユダヤ人」という言葉が使われていました。このように多様な意味合いを持つ言葉であると認識して、私は「ユダヤ人」という言葉を使います（参照：山口里子『マルタとマリア』25-27。また、「パレスチナ」と「イスラエルの地」について：山口里子『いのちの糧の分かち合い』239）。

11　　譬え話の中でも、この人は、この道で強盗に襲われた「或る人」ということ以外の説明は何もされていません。意図的に、この人のアイデンティティが全く分からなくされて、語られていると言えます。　Charles W. Hedrick, *Parables As Poetic Fictions*, 103.

12　Hedrick, *Parables As Poetic Fictions*, 105.

ていた」のです（ここも動詞の未完了形が使われています）。

　この表現は、祭司がエルサレム神殿での奉仕を終えてエリコの自宅に帰る途中であることをも、聴衆に知らせます。祭司やレビ人の多くは必ずしも富裕ではなく、貧しい人々もいましたが、多くはエリコに住居を持っていたのです。[13]

　この祭司が、エルサレムに「のぼる」つまりこれから神殿での奉仕に向かう途中ではなく、奉仕を終えた帰り道であると聞いて、聴衆の中には、ひとまず「ラッキー！」と思った人々も居たことでしょう。これから神殿での聖なる奉仕をするのであれば清浄規定のことを色々考えなければなりませんが、奉仕を終えた後ならば清浄規定の縛りはかなり減るからです。[14]

　これまでのほとんどの解釈では、祭司は清浄規定に縛られているため、

13　多くの祭司やレビ人は、エルサレム神殿で 2 週間ほどの奉仕を終えるとエリコの自宅に帰りました。彼等は神殿での奉仕が無い時は、多くが農民として生活していました。しかしその中でも身分に高低があり、祭司長などは富裕で大土地所有者・不在地主が多くいたようですが、祭司には裕福な人も困窮した人もいました（Bailey, *Through Peasant Eyes*, 43-45）。ヨセフスは自分自身エリート祭司だったとのことですが、著しく困窮した祭司たちのことを述べています（ヨセフス『古代誌』20. 206-207。Levine, *Short Stories of Jesus*, 90-91）。

14　Hedrick, *Parables As Poetic Fictions*, 106. ここで「ひとまず」という表現を使ったのは、「ラッキー！」とは思えなかった人々も、かなり失望した人々も、いたかも知れないと思うからです。ジェイムズ・スコットは、大伝承（公伝承 public transcript）と小伝承（民間伝承・隠された伝承 hidden transcript）の区別を示してきました。公的な文書に記されているものは、民衆の振舞いや言葉も含めてエリート層によって押しつけられたり編集されたりしたものです。しかし服従させられた民衆が支配層の背後で語る「隠された伝承」には、遥かに広く深い複雑なものがあります。そして、イエス時代のほぼすべての農民運動は、明白にも不明白にも神殿と祭司階級に対抗するものであると言われます。これを踏まえると、ガリラヤ民衆が「祭司」という言葉を聞いた時、「聖職者」に対する表面的な敬意とは裏腹な反発や不信頼など複雑な思いが持たれたのではないかと考えられます（James C. Scott, *Domination and the Arts of Resistance*, xii, 15. Horsley, *Jesus and Empire*, 53-54）。

死者に触れて祭儀的不浄にならないように注意しなければならなかったと、言われて来ました。つまり、生きているか死んでいるか分からず、生きていてもいつ死ぬか分からない半殺しの状態で倒れていた人には、祭司は近寄るわけにはいかなかったということです。

　それでも、神殿での奉仕を終えた帰り道であれば、そのような清浄規定に強く縛られることになりません。

　もし倒れている人が生きているならば、誰であろうと助けるように世話をすることが期待されます。たとえ素性の分からない人、「寄留者」（外人・よそ者）であっても「自分自身のように愛しなさい」（レビ 19:34）と、教えられているからです。

　しかし死んでいる（死にそうな）場合には、問題になります。イスラエルの人々は死体に触れると「汚れる」とされており、祭司は親族の死体でさえ自分を汚してはならないとされていたからです。[15]

15　Scott, *Hear Then the Parable*, 195-197. Reid, *Parables for Preachers*, C.112-113. Stern, *A Rabbi Looks at Jesus' Parables*, 214. Bailey, *Through Peasant Eyes*, 44-45. 民数記によると、イスラエルの人々は「どのような人の死体であれ、それに触れた者は 7 日間汚れる」とされており、「3 日目と 7 日目に罪を清める水で身を清めるならば、清くなる」と規定されていますが（19:11-12）、祭司の場合は、それ以上の複雑な手続きが必要でした。レビ記によると、祭司は親族の死体にも触れられませんが、身近な親族、すなわち母、父、息子、娘、兄弟、未婚の姉妹を除くとされています（レビ 21:1-2）。ただし上位にいる祭司は父や母であっても死体を扱って不浄になってはならないとされています（レビ 21:11）。不浄にならないためには死者に 4 キュビト（約 180cm）内に近づくことは出来ないという説もあります（キュビトは紀元前 6000 年頃にメソポタミアで生まれた言葉で、「肘から中指の先端までの長さ」を指しました。ユダヤでは「アンマ」と言われていました。1 キュビトの長さは時代・地域によって変わりましたが、ローマ帝国の時代には約 45cm でした）。

　また、道端に倒れている人はどんな民族・宗教の人か分からないので、祭司はシラの戒めを思い起こしていたかも知れないとも言われます：「善い業をする時には、相手をわきまえよ。……罪人には援助するな。……不信仰な者に施すあらゆる善い業は、2 倍の悪となってお前に帰って来るだろう。いと高き方ご自身も、罪人を憎み、不信仰な人にあだを返される。……悪人には援助するな」（シラ 12:1-7）。

しかしミシュナーはこれを補足説明して、葬る人のいない死体に関しては、不浄の恐れ無しに葬ることを命じます。ここから、旅の途中でそのような死体に遭遇した時には、不浄を恐れるどころか、世話をすることが義務づけられています。遺体の葬りが祭儀的清浄より優先されるのです。[16]

ですから祭司は、律法に従うためには、道端に倒れている人を見たら、まず近寄って生きているかどうかを確かめ、生きているならば隣人愛の戒めにしたがって世話をする必要がありました（レビ 19:18, 34）。そしてもし既に死んでいるなら、少なくとも裸にされた体に覆いを掛けて、葬りのために直ちに助けを求めに行くべきでした。祭司のように神殿に仕える人は、死んでいるかも知れない旅人に、儀式的清浄の問題で助けを提供出来なかったということにはなりません。

ただし、祭司たちがミシュナーよりも「律法」だけに厳密に従って、いかなる不浄をも避けたという説明は、不可能ではありません。要するに、清浄規定に基づく議論では、どちらの行為を取っても、律法解釈によって何らかの正当化は出来たと考えられます。[17]

しかしこの譬え話では、祭司はエルサレム神殿での奉仕を終えた時でした。ですから、清浄規定に縛られずに隣人愛の戒めを優先させて助けることが、律法に従う者として求められているとも言える状況でした。その上、

16　ミシュナー Nazir7.1; 43b. 上位にいる祭司が父と旅の途中で父が死んだ場合は、その祭司が世話をしなければ葬る人がいないので、父だという理由ではなく、葬る人がいない遺体として、彼は葬ることが要求されます。このような死者への敬意と埋葬の義務を、ユダヤ人たちは古代から現代に至るまで真剣に受けとめてきており、だからこそ、アメリカのニューヨークのツインタワーが破壊された時、ユダヤ人たちは全ての遺体が発見されるまで、その地「グラウンド・ゼロ」で「ヴィジル(vigil)」（祈祷による「見守り」「不寝番」）を続けたと言われます（Levine, *Short Stories of Jesus*, 93-94）。

17　Scott, *Hear Then the Parable*, 197. Hendrickx, *The Parables of Jesus*, 85. 祭司は概ねサドカイ派でしたが、「サドカイ派はミシュナーを認めず、モーセ律法だけに従った」ので、清浄規定による縛りは強かったとも言えます（Stern, *A Rabbi Looks at Jesus' Parables*, 214）。「ミシュナー」について：第 3 章注 10。

いのちを救うことは安息日順守を含めてあらゆる律法を超えるという、伝統的な律法理解がありました。祭司はこれを放棄したのです。[18]

　祭司は恐らくロバに乗って旅をしていたでしょう。ですから、もし道端に倒れている人が生きていたなら、応急手当をして、ロバに乗せて連れ帰ることが出来たはずです。

　当時、身分が高く富んだ人はロバに乗り、身分が低く貧しい人は歩いて旅行しました。祭司の中にも身分の上下があり、皆が裕福だとは限りません。ただし、ガリラヤの貧しい農民たちが、特に説明なしに「祭司」という言葉を聞いた時には、エリコに住居を持ち、エルサレム神殿での奉仕に関わり、ロバに乗って旅をする、エリートの姿を思い浮かべたと考えられます。[19]

　しかしその祭司は、道端に倒れている人を見て、生きているかどうかを確かめることもなく道の「反対側を通り過ぎた」のです。

　すると「同様に」、今度は「レビ人」がやって来ました。レビ人は祭司の下の身分の人で、神殿で祭儀の補助などを担いました。レビ人は恐らくロバに乗らず歩いていたでしょうから、重症の人を連れていくことは出来ません。けれども応急手当だけはできたはずです。しかしレビ人も、祭司と同様に「見た」だけで、立ち止まることなく、道の「反対側を通り過ぎた」のです。[20]

　なぜ祭司もレビ人も立ちどまることなく去ったのか、その理由は述べられていません。ただ、聴衆にもすぐ察することが出来たのは、その旅人が

18　Stern, *A Rabbi Looks at Jesus' Parables*, 214. Levine, *Short Stories of Jesus*, 92-93.

19　参照：注13。

20　Bailey, *Through Peasant Eyes*, 46-47.「**レビ人**」（レビびと）は元々イスラエル12部族の1つに属す人々をさす言葉でした。その後の歴史の中で、多くは世襲により宗教的・社会的（主に教育）機能を担った一種の社会層の人々を指しました。日本語の聖書では「レビ人」として定着していますので、この表現を使います。

襲われた付近には、まだ強盗たちが隠れている可能性があったということです。自分も襲われるかも知れない。それが怖かった。だから、傷だらけで倒れている人を見かけた時、生きているかどうか確かめるために立ちどまることもなく、そのまま通りすぎたのではないか、ということです。そして、その怖さは聴衆にも十分に分かることでした。[21]

それでも、傷だらけで道端に倒れている人に自分を重ね合わせて話を聴いていた農民たちは、どう感じたでしょうか？

祭司とレビ人は、聖なる神殿で神に仕える特別の奉仕を行ない、律法に従って生きるユダヤ人の代表と見られる人々です。そういう人々が両方とも、いのちを救おうとすることも隣人愛を実践することもなく、傷つき倒れている人を置き去りにしたまま通り過ぎてしまったのです。[22]

たとえ農民たちが、清浄規定の細かいことを知らず、祭司たちが律法解釈によって行動を「正当化」できるのだろうと想像したとしても、反発や冷めた諦めの思いを持ったのではないかと思われます。[23]

3.「ユダヤ人」と「サマリア人」の背景

祭司にもレビ人にも見すてられた傷だらけの人は、どうなってしまうのでしょうか？ 聴衆は、今度こそ助けてくれる人の登場を期待したでしょう。

民話の「3つ組」があります。3人目は前の2人とは異なる行動をして、話が大きく展開しクライマックスになります。そこで聴衆は、聖職者ではない一般のユダヤ人が登場して助けてくれると、期待したでしょう。当

---

21   Scott, *Hear Then the Parable*, 195.

22   祭司階級は古代（聖書のモーセ、アロンの時代）から基本的に父系世襲でした。この意味で、ユダヤ人の中で最も「由緒ある正しい出自」のユダヤ人です。ちなみに、世襲制の影響は現代ユダヤ人の姓名にも反映されていると言われます。祭司はヘブル語でコーヘン（kohen）で現代の姓 Cohen, Kane は祭司、姓 Levi, Levine, Lewis はレビ人が先祖だと考えられます（Levine, *Short Stories of Jesus*, 90-92）。

23   Scott, *Hear Then the Parable*, 197. 参照：注 14。

第 8 章　サマリア人　203

時ユダヤ人は、「祭司、レビ人、全イスラエル」という 3 つのグループで理解されていたからです。[24]

　ところが、3 人目に述べられたのは「或るサマリア人」でした。聴衆は「えっ ?!」とショックを受けたことでしょう。[25]

　現代のほとんどのクリスチャンは、ルカの話を通して、優しく道徳的な「善いサマリア人」のイメージが染み込んでいます。それで、イエス時代の人々のショックが分からなくなっています。[26]

　しかし「ユダヤ人」と「サマリア人」の間には、民族的・宗教的な敵対関係の長い歴史がありました。紀元前 8 世紀に北イスラエルがアッシリアによって征服された時、サマリアは大規模な強制住民混合を行なわれました。このため「サマリア人」は他の「ユダヤ人」たちから「外人」（例：ルカ 17:18）と見なされて差別されるようになりました（この章の終わりの「参考に：ユダヤ人とサマリア人の歴史的背景」を参照）。

　そして、何世紀にも及ぶ敵意・憎悪・侮蔑の感情と暴力の蓄積がある中で、1 世紀の初めに、サマリア人に対するユダヤ人の憎悪を再燃させる出来事がありました。イエスの少年時代、紀元後 6-9 年の或る時、何人かのサマリア人が過越祭の間の真夜中に、遺体の骨をエルサレム神殿にばら撒いたのです。ユダヤ人にとっては大事な神殿も祭りも汚されたということです（ヨセフス『古代誌』18.30）。

　この事件が起こされた背後にも色々な事情があったでしょう。けれどもイエス時代のユダヤ人たちにとっては、ごく最近の新たな怒りの元で、敵意と侮蔑を強化することになっていました。或るミシュナーでは、「サマ

24　Scott, *Hear Then the Parable*, 197. Hultgren, *The Parables of Jesus*, 97. Stern, *A Rabbi Looks at Jesus' Parables*, 216.

25　「**サマリア人**」とは、サマリア地方の出身者のことです。

26　この話の他にも、「らい病」を癒された 10 人の内、大声で神を賛美しながら戻って来てイエスに感謝したのはサマリア人 1 人だけだったという話（ルカ 17:11-19）、サマリアでフィリポの福音が喜んで受け入れられた話（使徒 8:4-8）など、サマリア人に良い印象が持たれる話があります。

リア人のパンを食べる者は豚の肉を食べる者のようだ」とさえ言われました[27]。

　このような歴史的背景がありますから、半殺しにされたまま倒れている人の所にやって来た3人目の登場人物が「或るサマリア人」と聞いた時、聴衆は「まさか！」とショックを受けたのです。

　この時に、一般的な「ユダヤ人」の聴衆が「或るサマリア人」という言葉を聞いて思ったのは、「これではまるで2重に強盗の被害者にさせられたようなものだ！」とか、「サマリア人に助けられるぐらいなら死んだほうがマシだ！」というほどの恐怖や絶望感だっただろうと言われます[28]。

27　ミシュナー Shebiith 8:10. Donahue, *The Gospel in Parable*, 30. Reid, *Parables for Preachers*, C.114. Stern, *A Rabbi Looks at Jesus' Parables*, 217. Bailey, *Through Peasant Eyes*, 48. 川島『イエスの七つの譬え』60。
　　他にも、ユダヤ人はサマリア人の祈りに「アーメン」を言わない、ユダヤ人はサマリア人を正式な証人として認めない、ユダヤ人はサマリア人とは結婚しない、ユダヤ人はサマリア人とは一緒に食事をしない、エルサレム神殿はサマリア人がたとえ神殿税を捧げても受け取らない、等々の「規則」も作られていました（Stern, *A Rabbi Looks at Jesus' Parables*, 215）。

28　Donahue, *The Gospel in Parable*, 30. McDonald, "Alien Grace," 44. この時に、一般的なユダヤ人の聴衆が「或るサマリア人」という言葉を聞いて思ったのは、英語の少し古い注解書などでは、「やって来たのは共産主義者だった！」という感じだと説明され、最近の物では、「アルカイダ」「テロリスト」などが例に挙げられています。最近の日本でそれらに近い感覚は、「IS」でしょうか。
　　これに関連してダグラスは、現代世界で「私たち」が「テロリスト」として敵視している人々から、実は「私たち」は、着せてもらい、食べさせてもらっていると言います。つまり「テロリスト」たちは、元々、世界のいちじるしく不公正な格差構造の中で、おとしめられ搾取され非人間的なヒドイ低賃金労働で働いて、実質的に「私たち」に衣服も食物も提供し続けてきた人々の一部に過ぎない。彼等は既にこのサマリア人の行為を実践してきている、ということです（James W. Douglas, *The Nonviolent Coming of God*, 96-97）。これはつまり、「私たち」が見ようとしない、見えなくされている人々が、現代世界の政治・経済構造において正義と平和への希望を完全に奪われたと絶望させられた時に、「テロリスト」になるということです。ところが「私たち」は背後にある理不尽な世界構造を根本的に見直すことも、その人々が強いられてきた背景に真剣に注意を向けることもなく、ただ彼等を理不尽で暴力的な人々として個人やグループのレベルで敵視し恐れている、そうして結

第8章　サマリア人　205

　ただし、イエスの聴衆であった「ガリラヤ人」たちは、自分たちの先祖もアッシリアによる強制住民混合政策を少し経験したこともあって、一般のユダヤ人たちのような強い敵意や反感を持っていなかったと考えられます。[29]

　けれども、たとえ一般のユダヤ人とは異なる感覚を持っていたガリラヤ人の聴衆であっても、一般のユダヤ人とサマリア人の強い敵対・憎悪関係を考慮すると、半殺しにされて倒れている人がどうなってしまうのか、かたずを飲んで聞くことになったと考えられます。

　さて、話はどう進むでしょう？　これまで極めて簡略に進められてきた話が、ここで、サマリア人の行動を詳細に述べる語り方に変えられます。サマリア人の登場でショックを受けた聴衆は、今度はサマリア人の深い思いやりによる行動に、驚きながら引き込まれていく語り方です。[30]

　局、私達自身が、理不尽な世界構造と敵意と恐れの再生産に加担し続けているということです。

29　「ガリラヤ人」の間には「サマリア人」に関して一般のユダヤ人とは異なる複雑な面もあったと考えられます。紀元前8世紀に北イスラエルがアッシリアに征服された時に、ガリラヤはサマリアと同様に住民混合政策を行なわれました。ガリラヤはサマリアほど大規模な混合が行なわれなかったのですが、それでも他のユダヤ人たちから差別的に「異邦人のガリラヤ」（マタイ 4:15）と呼ばれるようになりました。ですから「ガリラヤ人」たちの間には「サマリア人」たちに対して一般のユダヤ人たちのような強い反感や差別感情を持っていない人々も、むしろ友好的な感情を持つ人々もいたかも知れません（ガリラヤ人とサマリア人の「共存」の姿勢の一面として：山口雅弘『イエス誕生の夜明け』58, 108-109, 121-122）。

　福音書には、ガリラヤ人がユダヤのエルサレムに旅行する時、途中のサマリアを通らないようにわざわざヨルダン川を渡って、エリコを過ぎた辺りで再び川を渡り戻ったというような敵意や差別意識が反映される記述があります（例：マルコ 10:1、マタイ 10:5; 19:1、ルカ 9:51-55; 17:18、ヨハネ 4:7-9; 8:48）。これも、イエス時代の状況をどれほど反映しているのか、注意する必要があります。ヨセフスは、ガリラヤの人々がエルサレムに行く時にはサマリアを通り過ぎるのが習わしと述べています（ヨセフス『古代誌』20.118、『戦記』2.232. 山口雅弘『イエス誕生の夜明け』40）。

30　Crossan, *In Parables*, 62.

4. サマリア人の行動：道端での手当て

　そのサマリア人は、半殺しのまま放置されている人のところにやって来ると、見てすぐさま、はらわたがちぎれるような思いをさせられました。ここでは「スプランクニゾマイ」（splagchnizomai）という言葉が使われています。激しい共感 共苦の感情でいっぱいになったのです。[31]

　しかし先に述べたように、傷だらけの人が誰なのか、民族も、出身も、宗教も、職業も、何も分かりません。当時のユダヤで、サマリア人が侮蔑や差別をされていた人々であったことを考えると、倒れている人はサマリア人に対してひどい憎悪や差別の感情を持ち、実際そういう行動をして、サマリア人たちを苦しめて来た人かも知れません。[32]

　このサマリア人は、傷だらけの人がどういう人なのか全く分からないまま、ただ、そこに半殺しにされて放置されている人に対して、非常に強い痛みと共苦の思いを持ったのです。彼自身か親しい人が、そのような経験をしたことがあったからでしょうか？　譬え話では想像に任されています。

　彼は倒れている人に「近寄り」ました。先に通りがかった祭司とレビ人が「道の反対側を通り過ぎた」のとは対照的な行動です。

31　Reid, *Parables for Preachers*, C.115. 荒井『聖書の中の差別と共生』8。マーティン・ルーサー・キング（Martin Luther King Jr.）は説教で次のように語りました：「祭司たちが助けなかったのは、私の想像では彼等は恐れたから。彼等の最初の問いは『もし私がこの人を助けるために立ちどまったら、私に何が起きるだろうか？』けれどサマリア人は逆の問いをした。『もし私がこの人を助けるために立ちどまらなかったら、この人に何が起きるだろうか？』」（Levine, *Short Stories of Jesus*, 94 より）。この問いの逆転を起こさせたのは、「スプランクニゾマイ」の激しい共苦の思いこそだったのではないでしょうか？「スプランクニゾマイ」について：第7章 IV.3.

32　ゴスは、現代のアメリカでなら、例えば性的少数者の人が出会った被害者は、信仰を基にいつも自分たち性的少数者を断罪し、存在そのものを否定し脅かし、社会の差別・暴力・迫害を再生産させている、熱心な福音宣教者かも知れないと述べています（Robert E. Goss, "Luke," 532）。現代の日本でなら、例えば、在日コリアンの人が出会った倒れている人は、自分たちと自分の子どもたちに対して生活もいのちも脅かすような執拗なヘイトスピーチを繰り広げている人の可能性もある、というようなことでしょう。

第 8 章　サマリア人　207

　しかし、先に通り過ぎた祭司とレビ人が恐れた通り、強盗たちがまだその近くに隠れている可能性は現実的なものです。そのうえ、後から述べますが、このサマリア人はロバに乗り、商品を別のロバに乗せて旅するような裕福な商人のようです。強盗にはまさにかっこうの餌食です。

　祭司やレビ人は聖職者ですから強盗も襲わなかったかも知れませんが、憎まれているサマリア人なら躊躇することなど無いでしょう。この人のほうがよほど危険に晒されているのです。けれどもこのサマリア人は、見て、立ち止まって、近寄り、そして道端に腰を下ろして、すぐ応急手当に取りかかります。

　倒れている人は、ひどい傷だらけだったのでしょう。「傷」という言葉は、日本語でも「トラウマ」として知られているギリシャ語「トラウマ」（trauma）の複数形（traumata）が使われています。

　そのサマリア人は、倒れている人の幾つもの深い傷に、油とワインを注いで、包帯で巻きました。油とワインを混ぜて注ぐことが多いのですが、それが出来ない場合は、まず油を注いで傷口をきれいにして柔らかくします。次にワインを注いで殺菌します。そして包帯を巻きます。当時の通常の応急手当の方法です。[33]

　それと同時に、「油とワイン」を「注ぐ」という言葉の並びは、全く別の用い方も思い起こさせます。「油とワイン」を「注ぐ」は神殿礼拝で犠牲の献げ物を行なう時の言葉です。[34]

　ですから、祭司とレビ人はエルサレム神殿で犠牲の献げ物の「聖なる」儀式で「油とワイン」を「注ぐ」行為に携わって来たところでしたが、こ

33　Scott, *Hear Then the Parable*, 199. Bailey, *Through Peasant Eyes*, 49. Hendrickx, *The Parables of Jesus*, 88. Donahue, *The Gospel in Parable*, 132. 油とワインが医療に用いられたのは、紀元前 3 世紀から知られていました（Theophrastus, *Hist. Plant*. 9. 11,1; cf. *m. Shabb*. 19. 2. Reid, *Parables for Preachers*, C.115 より）。

34　Hultgren, *The Parables of Jesus*, 99. Hendrickx, *The Parables of Jesus*, 88. Bailey, *Through Peasant Eyes*, 50.

のサマリア人は道端で血だらけになっている「汚れた」人の「手当て」に「油とワイン」を「注ぐ」行為を行なっています。神が求めるのは「犠牲ではなく愛」（ホセア 6:6）と言う言葉を思い起こさせるようです。[35]

ユダヤ人たちは、自分たちこそが本当の神の民で、正しい律法を守り正しい礼拝を行なってきたと自負していました。そしてサマリア人のことを「半ユダヤ人」とか「外人」とさえ見なして、まちがった律法でまちがった礼拝をしてきたと憎悪し軽蔑してきました。

けれども、律法（生き方の方向指示）にかなうのは、正しく献げ物をすることよりも、「犠牲ではなく愛」という言葉に象徴される行ないであり、それを実行したのはサマリア人だったのです。

応急手当を済ませると、サマリア人は傷ついた旅人を「自分自身の家畜の上に」乗せました。これは少し変わった表現です。「家畜」（ktēnos）はロバだと考えられますが、サマリア人は自分が乗るロバと荷物用のロバを持っていたのでしょう。[36]

荷物は恐らく商品で、応急手当に用いた油とワインも、商品として持っていたものを使ったのでしょう。中東のロバは人を 2 人乗せることは十分に出来ますが、サマリア人は自分が乗っていたロバに傷ついた人を乗せて、自分は召使いの立場になる形でロバを引いたのです。この行為は当時

35　ちなみに、ここでサマリア人の行動を語る動詞の順番が少し変です。「（包帯で）巻いた（過去形）、油とワインを注いで（現在分詞形）」と語られています。ですから、文法的には間違いではないのですが、手当の順番では、先に「注いだ」で次が「巻いた」なのに、ここでは「巻いた」、「注いで」の語順で語られています。これについてベイリーは、預言者ホセアの言葉を想起させる語り方をしたのではないかと言います（Bailey, *Through Peasant Eyes*, 49）。そこでは神の癒しの言葉「傷を包む」（ホセア 6:1）が語られてすぐ後に「犠牲ではなく愛」（ホセア 6:6）と語られているからです。

36　「家畜」は古シリア語版では「ロバ」で、そちらがオリジナルの言葉を反映していると思われます（Bailey, *Through Peasant Eyes*, 51）。

第8章 サマリア人 209

の民衆にとって驚きのことでした。[37]

5. サマリア人の行動：宿屋での手当て

聴衆は次の言葉でまたまた驚かされます。サマリア人は傷ついた人を連れて「宿屋」（pandocheion ← pan 全て +dechomai 受け取る）に行ったのです。エルサレムからエリコへの砂漠の道には宿屋が無かったので、サマリア人は傷ついた人をロバに乗せてエリコまで行って、そこにある宿屋に連れて行ったと考えられます。しかし当時、宿屋は著しく評判が悪い所でした。不正直と暴力で知られる悪名高い危険な場所だったのです。1世紀中頃のパレスチナの言葉は、「宿屋に泊るなら遺書を書くが良い」と忠告しています。[38]

他に行くところは無かったのでしょうか？ 親戚や友人の家などは無かったのでしょうか？ 譬え話に説明はありません。ともかくこのサマリア人は「宿屋」に行きました。

そして次の言葉で、聴衆はまたまた驚かされます。彼は宿屋に一晩泊ま

37　これは私の想像ですが、人は意識を失くした状態だと、担ぐのに非常に重たくなると言われます。ですから、意識の無い旅人は非常に重いのと、傷の箇所を押し付けないように、サマリア人は旅人とロバの両方を気づかって、2人で乗らずに自分は歩いたのではないだろうかと、思います。ロバは当時の農民の日常生活に近い家畜でしたから、聴衆もそれを察して聞いたことでしょう。それでも、複数のロバを引いて旅するような裕福な男性、それは恐らく一定の身分を持つ男性が、見知らぬ男の召使いの立場を取るというのは、当時の中東の文化の中では驚くべきことだということです（Bailey, *Through Peasant Eyes*, 49-50）。そうであれば、ガリラヤ農民も、サマリア人のその「驚くべき」態度を実感しながら話を聞いていたことでしょう。

38　ミシュナーには、このような言葉があります。「家畜を異邦人の宿屋に置くな、彼等は動物とセックスをする疑いがある。女を一人で置くな、彼等は下品な振舞いをする疑いがある。男を一人で置くな、彼等は血を流す疑いがある」（*m. Abodah Zarah* 2:1）。Bailey, *Through Peasant Eyes*, 53. Reid, *Parables for Preachers*, C. 115.

210

って、傷ついた人を介抱したのです。なぜそれが大きな驚きだったのでしょうか？ それは「復讐」の文化があったからです。

中東では「復讐」の長い伝統文化がありました。誰かが殺された時に、あるいは死んだ時に、殺人者（と思われる人）を復讐で殺すことが承認されていました。死者のために、遺族が復讐を実行するよう、期待もされました。そして殺人者自身を復讐で殺せない場合には、その家族や親戚の人を復讐の対象にすることが受け入れられた伝統でした。

このため、たまたま殺人の現場に居た人や、襲われた人に助けを提供した人に、理不尽な疑いが掛けられることも、誤解で復讐のターゲットにされることも、少なくありませんでした。ですから、もしも傷ついた人を宿屋に連れて行っても、人に気づかれないように旅人をそこに降ろして自分はそこを去るのが、せめてもの安全な方法だったのです。[39]

けれどもこのサマリア人は、傷ついた人と一緒に宿屋に泊まりました。もしもその人が死んでしまったら、理不尽な疑いをかけられるかも知れません。宿屋には色々な人々がいます。無責任な噂を流されるかも知れません。特にサマリア人を激しく憎み蔑んでいる人がそこにいたら、なおのことです。

そんな危険な場所で、サマリア人は「半殺し」状態だった人と一緒に一晩宿屋に泊まったのです。そしてこの「復讐」の伝統文化を考えると、サマリア人はたとえエリコに家族・親戚や親しい友人がいたとしても、その家に泊まることを避けたのではないかという気がします。ともかく彼は、ただ泊まるだけでも危険な所として有名だった「宿屋」に、いつ死んでしまうか分からない人と一緒に一晩滞在しました。

翌日、彼は商用で出かける時に宿屋の主人に「2 デナリ」を与えます。傷ついた人はお金を持っていませんでしたから、1 人で置いて出かけたら

39　サマリア人の行動で、「本当の勇気はここにある」と言われるほど、これは身の危険を冒した行動でした（Thomson, W. M., *The Land and the Book*, I. 448. Bailey, *Through Peasant Eyes*, 52-53）。

どんなひどい扱いをされるか分かりません。そこでサマリア人は、「彼の世話をしてください」と言って、お金2デナリを渡しました。[40]

　そしてこのサマリア人は、万が一にも足りなかった場合のために更に言葉を加えました。その言葉は、それこそ聴衆がドギモを抜かされるほどビックリするものでした。

　「何であろうと、更に費用がかかったら、私が帰りがけにあなたに返します」と言ったのです。これは金額が書いていない白紙の小切手を渡したようなものです。宿屋の主人はどんなに法外な額でも要求できるということになります。聴衆の中には、「えっ？　そんなことしてバカじゃないの?!」と呆れた人々も少なくなかったでしょう。

　でも、もしこのサマリア人が、ただ2デナリを渡して去ったなら、どうなったでしょう？　お金は宿屋の主人の懐に入って、傷ついた人は放り出されたのではないでしょうか？　サマリア人は、自分に襲いかかり得る数々の恐ろしい危険を十分に知っていたでしょう。それでも、傷ついた人のいのちを守るために、自分に出来る限りのことを尽くしたのです。[41]

　ただし、このサマリア人は単にお人よしのバカな人として語られてはいない、とも言われます。彼は、傷ついた人を置いて出て行く時に、自分が必ず戻って来ることを宿屋の主人に明確にしたうえで、「何であろうと……返します」と言いました。

　「返す」（adpodidōmi）という言葉の未来形が使われていますが、これは

40　「2デナリ」は、当時の健康な成人男性労働者の2日分の賃金でしたが、1週間分の宿代・食べ物・介抱の支払いに使えただろうと言われます。Hultgren, *The Parables of Jesus*, 99.「1デナリ」に関して：山口里子『イエスの譬え話1』53。

41　注解者の中には、このサマリア人は、ユダヤ教の理想的な「義人」のカリカチュア（戯画）だという人がいます。人間はもう少し現実的にプラクティカルでなければ生きていけない。だからこの譬え話は、「義人」の概念をもっと現実的に考えるように、パロディ（風刺化・滑稽化）にした話だと言うのです（例：Hedrick, *Parables As Poetic Fictions*, 111-116）。しかしもしそうであるならば、当時のユダヤ人の3つ組「祭司、レビ人、全イスラエル」を使って語るのが適切でした。わざわざサマリア人を登場させて語る意味がありません。

「借りを返す」「報いる」といった意味合いを持つ言葉です。宿屋の主人には、もし悪い扱いをしたら、あるいは何か悪いことが起きたら、同等の仕返しをされるとも受け取れる含みがあります。ですからサマリア人は、傷ついた人を主人が悪く扱うことが決して無いように念を押した、とも言えるのです。[42]

　こうしてこのサマリア人は、傷ついた人のいのちの安全をひとまず確保しました。でも、自分自身のいのちの安全はどうなったでしょうか？

　少なくとも、法外な額の要求にも応えることが出来なければ、彼は投獄されるか殺されかねません。もしも、半殺しの人とサマリア人が一緒に居る所を見かけた人が変な噂を流したら、噂が一人歩きで広がって、サマリア人もその家族・親族も、目に見えない危険に晒されたままになりかねません。

　サマリア人の行為は、自身のいのちも身内のいのちまでも危険に晒した、大きな賭けのような結果になりました。その一方で、ひどく傷ついた旅人のいのちを救うには、そもそも他の選択肢があったのでしょうか？　聴衆はどのような問いや思いめぐらしの中に残されたでしょうか？

V．思いめぐらし

1.「隣人」のテーマ

　この譬え話で私は、多数派の意見に反して、「誰が隣人になりましたか？」（10:36）というイエスの問いかけを譬え話の中に含めて解釈しました。けれども、もしもこの問いかけがオリジナルの譬え話に入っていなくて、譬え話自体の中に「隣人」という言葉が述べられていなかったとしても、「隣人」を巡るテーマはこの譬え話の背後にあったと思います。

　先に述べたように、サマリア人に対するユダヤ人の敵意・憎悪・侮蔑の

42　Levine, *Short Stories of Jesus*, 104.

感情は、長い歴史的背景を持つだけでなく、イエス時代には特に強くなっていたと見られます。そのような状況で、イエスの身の回りでも「サマリア人は隣人ではない」というような言葉が交わされていたことは、十分に考えられるからです。そこで、「隣人」という言葉がイエスの聴衆にとってどのような意味合いを持っていたのかについて、注意を向けてみましょう。

レビ記19章では、「隣人」と「外人」を区別して述べています（レビ19:18, 33-34）。そこで「隣人」（rea レア）とは、まず同じ「民」の人、「同胞」です。この意味で、少なくともヘブル語を話す人々にとって、「隣人」の通常の意味は、親密なまたは法的な関係者です。これに対置されるのが「外人」（ger ゲール）で、「よそ者」「寄留者」（resident alien: 自分たちの土地に住んでいる「外人」）です（cf. エゼキエル47:22-23）。

この大きな区別のある中で、レビ記では、「隣人」と「外人」のどちらに対しても「自分自身のように愛しなさい」（レビ19:18, 34）と戒めています。[43]

ところが、そのような戒めには余り注意が向けられずに、「隣人」か「外人」かという「名づけ」やレッテル貼りで、仲間かそうでないかという区別が人々の心を占める現実があったと言えるでしょう。これに対する挑戦の問いかけが、イエスの譬え話の背後にはあったのではないかと考えられます。

人間は、歴史を通して全ての文化で、自分たちの仲間と見なせる人々と、仲間ではない人々との間に境界線を引くことで、アイデンティティ（自己

43　「隣人」という言葉は、ヘブル語聖書の中では、（信頼できる）「仲間」（創11:3、申19:14, 27:17、エレミヤ9:4-5）、「友人」（出33:11、雅5:16、箴3:29）、「愛人」（ホセア3:1）というような広い意味合いで使われています。

　また、聖書の別の箇所には、敵を悪く扱ってはならないという思想も表わされています：「あなたを憎む者が飢えているならパンを与えよ。渇いているなら水を飲ませよ」（箴25:21）。Levine, *Short Stories of Jesus*, 84-85. Hultgren, *The Parables of Jesus*, 94.「ゲール」について：第7章注6。

理解）を形成してきました。それによって様々な共同体は、自分たちの存在の基盤を固め、そこから共同体を発展させて来ました。そして人々は、自分が属する共同体と深く繋がる形で自分自身のアイデンティティも形成します。

　人は、社会的存在として、同時に複数の共同体に、密接にあるいは緩やかに属して生活します。民族・出身・身体状況に基づく共同体や、政治・経済・社会的な活動に基づく共同体や、文化・思想・宗教に基づく共同体など、多様な共同体のアイデンティティ形成の影響を受けながら、自分独自のアイデンティティの基盤を形成します。そしてそれは人生経験の中で、主体的に形成・変化されていくものでもあります。

　しかしそれと同時に、アイデンティティは、個人のものでも共同体のものでも、外からの圧倒的な力で破壊されたり奪われたりするものでもあり得ます。

　その一例が、「サマリア人」と呼ばれるようになった人々のアイデンティティです。戦争・被征服・強制移民など、時の権力の暴力によって、共同体や個人の意志とは無関係に、先祖伝来のアイデンティティが奪われました。そのような状況において、人々は苦闘してサバイバルの道を探りつつ生きる中で、それまでのアイデンティティを継続する面と修正する面を持ちつつ、新しいアイデンティティを形成していったのです。

　しかしこのようなことは、「サマリア人」に限られたことではありませんでした。イエスの聴衆であった「ガリラヤ人」も、歴史の中で強大な権力によって翻弄されて来ました。紀元前8世紀にアッシリアがサマリアを征服した時、ガリラヤも征服され、住民混合政策を行なわれました。ガリラヤでは大規模ではありませんでしたが、それでも「異邦人のガリラヤ」と呼ばれるようになりました。ガリラヤの人々はその後も外圧の影響を受け続けましたが、紀元前200年頃から「再ユダヤ化」されたのです。[44]

44　参照：注29。山口雅弘『イエス誕生の夜明け』56-69, 106-128。

第 8 章 サマリア人　215

　その背景には、「ガリラヤ人」の抵抗の魂と苦闘の歴史があったことで
しょう。しかし、もしもアッシリアが、サマリアと同等かそれ以上に大規
模な強制住民混合政策をガリラヤに行なったとしたら、ガリラヤの人々
が「サマリア人」と同様の歴史をたどることになった可能性は否定できま
せん。そのうえイエスの時代になっても、「ガリラヤ人」は狭い意味での
「ユダヤ人」（エルサレムを中心とするユダヤ地方の人々）から差別されていた面
がありました。
　しかしその「ユダヤ人」でさえ、紀元前 8 世紀に、サマリアに捕虜と
して連れて行かれた多くの人々が、「サマリア人」によって「同じ神を信
じる兄弟」として手厚く扱われて故郷のユダヤ地方に帰るようにされなか
ったなら、その人々のその後のアイデンティティがどうなったのか分から
ないのです（以上参照：この章の終わりの「参考に」）。

　こうして見ると、共同体のアイデンティティや境界線がいかに大きく歴
史の力関係の影響を受けて形成・再形成されるものなのかが分かります。
もちろんその過程には主体的な苦闘の蓄積があり、それが共同体の誇りに
もなることは十分理解できますし、大切なことです。しかしこのことは、
境界線を自明のものとしたり、他の共同体への差別を正当化したりする基
盤には、成り得ません。
　このような問題はもちろん「ユダヤ人」に限らず、世界中のほぼどの
「民族」にも当てはまるでしょう。歴史の流れのなかで翻弄されて生き、
良い意味でも悪い意味でもアイデンティティの再形成を迫られながらサバ
イバルする共同体や人々は、決して少なくありません。
　ところが小さなグループに対して大きなグループからアイデンティティ
の「名づけ」やレッテル貼りがされると、それがまるで不変のものである
かのように、強固な境界線が引かれて差別の基盤にされることが、少なく
ないのです。[45]

45　現代世界でも、数限りないほどの「難民」にされた人々、故郷を奪われた人々、

「隣人」とは誰であって誰でないのか、そのような二元論的な定義づけは歴史的背景を無視するものです。そして人々のアイデンティティ形成・発展の主体性・多様性・柔軟性を阻害する一方で、自分たちの差別と暴力を正当化する偏狭で破壊的なアイデンティティを形成・強化させます。イエスは、そのような力に挑戦して、この譬え話を語ったのではないでしょうか？[46]

自分の「居場所」をどこにも見出せない人々がいます。そして、そのような人々は特殊な人々では無いにも拘らず、特殊視で距離を作られてしまう傾向があります。私たちは、このような状況を再生産し続ける社会や背後の力関係に対する意識を高めるようにして、グローバルな（地球規模の）視野も持って、色々な意味で「難民」にされた人々の主体性の尊重に注意を向けつつ、多様なサポートネットワークを広げたいものと思います。

46 スコットは「宗教概念や秩序で内部者と外部者に境界線を引くことは、神の国への期待のモデルにはなれない。このような線引きへの挑戦と転覆をこそ、この譬え話は語る」と述べます（Scott, *Hear Then the Parable*, 189, 201-201. 同様にHultgren, *The Parables of Jesus*, 101）。

更にスコットは、「最初期のクリスチャンの深い経験は、そのような境界線の解除だった」と述べます。確かに、最初期のキリスト教共同体エクレシアにおける「洗礼宣言」（ガラテヤ 3:26-28）は、当時の人々を分けていたあらゆる境界線を越えていく共同体という自己理解を示しています（Scott, *Hear Then the Parable*, 192.「エクレシア」と「洗礼宣言」について：エリザベス・シュスラー・フィオレンツァ『彼女を記念して』102-134。山口里子『新しい聖書の学び』148-151。『いのちの糧の分かち合い』37-41）。

ただし、長い歴史的背景を持つ「境界線」と、それによる人々の多様で複雑な差別・苦闘の経験を思う時、私たちは「境界線」が無かったかのような消去・解消・超越のようなことを求めるのではなく、それらをしっかり批判的に「記憶」することを踏まえたうえで、人間の力関係で作られた様々な「境界線」を意識的に越えていくことが大切だと思います。

また、時と場合によっては、「境界線」を自分たちで主体的に変更・再形成したり、大きな不公正に抵抗する闘いの中で「活用」さえしたりすることが必要な時もあると思います。結局のところは、私たちはどこに立ち、どのような視野を分かち合いつつ、どのような基軸を持って、どのように「境界線」に向き合うのか、それが問われているのではないでしょうか？ （参照：第 3 章注 24, 27）。

フェミニズム・クィア理論を研究している佐々木裕子さんは、米国のクィア理論家リサ・デュガンによる議論を踏まえて、次のように言います：[神の愛は地上の

2. 「誰が隣人になりましたか？」

さて、レビ記の定義づけを背景に持った「隣人」のテーマの中で「誰が隣人になりましたか？」という問いかけは、「誰が神に従う道を歩んでいますか？」という問いかけに繋がります。

先に、イスラエルの人々の「３つ組」の話をしました。「祭司、レビ人、全イスラエル」の３つ組です。ですから、もしイエスがエルサレムの聖職者に対する厳しい批判をしたかったなら、イスラエルの「３つ組」を民話の「３つ組」として使うので良かったのです。つまり１人目は祭司、２人目はレビ人、３人目は（一般の）ユダヤ人で、良かったのです。

また、もしイエスが隣人への愛を教えたかったのでも、その３つ組で良かったのです。そして、もしイエスが敵をも愛することを教えたかったのなら、やはりその３つ組で、（気高い）「ユダヤ人」が（長年敵対してきた）「サマリア人」を助けたとすれば、十分にラディカルで挑戦的な話でした。[47]

では一体なぜ、「祭司・レビ人」と「サマリア人」の対照的な行動で、譬え話が語られたのでしょうか？

境界線を越えてすべての人に届く」というような表現で、全体主義や植民地主義が進められた歴史を記憶し、注意や警戒を保つことが必要。また特に、「つながり」や「連帯」の模索にあたって、歴史の中で余りにも多くの深い傷跡を残してきた「境界線」を簡単に取り除いたり、消そうとしたりすることに常に批判を投げかけるべき。境界線による断絶や分断、暴力性を認識して、そもそも分断をもたらす力とは何であり、何を根拠にそれが成立するのか、分断されたものの間での力関係はどのようなものかということを、きちんと批判することこそが欠かせない。けれども、そのうえで、「共通の異議」を持つ人々、いわば「敵」を同じくする人々の間で、「それぞれの差異」をきちんと見つつ（境界線を保持しつつ）、「障壁を横断する」（境界線を横切る）、「連合体（coalition）」が形成される可能性はある。それは不正義と闘うための重要な足場になったり、一人ひとりが生き延びるための道を切り拓くものかもしれない。そのような「連帯」や「つながり」への思いを手放したくない」（個人的交信の要約）。

47 Crossan, *In Parables*, 62-63. Bailey, *Through Peasant Eyes*, 48. Hedrick, *Parables As Poetic Fictions*, 110.

この「対照」で考えられるのは、「祭司・レビ人」は世襲制に基づく最も由緒ある「ユダヤ人」であり、正しい聖典に基づく神殿祭儀の象徴的な存在とされていたこと、一方「サマリア人」は、民族混合によってもはや「ユダヤ人」ではない「外人」などと言われて差別され、間違った聖典と祭儀に従う「背教」の象徴的な存在とされていたことです。[48]

そのような状況において、この譬え話が問いかけたのは、誰が傷ついた人の隣人になったのか、それはすなわち誰が神の律法に基づく生き方を実践したのか、誰が神の道を真実に歩んでいるのか、という問いでした。[49]

そしてこの問いは、地域・民族・聖典・祭儀・信仰の違いに基盤を置いた自己正当化や差別が、神の前でどれほど不確かで不適切なものであるかという、根底からの問い直しと切り離せないでしょう。

この譬え話は、社会の力関係の中で作られた様々な定義づけ・「名づけ」、そして境界線が、いかに不確かなもので、それに基づく差別・断罪の正当化がいかに不適切なものかということに対する、人々の気づきを促すものではないでしょうか？　そして、具体的な行動や生き方そのものに真実を見ようとすることへと、発想の転換をしていくように問いかけていないでしょうか？[50]

48　上村静もこう述べています：「一般的な感覚では、祭司とレビ人が最も由緒あるユダヤ人であるのに対して、サマリア人はその対極にいる『外国人との混血、異民族の中で最も汚れた者』」（上村静『宗教の倒錯』185）。

49　この意味で、ルカの編集で譬え話の前に付けられたと言われる問い「私の隣人は誰ですか？」（10:29）は、問題点を明白にさせていると思います。ここでイエスは「アイデンティティ」「境界線」に基づく「隣人」の定義づけの問いの枠組みを外して、行動・生き方の問いに変えて応答していると考えられます。

50　「名づけ」に関して：山口里子『イエスの譬え話1』17。更に現代の問題に引き寄せて参照：[「病名」を誰が、どういう観点からつけるのかによって境遇が大きく違ってしまうことがあります。たとえばハンセン病については、「らい予防法」が存在しているとき、患者として「らい病／ハンセン病」の病名がついたら療養所に隔離されます。そこで京都大学病院では「抹消神経炎」と名づけて療養所に入所させることなく外来で診療および治療をしてきました。その事実はハンセン病国賠訴訟の熊本地裁で、1999年6月17日に和泉眞藏さんが証言しました（「和泉眞藏証言」

3. サマリア人を見ならいましょう？

さてそれではイエスは、この譬え話で、「隣人になったサマリア人を見ならいましょう」と言おうとしたのでしょうか？

確かにこのサマリア人は、「隣人は誰？」という定義づけや境界線を越えて、いのちを大切にする行動を起こしました。この人は共感共苦の思いで恐怖を乗り越えて、真実な生き方を実践したのです。

しかしこの話は、単純に「模範」にして終わるものとは思えません。この話は、いのちを救う手当ての行為の後に予想される、更に大きな暴力や死の恐怖を強く暗示させています。そのような語り方がなされたのはなぜなのか、それを考えてみたいと思います。

この人は、倒れていた人に共苦していのちを助ける行動を起こしたことで、自分自身のいのちだけでなく、身内のいのちも危険な暴力に晒されかねないことになりました。けれども、もしも倒れている人を見殺しにしたくないなら、他に選択肢はありませんでした。そんなひどい状況は、なぜ、どうして、作られているのでしょうか？

このサマリア人をそのような理不尽な暴力に晒すのは、直接的には、当時の庶民を苦しめていたローマ帝国でもユダヤ政権でも神殿権力でもありません。一般の人々です。

社会で作られたレッテル貼りや復讐の伝統文化を、「当然」「普通」のこととして人々が受け入れることが、暴力を再生産させます。そしてこのよ

ハンセン病違憲国賠裁判全史編集委員会編『ハンセン病違憲国賠裁判全史第 2 巻』皓星社 2006 年 251-276 項。120-125 頁も参照）。しかしながら病名がつくことがいいことなのかは疑問です。ハンセン病の場合では「らい（病）」という蔑称から「ハンセン病」という病名に変わっても、偏見差別はなくなったり軽減したわけではありません。病名は誰か権威ある者が一方的に名付けてそれが固定化されるときに、差別も固定化され強化されるようです。そのような現状を変えるために「当事者研究」ということもなされています。本人が自分で病名をつける取り組みです］（浜崎眞実さんからの個人的交信 2014.10.15）。

うな暴力は、構造的な不公正がはびこり増加する社会の中で、日常的に蓄積された不満のはけ口として強化されることが少なくありません。

このことは言い換えると、社会の構造的な不公正が強まる時、弱い立場に置かれた人々が個人的な暴力を振るってしまう形で、結局は大きな不公正に加担し、弱い立場の人々を更に苦しめるのです。これは昔から権力者たちによって使われてきた「分断支配」構造を、被害者たち自身が加担して再生産・補強することに他なりません。[51]

このような状況で、差別されていたサマリア人が、人々を差別分断する境界線を越えて、いのちを助ける行動を起こしました。その勇気は感嘆すべきものです。そしてもしも彼のいのちや身内のいのちが理不尽に奪われたら、本当に悲しいことです。しかしだからこそ、サマリア人を称賛して「見ならいましょう」で終わってはならないのでは、ないでしょうか？

もしサマリア人が模範にするべき人として称賛される時、そしてそれで終わってしまう時、社会はどうなるでしょうか？

人々を貧しくさせ苦しめて、やり場の無い不満を「弱い者いじめ」の形で噴き出させるような不公正な社会構造や、いのちを軽んじる文化が、根本的なところから問い直され変革されることになるでしょうか？　理不尽な暴力を根底から覆し根絶していくことに繋がるでしょうか？

51　現代社会でも、暴力に対して暴力に訴えるのではなく、暴力に抵抗していのちを大切にする行動を取ることが、結果的に更なる暴力に晒されて、自分たちのいのちを脅かされたり奪われたりしてしまうことは、少なくありません。それも特に、差別・周縁化されている人々が、攻撃の対象や犠牲者にされやすいとも言えます。そんな犠牲の再生産は本当にストップさせたいと願います。

　福音書には、イエスが語ったとされる「敵を愛しなさい」という言葉があります（ルカ 6:27, 35a、マタイ 5:44ab）。この言葉は色々な意味で理解できるでしょうが、私は第 1 に、このような「分断支配」下の弱者間の犠牲の再生産に対する抵抗の言葉として受けとめます。参照：第 1 章 IV. 3、第 3 章注 27。

第 8 章　サマリア人　221

　そこを問い直すことのない「模範」視や「称賛」は、結局のところ、状況変革ではなく、犠牲の再生産になって、いのちに敵対する不公正な構造やシステムはそのまま維持されることにならないでしょうか？[52]

　イエスは決して、「サマリア人を見ならいましょう」という目的で語りかけたのではないと、私は思います。もしそれだけなら、こんなに強い死の恐怖の余韻（よいん）を残さない語りかけをしたでしょう。このような語りかけをしたのは、聴衆の心に更に深く染み込んでいく、突っ込んだ問いかけを残そうとしたからではないでしょうか？
　倒れていた人だけでなく、助けたサマリア人も犠牲者にしかねない社会は変ではないか？　いのちを大切にする行動が、いのちを暴力で奪われる危険に晒されることになるのは理不尽ではないか？　……
　このような問いにしっかり向き合って考え、自分たちの社会・文化・伝統などの中にひそむ不正な力に抵抗して行動することにこそ、暴力の連鎖（れんさ）を断ち切り、犠牲の再生産を許さず、1人1人のいのちを本気で大切にして、互いに繋がり合う道が開かれていくのではないでしょうか？

4.「どのように、あなたは読みますか？」
　さて、譬え話の前に置かれている、別の伝承の問答（ルカ 10:25-28）は、

52　いのちに敵対する社会構造の問題を見ないで「美談」が語られる危険を、現代の私たちの場に引き寄せて 2 つの例で見たいと思います（友人たちとの会話から）。
　①いわゆる「良きサマリア人」の「親切」のイメージで実践される、自立が困難な状況で生活している人々への支援です。これは、福祉のはざまで苦しむ人々への、いわゆる慈善活動の落とし穴にも成り得ます。「美談」とされて終わっている限り、「福祉のはざま」という社会システムの不公正や、「はざま」に置かれた人々の「人権」という重大な問題を、取り残されたままにする危険が大きいのです。
　②「殉国」「殉教」の問題があります。国家や権力機構が犠牲の死を「美談」として称賛することは、死を嘆くことを否定し、犠牲の死への批判や抵抗を封じます（参照：第 7 章 IV. 4）。そして犠牲の死を再び繰り返さないという決意と行動よりも、「立派な先達の後に続くように」という教え、つまりは再生産の力に繋げられる危険があります（参照：高橋哲哉・菱木政晴・森一弘『殉教と殉国と信仰と』）。

たとえルカによってここに結合された物であっても、この譬え話にピッタリの問答だと言われます。

この問答は、まず「或る律法家」（nomikos）すなわち「律法（nomos）の専門家」がイエスに尋ねることで始まります。「何を行なったら、永遠のいのちを受け継ぐでしょうか？」という問いです。これは現代の私たちの言葉に置き換えると、「どのように生きることが神の意思にかなう真実な生き方でしょうか？」というような問いでしょう。

これに対してイエスは、「律法にはなんと書かれていますか？」という問いで応答します。

それに対して律法家は、何百もある「戒め」の要点を、神への愛と隣人への愛で短くまとめた形で応えます。そして、ここのテキストによれば、律法家はイエスの問いに対して適切に応えました。[53]

53　これは、申命記（6:5）とレビ記（19:18）を組み合わせて引用したものです。このように短くまとめた表現は、ルカ版では律法家が述べ、並行記事のマルコ版（12:28-31）とマタイ版（22:37-40）ではイエスが述べる形で編集されていますが、それ以前から、重要な戒めの要約として形成されて、広く知られていたと考えられます（Crossan, *In Parables*, 56-57）。

　スターンは、イスラエルの歴史の中で戒めが非常に数多く作られて来たため、それらを要約して把握するようにした努力は古くから行なわれていたとして、以下のように述べます：モーセを通して神は 613 の戒めを与えた。それらを理解し守るために賢人たちが説明や細則を作り、イエスの時代には何千もの規則が出来ていた。一方で、人々が本質的な概念を覚えるように要約表現も幾つも作られた。ラビ・シムライ（Rabbi Simlai）によれば、モーセの 613 の戒めをダビデが 11 の教えにまとめた（詩 15 章）。イザヤはそれを 6 にまとめた（イザヤ 33:15）。ミカはそれを 3 にまとめた：「正義を行ない、善を愛し、あなたの神と謙虚に歩け」（ミカ 8:8）。イザヤはそれを 2 にまとめた：「正しいことを守り、正義を行なえ」（イザヤ 56:1）。アモスはそれを更にまとめた：「私を求めて生きよ」（アモス 5:4）。別の賢人はハバククに全てをまとめたものを見出した：「義人は信仰によって生きる」（ハバクク 5:4）。ラビ・アキバは律法の最も包括的な掟を宣言した：「あなたの隣人をあなた自身のように愛せ」、等々（Stern, *A Rabbi Looks at Jesus' Parables*, 217-218）。

　このように、神への信仰に基づく律法順守は、正義と隣人愛の実践が中心にあることが、伝統的に表現されてきました。「神を愛することと隣人を愛することは、抽象的には存在しない。実践される必要がある」（Levine, *Short Stories of Jesus*,

ただしここのイエスの問い「律法にはなんと書かれていますか？」には、「どのように、あなたは読みますか？」という問いが付いています。この短い言葉は、多くの戒めをどのように要点をつかんでまとめるか、ということ以上の重みを持つと考えられます。

　ヘブル語では「隣人」と「悪」は同じ子音（resh+ayin）を持ちます。母音が異なるので発音が違ってきますが、古代ヘブル語テキストには母音は書かれていません。２つの言葉は、書かれた時には同じ言葉として読まれ得ます。[54]

　隣人愛のテーマに繋がる対話で、イエスが律法の専門家に「どのようにあなたは読みますか？」と尋ねた時、その問いは、ちょっとした笑顔のウィット（機知）を持ちつつ、実は大切な重みを持つ、ひねりの効いた問いだったと思われます。[55]

　105）ということでしょう。

54　Levine, *Short Stories of Jesus*, 74, 86-87. ヘブル語で「隣人」と「悪」は子音表記が同じになり、そこで、律法（または聖典）を「どのように読むか」という問いかけにはピッタリする「例」になる言葉だと考えられます。

　　ただし、この２つの言葉の語根は違います。「隣人」（レーア r‘）は、羊を飼う、見つめる、仲間になるといった意味を持ち、分詞で「羊飼い」の意味にもなる動詞（r‘h）に由来します。一方、「悪」（ラー r‘）は悪を行なう、よこしまに振る舞うという意味の動詞（r‘‘）に由来します（語根の違いについては、高柳富夫さんの個人的交信から）。

55　イエスと律法の専門家の対話は、特に日本語訳の聖書で読むと、上下関係が強く感じられます。同じことがイエスと「弟子」たちや女性たちとの対話にも当てはまります。けれども歴史のイエスは、もっと対等な感じで色々な人々と対話をしたのではないかと、私は思います（正典に入れられなかった文書には「対話形式」のものが多いことも、それを反映しているかもしれません。参照：山口里子『いのちの糧の分かち合い』139 注 21）。そして、イエスが「ファリサイ派の人々」や「律法学者」たちと対話する時も、福音書著者たちの編集で設定されている単純な対立関係よりも、むしろローマ帝国植民地支配下で、自分たちは律法をどのように解釈してイスラエルの共同体として生きようとするのか、多様で多層な含蓄のある対話をしていた面もあったのではないかと、思います。福音書に書かれているイエスと他の人々との出会いや対話の状況設定は、福音書著者たちの時代状況と考え方を反映

つまり、「律法には、悪人と隣人が同じ言葉で書かれていますね。その言葉をあなたはどのように読みますか？　そして律法には、両方を愛するようにという戒めもありますね。それを、あなたはどのように読みますか？」という問いかけが含まれていたと理解できるでしょう。

　たとえ「正しい」聖典を持ち、その言葉を「正しく」「読む」ことをしていても、更に、どれほど「正しい」祭儀（礼拝・儀式）を実践しているとしても、そこに含まれている意味がどれだけ深く捉えられているのか、それが問われています。

　「律法にはなんと書かれていますか？」という問いと共に語られた「どのように、あなたは読みますか？」という問いかけは、律法に向き合う人の、そして現代の多くのクリスチャンにとっては聖書に向き合う人の、信仰の根幹、生き方の基軸そのものを、問いかけていることになるのではないでしょうか？

　共感共苦の思いが恐怖を乗り越えていのちを大切にする行動の源になったサマリア人、しかしその行動によって自分のいのちが脅かされることになったサマリア人。律法と隣人のテーマが背後にあるこの譬え話は、いつまでも私たちの魂に余韻の問いかけを残すようです。

　あなたは、どのような思いめぐらしをなさるでしょうか？

しているという点に、私たちはもっと注意を向けることが大切だと思います。それと共に、原語の聖書には無い上下関係や性別のニュアンスを入れる日本語訳が再生産されていることに関して、もっと注意が必要だと思います。

参考に：ユダヤ人とサマリア人の歴史的背景

この譬え話の大事な背景として、ユダヤ人とサマリア人に関する歴史を、ごく簡略にですが振り返ってみましょう。[56]

聖書によれば、つまりイスラエルの人々が先祖の歴史として語り継がれて来た物語によれば、紀元前10世紀末、ダビデ王の息子ソロモン王（在位：前961-922）が死に、その息子レハブアム（在位：前922-915）が後継者になった時、彼を王として立てるために全イスラエル人がシケム（サマリアの古い名）に集まりました。

その時、かつてソロモン王から逃れてエジプトに住んでいたヤロブアム（在位：前922-901）は、イスラエルの人々から呼ばれて故郷に戻り、人々と共に、「ソロモン王が課した重い軛を軽くする」ようにレハブアムに願いました。長老たちは、その願いを聞き入れるように勧めましたが、レハブアムは願いを退けました。

その結果、イスラエルの人々は「ダビデ王朝」に抵抗して反旗を翻し、ヤロブアムを王として立てました。一方レハブアムはエルサレムに戻り、ユダ族だけが彼を王として立てました。こうして、紀元前922年に王国が分裂しました。シケムが首都の北王国イスラエル（ヨセフの息子の名にちなんでエフライムとも呼ばれます。エレミヤ31:9）、エルサレムが首都の南王国ユダに、分裂しました（王上12章）。[57]

紀元前735年頃、アッシリア王国が強力になり、地中海の方に領土拡張を目指すようになった時、小さな都市国家や王国は力を合わせてアッシリアの侵入を阻止するために、反アッシリア同盟を作りました。その時、北イスラエル（ペカ王在位：前736-732）は、南ユダ（アハズ王在位：前735-715）も同盟に協力するように求めました。しかし南ユダは協力を拒否したので、反アッシリア同盟は怒り、南ユダがアッシリアの威力に屈して連合を後ろから襲うことを恐れ、南ユダを攻撃しました。

そして南ユダの非常に多くの人々を、捕虜として北イスラエルの首都サマリアに

56　この項目全体の主な参照：Anthony R. Ceresco, *Introduction to the Old Testament*, 195-197. Levine, *Short Stories of Jesus*, 96-103. Stern, *A Rabbi Looks at Jesus' Parables*, 214-215. Hedrick, *Parables As Poetic Fictions*, 107-108. Crossan, *In Parables*, 64.

57　北王国イスラエルでは、後にアハブ王（在位：前869-850）がカナンの神バアル祭壇をサマリアに建設し（王上16:32）、その後イェフ王（在位：前843/2-815）がバアル神殿をトイレに変えたというエピソードが語られています（王下10:18-27）。

連れて来ました。その時、サマリア軍指揮官だった預言者オデドは、兄弟の国の争いは神の怒りを招くことだと告げ、捕虜にされたユダヤ人たちに親切を尽くしたうえで、戦利品と共に南ユダに帰すように、命じました。この時の出来事は人々の記憶に強く残ったようで、聖書には次のように記されています。

> ところが、その名をオデドという主の預言者がいて、サマリアに凱旋した軍隊の前に進み出て言った。「見よ。……あなたたちはユダとエルサレムの人々を服従させ、自分たちの男女の奴隷にしようと思っている。……今、わたしの言うことを聞き、兄弟の国から連れて来た捕虜を帰しなさい。……そこで兵士たちは、将軍たちとすべての会衆の前で、捕虜と戦利品を放棄した。……彼らは捕虜に衣服を着せ、履物を与え、飲食させ、油を注ぎ、弱った者がいればろばに乗せ、彼らをしゅろの町エリコにいるその兄弟たちのもとに送り届けて、サマリアへ帰った（歴代下 28:9-15 抜粋）。

　しかし紀元前 722 年に、北イスラエルはアッシリアに征服されて、上層部の人々が見知らぬ土地に移住させられました（アッシリア捕囚）。アッシリアはイスラエル人の代わりに他の諸被征服民（バビロン、クト、アワ、ハマト、セファルワイムの人々）をサマリアに強制移住させました。こうして様々な民族的背景の人々が混ざり合ってその地に住む住民「サマリア人」が生まれました（王下 17 章）。
　元々イスラエル人としてサマリアに住んでいた「サマリア人」たちは、伝統的に自分たちがヨセフの子孫だと認識しており、モーセ以来の正しい信仰を保持し、シケムの聖所で宣言された律法の正しい解釈を継承していると認識していました。[58]

58　シケムのエバル山で発掘された祭壇は、紀元前 13 世紀末のもので、イスラエルの地における現存最古のものと言われます。そして、紀元前 6 世紀末に建築されたエルサム第 2 神殿の祭壇は、このシケムの祭壇に驚くほど似ているとのことです（Miriam Feinberg Vamosh, *Food at the Time of the Bible*, 65）。
　聖書では、サマリアという名はその土地の所有者シェメルに由来するとされますが（王下 16:24）、サマリア人たち自身の「サマリア」の呼び方は「シャメリム」（Shamerim）で、「律法順守者」を意味します（ヘブル語「安息日順守者 shomer shabbas」の「shomer」と同じ）。サマリア人から見ると、ユダヤ人はサムエルの時代に祭司エリがシロに階層的な聖所を作った時に、正しい道から外れました。そしてソロモンの時代に、神の意志に反してエルサレム神殿を作り、ユダヤ的偏見で律法五書を書き直し、預言者と諸書を追加して、道を踏み外したのです。

その後、紀元前 600 年に、強国バビロニアがアッシリアを征服しました。バビロニアは続いて紀元前 587 年に南ユダを征服して上層部の人々を「バビロン捕囚」にしました。紀元前 539 年にペルシャがバビロニアを征服し、捕囚のユダヤ人の帰郷を許しました。ユダヤ人たちの多くはそこに居住し続け（ディアスポラ＝離散の民）、一部は帰郷して、南ユダの再建と共にエルサレム神殿の再建を目指しました。

その時サマリア人たちは、「同じ神を信じる兄弟たち」として、エルサレム神殿再建への援助を申し出ました。ところがユダヤ人たちは既にサマリア人を民族混合による「半ユダヤ人」と見くだしており、援助を拒絶しました（エズラ 4:2）。

約 200 年ほど前に、サマリア人たちが、「同じ神を信じる兄弟たち」として、（捕虜にされた）ユダヤ人たちに親切を尽くして故郷に帰したことも、ユダヤ人たちは忘れてしまったのでしょうか？ このようなユダヤ人の仕打ちに怒ったサマリア人たちは、神殿建築を妨害することになりました（エズラ 4:24、ネヘミア 2:19; 4:2-9）。このことで、ユダヤ人たちはサマリア人たちを憎悪しました。

紀元前 388 年にサマリア人はゲリジム山に自分たちの神殿を建築しました。そして紀元前 333 年にマケドニアのアレクサンダー大王がサマリアを征服し、反抗への懲罰としてサマリアをギリシャ都市として再建しました。

紀元前 165 年に南ユダはシリアのセレウコス王朝のギリシャ同化政策に反対して戦い、その時にサマリア人が応援しなかったことで怒りました。そして紀元前 128 年に南ユダはサマリアを攻撃してゲリジム山の神殿を焼き滅ぼし、サマリアを南ユダの支配下に置きました。そしてサマリアの歴史の中で維持・編集されて来た聖典と発展されてきた儀式を否定して、ユダヤ教エルサレム版をサマリア人に押し付けました。

このような中で、ユダヤのヘロデ大王（在位：前 73-4）は、エルサレム神殿もゲリジム山の神殿も再建しました（ヘロデ大王の 9 人の妻のうち 1 人はサマリア人で、福音書に出て来る「ヘロデ王」の母だったと言われます）。紀元前 63 年に、ローマ帝国が南ユダを直接支配下に置いた時に、サマリア人は政治的自由を得ました。

こうして、ユダヤ人とサマリア人の関係は、波があるにしても、何世紀にもわたって悪いまま続きました。どちらも、自分たちはアブラハムの子孫で、正しい律法の順守者で、正しい祭司制度を持ち、正しい形式の礼拝を行なっていると、主張してきました。そしてどちらも、相手側が道を踏み外した背教者だと考えていました。

ユダヤ人とサマリア人の間の敵意・憎悪、それに基づく数々の暴力の連鎖は紀元1世紀にも続いており、互いの敵意というよりは、ユダヤ人が差別者、サマリア人が被差別者という関係でした。ユダヤ人たちはサマリア人を「外人」(allogenēs) として侮蔑していたのです。

　長い歴史の中では、書き切れない事柄が大小混ざり合って起きていたでしょう。その上、それぞれが自分たちの側から語られた「話の半分」と言える伝承を「歴史」として理解してきたわけです。

　現代のクリスチャンのほとんどは、聖書からその歴史を理解する傾向があります。けれども、キリスト教で使われている聖書は、ヘブル語聖書では「ユダヤ人」の側の伝承、キリスト教証言書では「クリスチャン」の側の伝承に、基づいて書かれています。ですから、それだけから歴史を見るのは、敵対し合う人々の「話の半分」だけを聞くことになります。このこともしっかり注意したいと思います。[59]

セッフォリスの発掘現場（山口雅弘撮影）

---

[59]　自分たちの側からのみ語られた「話の半分」を「史実」「歴史」と理解する歴史理解は、過去から現在まで世界中にあると言えます。聖書の世界に近い所では、20世紀に建国された「イスラエル」の、「パレスチナ」に関する「歴史理解」も大きな問題です（参照：山口里子『いのちの糧の分かち合い』第8章）。それと共に、キリスト教の歴史についても、日本の歴史についても、支配層に都合の良い自己批判欠如の「歴史理解」すなわち「歴史修正主義」に対して注意が欠かせません。私たちはしっかりと自己批判的な掘り返しをすると共に、それを次の世代に伝えることが、差別と戦争への道を許さず平和な世界を作っていくために必須だと痛感します。

主な参考文献

荒井英子『弱さを絆に：ハンセン病に学び、がんを生きて』荒井献編、教文館、2011。

荒井献『イエス・キリスト　下：その言葉と業』講談社、2001。

―――『聖書の中の差別と共生』岩波書店、1999。

―――『トマスによる福音書』講談社学術文庫、1994。

イー、ゲイル「ホセア書」(『女性たちの聖書注解：女性の視点で読む旧約・新約・外典の世界』C・A・ニューサム＆S・H・リンジ編、荒井章三・山内一郎訳監修、加藤明子・小野功生・鈴木元子訳、新教出版社、1998) 339-351。[1]

上村静『宗教の倒錯：ユダヤ教・イエス・キリスト教』岩波書店、2008。

エレミアス、ヨアヒム『イエスの譬え』善野碩之助訳、新教出版社、1969。

オコナー、キャスリーン・M.「エレミヤ書」(『女性たちの聖書注解：女性の視点で読む旧約・新約・外典の世界』C・A・ニューサム＆S・H・リンジ編、荒井・山内訳監修、加藤・小野・鈴木訳、新教出版社、1998) 296-310。

加藤隆『「新約聖書」の「たとえ」を解く』筑摩書房、2006。

川島重成『イエスの七つの譬え：開かれた地平』三陸書房、2000。

ゴサナンダ、マハ『微笑みの祈り』馬籠久美子・野田真里訳、春秋社、1997。

サンダーソン、ジュディス・E.「アモス書」(『女性たちの聖書注解：女性の視点で読む旧約・新約・外典の世界』C・A・ニューサム＆S・H・リンジ編、荒井・山内訳監修、加藤・小野・鈴木訳、新教出版社、1998) 355-363。

シュスラー・フィオレンツァ、エリザベス『石ではなくパンを：フェミニスト視点による聖書解釈』山口里子訳、新教出版社、1992。

―――『彼女を記念して：フェミニスト神学によるキリスト教起源の再構築』山口里子訳、日本基督教団出版部、1993。

―――『知恵なる神の開かれた家』山口里子・上沢伸子・吉谷かおる・大森明彦共訳、

1　私は『女性たちの聖書注解』を度々参考文献として挙げますので、ずっと以前から気になっていることを、ここで一言のべさせていただきます。この本の編集者の1人「Sharon H. Ringe」の名前は「S・H・リンジ」と表記されています。しかし彼女はヒスパニック系の女性で、姓名の発音は「リンギー」です。どの名前も日本語表記でピッタリするわけではなく、迷うことが多いですが、この表記は別人のようで彼女に失礼だと感じます。それでもこの表記で出版されているので、これを私の本で繰り返し使わざるを得ません。このことを、ご承知ねがいたいと思います。

新教出版社、2005。

───「正典の境界線を越えて」（山口里子訳、『聖典の探索へ：フェミニスト聖書注解』エリザベス・シュスラー・フィオレンツァ編、絹川久子・山口里子共同監修、日本キリスト教団出版局、2002）9-19。

シュラー、アイリーン．M.「旧約外典」（『女性たちの聖書注解：女性の視点で読む旧約・新約・外典の世界』C・A・ニューサム＆S・H・リンジ編、荒井・山内訳監修、加藤・小野・鈴木訳、新教出版社、1998）401-415。

セテル、ドローラ・オウドンネル「出エジプト記」（『女性たちの聖書注解：女性の視点で読む旧約・新約・外典の世界』C・A・ニューサム＆S・H・リンジ編、荒井・山内訳監修、加藤・小野・鈴木訳、新教出版社、1998）55-71。

高橋哲哉・菱木政晴・森一弘『殉教と殉国と信仰と：死者をたたえるのは誰のためか』白澤社・現代書館、2010。

滝沢武人『イエスの現場：苦しみの共有』世界思想社、2006。

ティーリケ、H.『畑の中の宝：続・神の画集』小林泰雄・鈴木攻平共訳、聖文舎、1970。

デューイ、ジョアンナ「マルコによる福音書」（矢野和江訳、『聖典の探索へ：フェミニスト聖書注解』エリザベス・シュスラー・フィオレンツァ編、絹川久子・山口里子共同監修、日本キリスト教団出版局、2002）357-387。

ドッド、C．H.『神の国の譬』室野玄一・木下順治共訳、日本基督教団出版部、1964。

ハンター、A．M.『イエスの譬・その解釈』高柳伊三郎・川島貞雄共訳、日本基督教団出版部、1962。

フェンザック、ヴェルナー『イエスのたとえ話講解：あなたがたは兄弟である』浅井力訳、聖文舎、1975。

ホワイト、シドニー「エステル記」（『女性たちの聖書注解：女性の視点で読む旧約・新約・外典の世界』C・A・ニューサム＆S・H・リンジ編、荒井・山内訳監修、加藤・小野・鈴木訳、新教出版社、1998）223-233。

本田哲郎『小さくされた者の側に立つ神　続』新世社、1992。

───『小さくされた人々のための福音』新世社、2001。

本田哲郎・浜矩子・宮台真司・山口里子・M.マタタ『本田哲郎対談集 福音の実リ：互いに大切にしあうこと』オリエンス宗教研究所、2016。

レヴァイン、エイミー・ジル「マタイ福音書」（『女性たちの聖書注解：女性の視点で読む旧約・新約・外典の世界』C・A・ニューサム＆S・H・リンジ編、荒井・山内訳監修、加藤・小野・鈴木訳、新教出版社、1998）431-448。

───「ルツ記」（『女性たちの聖書注解：女性の視点で読む旧約・新約・外典の世界』C・A・ニューサム＆S・H・リンジ編、荒井・山内訳監修、加藤・小野・鈴木訳、

新教出版社、1998）143-154。

山口雅弘『イエス誕生の夜明け：ガリラヤの歴史と人々』日本キリスト教団出版局、2002。

―――『よくわかる新約聖書の世界と歴史』日本キリスト教団出版局、2005。

山口里子『新しい聖書の学び』新教出版社、2009。

―――『イエスの譬え話 1』新教出版社、2014。

―――『いのちの糧の分かち合い』新教出版社、2013。

―――『虹は私たちの間に：性と生の正義に向けて』新教出版社、2008。

―――『マルタとマリア：イエスの世界の女性たち』新教出版社、2004。

―――「学び続ける者として」（『福音と世界』2003、4月号）6-12。

Bailey, Kenneth E. *Through Peasant Eyes*. Grand Rapids:Eerdmans, 1980.

Bohache, Thomas. "Matthew" (*The Queer Bible Commentary*. Deryn Guest, Robert E. Goss, Mona West, Thomas Bohache eds., London: SCM, 2006) 487-516.

Borg, Marcus J. *Jesus: A New Vision*. San Francisco: Harper & Row, 1987.

Boring, M. Eugene, Klaus Berger, & Carsten Colpe eds. *Hellenistic Commentary to the New Testament*. Nashville: Abingdon Press, 1995.

Bultmann, Rudolf. *The History of the Synoptic Tradition*. Trans. John Marsh, Oxford: Basil Blackwell, 1968.

Carter, Warren. *Matthew and the Margins: A Sociopolitical and Religious Reading*. Maryknoll: Orbis, 2000.

Ceresco, Anthony R. *Introduction to the Old Testament: A Liberation Perspective*. Maryknoll: Orbis, 1992.

Crossan, John Dominic. *In Parables: The Challenge of the Historical Jesus*. Sonoma: Polebridge, 1992.

―――. *The Power of Parable: How Fiction by Jesus Became Fiction about Jesus*. NY: HarperOne, 2012.

Davies, Stevan L. *The Revolt of the Widows: The Social World of the Apocryphal Acts*. Southern Illinois Univ. Press, 1980.

Donahue, John R. S. J. *The Gospel in Parable: Metaphor, Narrative, and Theology in the Synoptic Gospels*. Philadelphia: Fortress, 1988.

Douglass, James W. *The Nonviolent Coming of God*. Maryknoll: Orbis, 1991.

Ellis, Elizabeth. "The Poor Widow" (*The Storyteller's Companion to the Bible vol.13: NewTestament Women*, Dennis E. Smith & Michael E. Williams eds., Nashville: Abingdon, 1999) 79-84.

Farris, Michael. "A Tale of Two Taxations (Luke 18:10-14b): The Parable of the Pharisee and the Toll Collector" (*Jesus and His Parables: Interpreting the Parable of Jesus Today*. V. George Shillington ed., Edinburgh: T&T Clark, 1997) 23-33.

Funk, Robert W., Bernard Brandon Scott, & James R. Butts eds. *The Parables of Jesus. Red Letter Edition The Jesus Seminar*. Sonoma, California: Polebridge, 1988.

Garland, Robert. "The Well-Ordered Corpse: An Investigation into the Motives behind Greek Funerary Legislation" (*Bulletin of the Institute of Classical Studies* 36, 1989) 1-15.

Goss, Robert E. "Luke" (*The Queer Bible Commentary*, Deryn Guest, Robert Goss, Mona West, Thomas Bohache eds., London: SCM, 2006) 526-547.

Hearon, Holly and Antoinette Clark Wire. "'Women's Work in the Realm of God' (Mt. 13.33; Lk. 13.20, 21; *Gos. Thom*. 96; Mt. 6.28-30; Lk. 12.27-28; *Gos. Thom*. 36)" (*The Lost Coin: Parables of Women, Work and Wisdom*. Mary Ann Beavis ed., London & New York: Sheffield Academic, 2002) 136-157.

Hedrick, Charles W. *Parables As Poetic Fictions: The Creative Voice of Jesus*. Peabody: Hendrickson, 1994.

Hendrickx, Herman. *The Parables of Jesus*. San Francisco: Harper & Row, 1983.

Hennecke & Schneemelcher. *New Testament Apocrypha*. Philadelphia: Westminster, 1963.

Herzog, William R. *Parables as Subversive Speech: Jesus as Pedagogue of the Oppressed*. Louisville, Kentucky: Westminster/John Knox Press, 1994.

———. *Prophet and Teacher: An Introduction to the Historical Jesus*. Louisville: Westminster John Knox, 2005.

Horsley, Richard A. *Jesus and Empire: The Kingdom of God and the New World Disorder*. Mineapolis: Fortress, 2003.

———. *Jesus and the Spiral of Violence: Popular Jewish Resistance in Roman Palestine*. San Francisco: Harper & Row, 1987.

Holst-Warhaft, Gail. *Dangerous Voices: Women's Laments and Greek Litereature*. London: Routledge, 1992.

Hultgren, Arland J. *The Parables of Jesus: A Commentary*. Grand Rapids: Eerdmans, 2000.

Jeremias, J. *The Parables of Jesus*. New York: Scribner, 1963.

Jesus Seminar. *The Parables of Jesus: Red Letter Edition*. Robert W. Funk, Bernard Brandon Scott, & James R. Butts eds. Sonoma: Polebridge, 1988.

Koester, Helmut. "Epilogue: Current Issues in New Testament Scholarship" (*The

Future of Early Christianity: Essays in Honor of Helmut Koester. Pearson, Birger A., A. Thomas Kraabel, George W. E. Nickelsburg, and Norman R. Petersen eds., Minneapolis: Fortress, 1991) 467-476.

Kwok, Pui Lan. "Empire and the Study of Religion." Presidential Address, American Academy of Religion, Nov. 2011.

Lahutsky, Nadia M. "Widows" (*Dictionary of Feminist Theologies*. Letty M. Russell & J. Shannon Clarkson eds., Louisville: Westminster John Knox, 1996) 314-315.

Lensky, Lerhard E. and Jean Lensky. *Human Societies: An Introduction to Macrosociology*, New York: McGraw-Hill, 1982.

Levine, Amy-Jill. *Short Stories by Jesus: The Enigmatic Parables of a Controversial Rabbi*. New York: HarperCollins, 2014.

Liew, Tat-siong Benny. "Gospel of Mark" (*A Postcolonial Commentary on the New Testament Writings*, Fernando F. Segovia and R. S. Sugirtharajah eds., New York: T&T Clark, 2007) 105-132.

Mafico, Temba L. J. "Judge, Judging" (*Anchor Bible Dictionary*, New York: Doubleday, 1992) 3.1104-1106.

Malina, Bruce J. and Richard L. Rohrbaug. *Social Science Commentary on the Synoptic Gospels*. Minneapolis: Fortress, 1992.

Matthews, Mary W., Carter Shelley and Barbara Scheele. "Proclaiming the Parable of the Persistent Widow (Lk. 18.2-5)" (*The Lost Coin: Parables of Women, Work and Wisdom*. Mary Ann Beavis ed., London & New York: Sheffield Academic, 2002) 46-70.

McDonald, J. Ian H. "Alien Grace (Luke 10:30-36)" (*Jesus and His Parables: Interpreting the Parables of Jesus Today*. Shillington, V. Gerorge ed., Edinburgh: T&T Clark, 1997) 35-52.

McFague, Sallie. *Models of God: Theology for an Ecological, Nuclear Age*. Philadelphia: Fortress, 1987.

Meyer, Marvin tr. *The Gospel of Thomas: The Hidden Sayings of Jesus*. (New Translation, with Introduction and Notes. Interpretation by Harold Bloom) San Francisco: Harper SanFrancisco, 1992.

Meyers, Carol. "Temple, Jerusalem" (*Anchor Bible Dictionary*, New York: Doubleday, 1992) 6: 350-369.

Myers, Ched. *Binding the Strong Man: A Political Reading of Mark's Story of Jesus*. Maryknoll: Orbis, 1988.

Perrin, Norman. "The Christology of Mark: A Study in Methodology" (*Journal of Religion* 51, 1971) 173-187.

Peters, Donald. "Vulnerable Promise from the Land (Mark 4:3b-8)" (*Jesus and His Parables: Interpreting the Parables of Jesus Today*. Shillington, V. Gerorge ed., Edinburgh: T&T Clark, 1997) 87-102.

Praeder, Sussan Maire. *The Word In Women's Worlds: Four Parables*. Zacchaeus Studies: New Testament. Wilmington, Delaware: Michael Glazier, 1988.

Reid, Barbara E. *Parables for Preachers: The Gospel of Mark*. Year A. Collegevill: Liturgical, 1999.

———. *Parables for Preachers: The Gospel of Mattthew. Year B*. Collegevill: Liturgical, 1999.

———. *Parables for Preachers: The Gospel of Luke. Year C*. Collegevill: Liturgical, 1999.

Rohrbaugh, Richard L. "The Pre-industrial City in Luke-Acts: Urban Social Relations" (*The Social World of Luke-Acts: Models for Interpretation*. Jerome Neyrey ed., Peabody: Hendrickson, 1991) 125-149.

Rosenblatt, Marie-Eloise. "Got into the Party after All: Women's Issues and the Five Foolish Virgins." (*A Feminist Companion to Matthew*. Amy-Jill Levine with Marianne Blickenstaff eds., Sheffield: Sheffield Academic, 2001) 171-195.

Safrai, S. "Home and Family" (*The Jewish People in the First Century: Historical Geography, Political History, Social, Cultural and Religious Life and Institutions*. S. Safrai and M. Stern eds., Assen: Vangorcum, 1976) 728-792.

Saldarini, Anthony J. "Pharisees" (*Anchor Bible Dictionary*, New York: Doubleday, 1992) 5.289-303.

Schottroff, Luise. *Lydia's Impatient Sisters: A Feminist Social History of Early Christianity*. Barbara and Martin Rumscheidt trs., Louisville, Kentucky: Westminster John Knox Press, 1995.

———. *The Parables of Jesus*. Linda M. Maloney tr., Minneapolis: Fortress, 2006.

Schüssler Fiorenza, Elisabeth. *Democratizing Biblical Studies: Toward an Emancipatory Educational Space*. Louisville: Westminster John Knox Press, 2009.

———. *Sharing Her Word: Feminist Biblical Interpretation in Context*. Boston: Beacon, 1998.

———. *Wisdom Ways: Introducing Feminist Biblical Interpretation*. Maryknoll: Orbis, 2001.

Scott, Bernard Brandon. *Hear Then the Parable: A Commentary on the Parables of Jesus*. Minneapolis: Fortress, 1989.

Scott, James C. *Domination and the Arts of Resistance*. New Haven: Yale University

主な参考文献　235

Press, 1990.

Stern, Frank. *A Rabbi Looks at Jesus' Parables*. Lanham: Rowman & Littlefield, 2006.

Swartley, Willard M. "Unexpected Banquet People (Luke 14:16-24)"*Jesus and His Parables: Interpreting the Parables of Jesus Today*. Shillington, V. Gerorge ed., Edinburgh: T&T Clark, 1997) 177-190.

Thomson, W. M. *The Land and the Book*, 2 vols. New York: Harper and Brothers, 1871.

Vamosh, Miriam Feinberg. *Food at the Time of the Bible*. Herzlia, Israel: Palpot Ltd., 2004.

Wainwright, Elaine M. *Habitat, Human, and Holy : An Eco-Rhetorical Reading of the Gospel of Matthew*. The Earth Bible Commentary Series, 6. Sheffield: Sheffield Phoenix, 2016.

―――. "'Hear then the Parable of the Seed': Reading the Agrarian Parables of Matthew 13 Ecologically" (*The One Who Reads May Run: Essays in Honour of Edgar W. Conrad*. Boer, R., Carden, M. & Kelso, J. eds., New York: T & T Clark, 2012) 125-141.

―――. "Seed, Soil and Sower: Reading Matthew 13 Ecologically" (personally sent paper in 2012).

Wilson, J. Christian. "Tithe" (*Anchor Bible Dictionary*, N.Y.: Doubleday, 1992) VI. 578-580.

Yamaguchi, Satoko. "Japanese Language, Culture and Feminist Liberation Theology" (*In God's Image* 10/4. 1991) 11-21.

Young, Brad H. *Jesus and His Jewish Parables: Rediscovering the Roots of Jesus' Teaching*. Mahwah: Paulist, 1989.

―――. *Jesus the Jewish Theologian*. Peabody: Hendrickson, 1995.

Young, Frances. *The Making of the Creeds*. London: SCM, Philadelphia: Trinity Press International, 1991.

さんびか「かみさまがせかいを」

1. かみさまがせかいを　つくったとき
　　ひとつひとついろいろ　みんなよかった

2. かみさまがひとを　つくったとき
　　ひとりひとりいろいろ　みんなよかった

3. かみさまのおもいが　こめられて
　　どれもどれもたいせつ　とてもたいせつ

4. わたしたちがいきてる　じんせいは
　　ひとりひとりいろいろ　みんなたいせつ

5. わたしたちがねがってる　よのなかは
　　ひとりひとりしあわせ　みんなしあわせ

6. わたしたちのおもいを　よせあつめ
　　ちいさないのちだいじに　ともにいきよう

あとがき

1. より良い人生に向けての学び

「知らしむべからず依らしむべし」という古い言葉があります。[1] これに基づくと思われる政策で、庶民は、抑圧的な権力構造に対して効果的に抵抗する術を、奪われました。このような政策は、人間の歴史を通して様々な形で行なわれてきたと思われます。

意識する・しないに関わらず、学問とは高度に政治的なものであり、知識は力です。そして知識は、抑圧の手段にも解放の手段にもなり得ます。人がどこに立って何のために知識を得ようとするのか？ それによって知識はどちらの方向の力にもなるからです。

人々が痛みの現場から問いを発して共に学ぶ時、それは強力な解放の手段となり得ます。学問は、広がりと深みのある情報を得させてくれます。そして体系的な分析力・批判力を高めてくれます。個人的な経験の内にある特定性と普遍性を見極める力、思いを相対化し言語化する力を、つけさせてくれます。経験の言語化は、広範囲での経験の共有と組織化を可能にします。[2]

学問によって私たちは、複雑な差別・抑圧システムを支える父権制社会（男性中心タテ社会）の価値観が、私たちの無意識下に染みこんでいることに気づかされます。そして、自分の生き方が、それによって苦しめられているだけでなく、それに加担さえしていることにも、気づかされます。これが「個人的なことは政治的なこと」という認識への目覚めであり、意識

1　紀元前5世紀の『論語』の「民可使由之、不可使知之」（泰伯第八 196）に由来。本来の意味と翻訳については議論があるようです。

2　参照：山口里子「学び続ける者として」。本田哲郎共著『本田哲郎対談集』151。

向上の出発点になります。[3]

　さげすまれてきた者たちは、自己否定から自己肯定へと変えられて、自信と誇りを回復します。特権を与えられてきた者たちは、自分の生活が持つ加害者性に対しても自覚的になります。こうして双方が（ほとんどの場合、1人の人が多かれ少なかれ両面を持っていますが）、前向きで批判的な主体としての自己を形成できるようになります。そして私たちは、複雑に絡まり合った問題状況を、根底から解決する道筋を多角的に探求し、多様な足場からの連帯の可能性を開くことも、出来るようになります。

　ですから、この世の矛盾や悪の力を痛感し、この現実を変えて行きたい、より良い人生を生きたいと願う者たちこそ、学問を「専門家」に任せておかない姿勢がまさに実践的に重要だと、私は確信しています。

2.　人が作ったものを絶対化しないで

　2500年前に、仏陀が弟子のカラマに言ったと伝えられる言葉があります。「あなたの師がそう言ったからというだけで、なんでも受け入れないように。あなたの聖なる書物に書かれているからといって、多くの人々が信じているからといって、あなたの祖先から伝えられたからといって、なんでも受け入れてしまわないように。真理と直面させてくれるものだけを受け入れて、それに従って生きなさい」。[4]

　聖書によると、2000年前にイエスは、「トーラー」（律法全体）を大切にすることを述べたすぐ後で、「あなたがたも聞いているとおり、昔の人は……と命じられています。しかし私は言います。……」と、5回も重ねて述べています（マタイ5:21-44）。神の教えとして先祖から伝えられてきた「トーラー」に対する、隷従でも放棄でもない、主体的な姿勢が反映されていると理解できるでしょう。

3　"Personal is Political" という言葉は、初期の女性解放運動の中で言われるようになった言葉です。「意識向上」について：山口里子『イエスの譬え話1』15-18。

4　マハ・ゴサナンダ『微笑みの祈り』56-57。

あとがき　239

　そして20世紀後期になって、多くの神学者たちが、キリスト教の伝統的神学に対する根本的な批判・問い直しを呼びかけるようになりました。伝統的神学では、聖書正典も教義も、歴史を超えた客観的な真理のように、絶対的な権威を持って教えられて来ました。しかしこれらも、人間の歴史の中で、様々な政治的・経済的力関係の影響を受けて、作られてきたものです。[5]

　学問的に認識されてきたことによれば、最初期キリスト教は多様性に富んだものであり、また、ローマ帝国による迫害を折々に受けていました。ところが4世紀末になって、多様なキリスト教の中の1つの流れが、正統キリスト教としてローマ帝国の国教にされました。その過程で、聖書正典も制定され、ローマ帝国の国費で聖書が作成されました。また、国教であるキリスト教の正しい教えを明らかにするという形で、キリスト教の中心的な教義が作られました。更に近代になって、そのような教義が詳細に定義づけられるようになりました。[6]

　この歴史を見ると、それは西洋キリスト教諸国の帝国主義と拡大植民地主義という歴史の影響を無視できません。キリスト教の教えは聖書正典に基づいて形成されたと言われますが、重要な教義の形成・発展は、ほとんどが政治的な力関係の影響を受けており、最初の意図とは反対の結果を生んできたと、認識されてきたのです。

　始めは、「神のみ」を絶対として他のことを全て相対化する、その信仰を明確に表現するために議論を重ねたはずでした。それが様々な力関係の

5　このことが、世界の様々な民族的背景を持つ人々から指摘され、伝統的神学を中心で担ってきた西洋キリスト教圏の白人男性神学者たち自身の間でも、批判的に認識されるようになりました。参照：エリザベス・シュスラー・フィオレンツァ『彼女を記念して』、Young, Frances. *The Making of the Creeds*. Kwok, Pui Lan, "Empire and the Study of Religion." MaFague, Sallie. *Models of God*.

6　ローマ帝国統一に役立つように政治的関与があって、聖書正典に入れられる書物が選択され、国費で聖書が作られたことに関して：エリザベス・シュスラー・フィオレンツァ「正典の境界線を越えて」。

影響を受けた論争の激化で、特定の教義・信条への固執が強まりました。結果的にキリスト教は、「神のみ」でなく自分たちが作った教義・信条自体を絶対化する宗教になった、ということです。[7]

　つまるところ、キリスト教は、聖書正典も神概念もキリスト像も、人間が作りあげてきたことを忘れて、それを絶対的真理と同一視して、それへの信仰を絶対化してきたという認識に辿りついたのです。

　これはまさに愕然とさせられることです。しかしこれは、聖書学や教義学の研鑽そのものを否定することになるわけではないでしょう。信仰共同体は、過去の誤りを繰り返さないように歴史から学ぶ責任、また歴史の中で文化や言語が変化することを踏まえて、それらを批判的・主体的に再解釈し続ける責任が、あります。必要なのは、人が作ったものを絶対化しないことです。[8]

　以上のようなキリスト教の根本的な問い直しの中から、教義を正しい信仰の試金石にする神学の在り方が批判されるようになりました。そして、様々な人々の生活の現場からの問いや経験を中心に位置づける、新しい神

7　例えば、神の統治の領域は、霊と肉、天と地を分離せず全てに及ぶと表現するために始まったはずの議論が、厳密な定義づけに進み、結果的に、その表現に完全に同意しない人々、つまりは世界のほとんどの人々を、神の恵みの領域から排斥することになった、ということです。また、神は人間の精神では把握し尽せない方だと表現するために始まった議論が、神の超越性・他者性・無限性と、三位一体という神秘の表現に到達しました。結果的に、まるでそれだけが神を正確に把握できたかのように、それに完全に同意しない人々、それと同じ形で神秘を理解しない人々を、異端として断罪・排除することになった、ということです。参照：注5の文献、特に Young, Frances. *The Making of the Creeds*.

8　ヘルムート・ケスターは次のように言います：「聖書解釈は、政治的・宗教的な刷新の源である時にのみ正当化されます。そうでないなら努力に値しません。もしも聖書が正義と自由に関わるものであるならば、聖書学は権力構造そのものを問い、そこにある不義と破壊的な力をさらけ出すことが出来るものでなければなりません」(Helmut Koester, "Epilogue." 私訳)。

あとがき　241

学の在り方、成熟した信仰共同体の在り方が、求められるようになったの
です。[9]

3. オーガニック神学の実践を

　ある神父さんは、農民から言われました。「私たちは、魂のことで苦し
んでいるんではないのです。体のこと、食べる物のこと、仕事のことで苦
しんでいるんです」と。この言葉は、現代日本の多くの人々にも共感され
るものではないでしょうか？　もしも、人々が生きる只中で一番苦しん
でいる問題で、人々の魂に繋がることが出来ないのなら、「正しい」教義、
「正しい」聖書解釈、「正しい」福音理解に、どれほどの意味があるのでし
ょうか？

　私たちは、根本的なところから、キリスト教神学や信仰の在り方そのも
のの変革に向かう覚悟が問われているのではないかと思います。つまり、
いのちのため生活のために苦しみ闘い、より良い世界を願う人々に、どう
やったら繋がっていく言葉を持てるのかという問いを持って、聖書を読み
直し、神学と信仰共同体の変革に向かうべき時が、もはや先送りできない

9　人々の生活経験・足場に注意を向ける神学として諸々の「解放の神学」が生まれ
　てきました。参照：山口里子『新しい聖書の学び』181-184。なお、「成熟した信仰
　共同体」という表現を使うと、「信仰に成熟があるのか？」と問われることがありま
　す。私は、少なくとも信仰共同体の神理解に関しては、これは適切な表現だと言え
　ると考えます。例えば、昔は人のいけにえが神をなだめると信じられて、いのちが
　犠牲にされることが多々ありました。今では、いのちを殺すのではなく生かすこと
　が神に喜ばれるという理解が、広がっています。信仰や宗教に関わる共同体は、「成
　熟した信仰共同体」の在り方を希求することが、倫理的（ethical）な課題であると
　思います。
　　また、人間にとって神の前に1人で居る時と、他の人々と共に居る時と、両方の
　時が必要だと思います。例えば、1人の時を持たずにいると、たった1度の自分の
　人生にきちんと向き合うことなく流されてしまう危険があります。その反対に、他
　の人々と共に居る時を持たずにいると、神についても真理についても、ひとりよが
　りの理解に固まってしまう危険があります。この意味でも、様々な形の、柔軟性の
　ある「成熟した信仰共同体」の形成は大切な課題だと思います。

状況になっているということです。[10]

　では、新しい神学の在り方を求めつつ、成熟した信仰共同体の形成を模索する時、私たちは具体的にどのような行動を起こしたら良いのでしょうか？　ここで私は、「オーガニック神学」という言葉で、一つの提案をしたいと思います。[11]

　20年ほど前になりますが、「オーガニック神学者」（organic theologian）と言う言葉が使われるようになりました。これは、いわゆる神学の専門家と素人（しろうと）の境界線を越えていく表現です。

　「オーガニック神学者」は、自分が生活する足場となっている共同体に根付き、人々の生活の闘いに繋がり応答する形で、神学を学びつつ生きようとする人々です。人々の有機的な（organic）繋がりの中で、より良い明日を拓（ひら）いて行くように、心も体も声も互いに尊重し合い、幸福な人生を共に生きられるように、一緒に模索し行動します。そういう形で神学をする、つまり「神について学ぶ」人々です。

　現場の闘いが、そのような神学と繋がりを持ち続けることは、人のいのちの根本的な所からの深く広い視野を失わずに、極めて困難な状況でも絶

10　私は約10年間のアメリカ生活を終えて帰国した時に、テレビの国会中継を見ていてビックリしたことがあります。議員の1人が発言の中で「神学論議」という言葉を使ったのです。私にとっては思いがけない所で聞いた言葉でした。皆さんはご存知なのかも知れませんが、「神学論議」という言葉は、神学に関係する議論でも何でもなく、ただ単に「何の役にも立たない議論で時間を無駄にする」という意味で使われるのですね。神学なんて、現実の生活を良くして行く上で何の役にも立たない、それが一般社会の認識だというわけです。でも、これは、「福音」と「社会」の問題を切り離す傾向が強い日本のキリスト教界の実態を考えると、残念ながら全くの誤解とは言えないように思います。

11　「オーガニック」（organic 有機的）という言葉は、「生命力を有する・生命体から生じた」という意味に由来します。そして「生命体のように、全体を構成している各部分が、互いに統一と関連を持つ」という意味があります（参照：『広辞苑』『大辞林』『字統』など）。

望しないで、行動を継続することを助けます。一方、神学という学びが、足元の現場からの問いに応答し続けようとすることは、机上の空論や自己絶対化の落とし穴に陥らないで、人々の幸福に奉仕することを助けます。

　言葉と行動、学問と生活が切り離されず、互いに繋がり合う形で神学をすることを「神学する」(Doing Theology) と言います。このことを、特にいのちと生活を中心にして、人々の繋がりを育むことに注意を向けて行なう「オーガニック神学」(Doing Organic Theology) を、共々に進めたいと願います。

　その時、私たちは、神によっていのちを与えられた神の子どもたち1人1人が、いのちを大切にして、大切にされて、共に生かされていることを実感して、「共生」の道を歩むことが出来るのではないでしょうか?

4. 感謝と願い

　今回の出版も、色々な人々に助けていただきました。多忙な生活のなかで全原稿をていねいに読んでくださったのは、地域・職業・活動・宗教・年齢などの面でそれぞれ異なる次の方々です。牛田匡さん、絹田美保子さん、小林幸子さん、篠原愛文さん、杉岡ひとみさん、鈴木英司さん、橘　秀紀さん、浜崎眞実さん、林弘恵さん、原弓子さん、彦坂諦さん、渡邊さゆりさん、山口雅弘さんです。

　いただいた数々の貴重な疑問・批判・提言などは、全てを盛り込むことはとても出来ませんでしたが、私自身が多くを学ばせていただき、本に豊かさを増してくれたと感謝しています。

　平良愛香さんは今回も私が作った歌詞に曲を作ってくださいました。私は、神のイメージを「父」「主」という伝統的神学の中に閉じ込めない賛美歌を歌いたいと願っています。それで例として、「わたしらしく生きよう」(詞：平良愛香、『虹は私たちの間に』324)、「あなたの言葉は」(『いのちの糧の分かち合い』258)、「かみさまがせかいを」(『イエスの譬え話2』236) を紹介してきました。作曲に感謝すると共に、色々な生活の中から新しい霊性を表現する賛美歌が沢山生まれていくことを願います。

また、新教出版社の方々には、社長の小林望さんを始めとして、今回も大変お世話になりました。そして長尾優さんは、今回も私の思い入れを理解して装丁をしてくださいました。このように多くの方々のご厚意に支えられてこの本が出来たことを、深く感謝します。

　この本を書くにあたっても、私は「本当のところを知りたい」という、十代からの思いを強く持って学びました。歴史のイエスがいのちをかけて語りかけたメッセージの真実を、少しでもしっかり聴きとりたいと願って、努力しました。

　けれども現実には、日々の忙しさのなかで「大きな間違いを犯していないか」という自問を繰り返さざるを得ませんでした。そして何よりも、「思いめぐらし」の深さの不足を自覚せざるを得ず、このまま出版してしまう「見切り発車」の怖さを、ひしひしと痛感しています。

　今、私が心から願うのは、この本を読んでくださる方々が、『イエスの譬え話』第1巻と第2巻を一緒に読み通して、その全体を踏み台にして、学びと思いめぐらしを深めていってくださることです。

　知恵なる神の預言者イエスが語ったとされる言葉が、福音書にあります。「私の名によって、2～3人が集まる時、私はその人々の間に居ます」（マタイ 18:20）。仏教にもこれに響き合うような言葉があります。「3人寄れば文殊の知恵」[12]。

　そして或るラビの言葉があります。「学びは行動よりも大切です。もし学びが行動を生みだすなら」[13]。

12　ちなみに、「知恵なる神」は女性の姿でイメージされた神ですが、仏教の文殊観音は知恵の観音であり、昔から女性の姿で認識されることが多かったようです。参照：エリザベス・シュスラー・フィオレンツァ『知恵なる神の開かれた家』。

13　"Study is greater than action when it leads to action." Jean-Pierre Ruiz, panel "Reading in These Times: The Critical Task" S22-233 "Minoritized Criticism and Biblical Interpretation" Seminar, 2014 Society of Biblical Literature, in San Diego, USA.

あとがき 245

　私たちが、現実の生活の只中で、自分たちの痛みや憤りや疑問や嬉しいことや望みを持ち寄って、より良い世界、より良い人生に向けて、共に学び共に行動し続ける時、きっと私たちは、明日を切り拓いていく知恵と希望と、いのちの糧を共々に分かち合って生きる道に、導かれることでしょう。その輪がゆるやかな繋がり合いの中で広がっていくことを願いつつ、この本を送り出させていただきます。

2017 年 1 月 12 日
山口里子

ガリラヤ湖の夜明け（著者撮影）

山口里子（やまぐち・さとこ）

　1945年生れ。日本聖書神学校に学ぶ。1988年よりア
メリカ・ケンブリッジにあるハーヴァード大学神学部と
エピスコパル神学校（EDS）で学び、1996年にEDSよ
り博士号取得。ストーニーポイント・センター常駐神学
教師、ニューヨーク神学校・ニューアーク神学校講師を
経て帰国。2000年より日本フェミニスト神学・宣教セン
ター共同ディレクター。恵泉女学園大学、聖心女子大
学、日本聖書神学校、聖公会神学院、農村伝道神学校な
どで講師を歴任。

　著書、Mary and Martha: Women in the World of Jesus
(Orbis)、『マルタとマリア：イエスの世界の女性たち』、
『虹は私たちの間に：性と生の正義に向けて』、『新しい
聖書の学び』『いのちの糧の分かち合い』『イエスの譬え
話1』（新教出版社）他。訳書、E. シュスラー・フィオ
レンツァ著『彼女を記念して：フェミニスト神学による
キリスト教起源の再構築』（日本キリスト教団出版局）他。
監修・共訳、E. シュスラー・フィオレンツァ著『知恵な
る神の開かれた家』（新教出版社）他。

イエスの譬え話2
いのちをかけて語りかけたメッセージは？

●

2017年3月31日　第1版第1刷発行

著者……山口里子

発行者……小林　望
発行所……株式会社新教出版社
〒162-0814東京都新宿区新小川町9-1
電話（代表）03 (3260) 6148
振替 00180-1-9991
印刷・製本……モリモト印刷株式会社

ISBN 978-4-400-12759-8　C1016
2017 © Satoko Yamaguchi

新教出版社

山口里子著　マルタとマリア
イエスの世界の女性たち　2800円

山口里子著　虹は私たちの間に
性と生の正義に向けて　3600円

山口里子著　新しい聖書の学び
1900円

山口里子著　いのちの糧の分かち合い
いま、教会の原点から学ぶ　2200円

山口里子著　イエスの譬え話1
ガリラヤ民衆が聞いたメッセージを探る　2000円

＊

E.シュスラー・フィオレンツァ著／山口里子監訳
知恵なる神の開かれた家
2100円

アン・グレアム・ブロック著／吉谷かおる訳
マグダラのマリア、第一の使徒
権威を求める闘い　3800円

P.トリブル著　フェミニスト視点による聖書読解入門
〈新教新書266〉　1050円

堀江有里著　「レズビアン」という生き方
キリスト教の異性愛主義を問う　2200円

表示価格は消費税を含まない本体価格です